家族财富管理系统解决方案的集成服务商

新财道管理咨询股份有限公司（简称"新财道"）成立于2015年8月19日，注册地：北京，注册资本：4.06亿元。公司定位于"家族财富管理系统解决方案的集成服务商"，旨在依托安全财富、增值财富、和谐财富和久远财富四大财富理念，运用家族信托、家族保险、家族理财、家族投行、家族治理、家族慈善、家族教育七大财富管理工具，立足目标客户的家族保障需求、家族成长需求、家族理财需求、家族投行需求、家族传承需求五大财富管理需求，为超高净值人士设计并协助执行个性化、专业化和系统化的家族财富管理解决方案。新财道致力于打造开启家族财富管理之门的钥匙，探索并实践中国本土家族财富管理之道。

新财道由《中华人民共和国信托法》起草组成员周小明博士联合国内资深的金融、法律、信托专家作为管理团队，由一批欲开展家族财富管理的家族客户作为客户股东，采取众筹思维共同创设。新财道建立了由家族财富规划师、家族保险规划师、家族理财规划师、家族信托规划师、家族财务规划师、家族法务规划师、家族税务规划师组成的"七师齐全"的家族财富规划专业服务体系；设立了北京、杭州、深圳三个区域家族办公室，并在香港设立新财道信托有限公司(2019年7月正式获批"信托或公司服务提供者"牌照)，是新财道为客户提供海外信托、海外资产管理等离岸财富规划的协同服务平台。

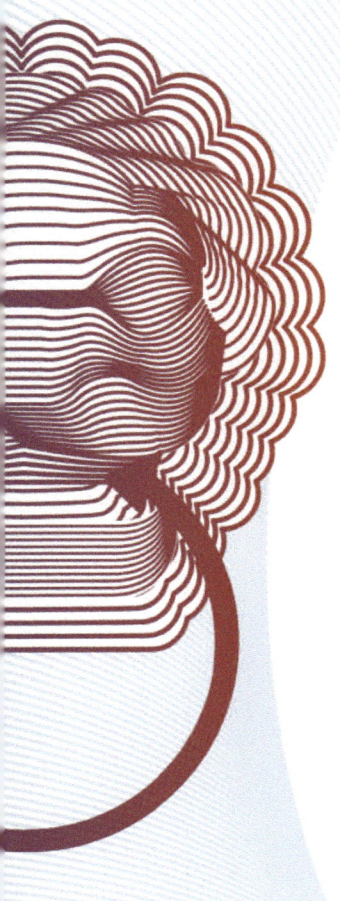

■ 新财道荣誉

2018年
    荣获第九届亚洲私人银行与家族办公室峰会"最佳综合服务家族办公室奖"

2019年
    荣获2018中国金融创新论坛暨中国金融创新奖"十佳家族信托创新奖"
    荣获2018首届"中国财富奖""最佳家族办公室客户服务奖"

2020年
    荣获2019中国金融创新论坛暨中国金融创新奖"十佳家族信托创新奖"

2021年
    《今日财富》杂志"2020中国式家族办公室Top30票选榜单"荣登TOP30前三甲
    荣获《财富管理》杂志颁发"金臻奖｜2020年度最佳财富管理机构-家族传承服务奖"

2022年
    荣获第六届亚太财富论坛暨2021年度国际私人及家族财富管理"2021年度薪火奖|中国家族办公室TOP50暨最佳家族跨境综合服务奖"

2023年
    荣获第七届亚太财富论坛暨2022年度国际私人及家族财富管理"2022年度薪火奖|中国家族办公室TOP50"
    荣获第八届亚太财富论坛暨2023年度国际私人及家族财富管理"薪火奖|2023年度中国家族办公室TOP50"

2024年
    荣获2024《财经》香港财富管理论坛"2023年度中国家族办公室TOP50""最具创新力家族办公室"

2025年
    荣获第九届亚太财富论坛暨2024年度国际私人及家族财富管理"薪火奖|2024年度中国家族办公室TOP50"

新财道财富管理

新财道在线

新财道家族研究院

新财道家族研究院是新财道旗下的研发与培训平台,专注于家族财富管理研究、家族教育课程开发及本土专业人才培养,持续九年深耕本土家族财富管理领域的研究与人才培养实践。家族研究院依托公司的家族服务实践和家族财富规划的专家团队,及清华大学法学院金融法律研究中心、中国政法大学信托法研究中心两大智库的专业支持,打造了国内首个家族财富规划师水平课程(FWP课程),出版了《目标管理下的系统规划——家族财富管理之道》《财富管理视角下的家族信托规划》《财富传承的治理之道——六大要务规划指引》财富管理系列丛书。

■ 新财道家族研究院财富管理系列丛书

《目标管理下的系统规划——家族财富管理之道》

2017年出版 / 中国金融出版社
独创基于目标管理的系统规划法
全新视角探索本土家族财富管理之道
中国本土家族财富管理的扛鼎之作
获中国金融出版社2017年"年度双十佳原创图书"奖

《财富管理视角下的家族信托规划》

2019年出版 / 中国金融出版社
家族信托规划的权威之作
集理念、技能与实操规划于一身
家族客户及从业人员必备的案头参考书

《财富传承的治理之道——六大要务规划指引》

2012年出版 / 商务印书馆
从传承视角阐述家族治理理论与实务规划
为高净值人士设计的个性化、专业化、系统化的
财富管理解决方案

中国信托业发展报告
（2025）

清华大学法学院金融与法律研究中心　著

战略合作伙伴：新财道管理咨询股份有限公司

北　京

图书在版编目（CIP）数据

中国信托业发展报告．2025／清华大学法学院金融与法律研究中心著．－－北京：中国经济出版社，2025.5．－－ISBN 978－7－5136－8176－6

Ⅰ．F832.49

中国国家版本馆 CIP 数据核字第 2025SR0774 号

责任编辑　严　莉
责任印制　李　伟
封面设计　任燕飞设计室

出版发行	中国经济出版社
印 刷 者	北京捷迅佳彩印刷有限公司
经 销 者	各地新华书店
开　　本	787mm×1092mm　1/16
印　　张	14　　彩页印张　0.25
字　　数	244 千字
版　　次	2025 年 5 月第 1 版
印　　次	2025 年 5 月第 1 次
定　　价	228.00 元

广告经营许可证　京西工商广字第 8179 号

中国经济出版社 网址 http://epc.sinopec.com/epc/ 社址 北京市东城区安定门外大街 58 号 邮编 100011
本版图书如存在印装质量问题，请与本社销售中心联系调换（联系电话：010－57512564）

版权所有　盗版必究（举报电话：010－57512600）
国家版权局反盗版举报中心（举报电话：12390）　　　服务热线：010－57512564

中国信托业发展报告
（2025）

高 级 顾 问	夏　斌　高传捷
学术委员会主任	施天涛
专家委员会主任	傅　强　王峥嵘
编委会主任委员	周小明　邢　成
编委会副主任委员	赵廉慧　郭丽丽　秦洪军　曹立思
编 委 会 委 员	闫丽如　刘彬彬　王　楠　和晋予　柴淑琴 胡　萍　邢知远　徐　倩　孙　竟　宫淑梅 刘　庆　高　丽　徐　冉　马铭宇
主　　　　　编	周小明　邢　成

前 言

清华大学法学院金融与法律研究中心是我国迄今唯一一家将信托与法律融合为一体的专业研究机构，中心长期专注和致力于国内外金融信托与法律理论和实践的研究，深度参与和见证了中国信托业的发展与信托制度建设历程。

《中国信托业发展报告》自2004年到2025年，已连续出版二十二年。报告以翔实的数据和权威的观点，成为信托业监管、业界经营管理、委托人业投资理财以及信托研究重要的决策参考资料，受到热烈的欢迎。在充分总结前几部《中国信托业发展报告》编著与出版经验的基础上，清华大学法学院金融与法律研究中心继续推出本年度的《中国信托业发展报告（2025）》。本报告沿袭了一贯秉承的以事实案例和数据统计为根据的研究理念，高度贴近市场与实践，以专业的高度、公正的观点，全面分析了2024年信托业发展的现状，总结存在的问题，提出操作性的方案，并对2025年中国信托业的发展前景和趋势做出预测。报告的研究范围涵盖2024年信托业发展的热点和难点问题，牢牢把握党的二十大以来中央对金融工作提出写好"五篇大文章"以及防范化解重大金融风险重大战略决策，围绕金融"五篇大文章"这一主线，从行业分析、信托公司、信托产品、信托市场、法规与政策、焦点问题几个方面，对2024年和2025年的中国信托业进行了全景式的回顾、总结、解析与展望，提出了一系列既具理论高度又有操作价值的思路、观点和理念。是一部极具学术价值和实用价值的行业性发展报告。

本报告的主要编写人员为：周小明、邢成、赵廉慧、秦洪军、曹立思、郭丽丽、闫丽如、王楠等。其中周小明、邢成负责创意和总纂；邢成独立及与王楠、郭丽丽、闫丽如、曹立思等共同撰写完成第一、第二章；郭丽丽撰写第三章；秦洪军撰写第四章；赵廉慧撰写第五章；周小明、邢成等撰写第六章。

本报告在编写过程中，有关数据得到国家金融监督管理总局资管司和中国信托业协会的大力支持；报告中部分资料参考、引用了有关专家、机构和网站的数据和观点；本报告的出版过程中，还得到了国投泰康信托有限公司、昆仑信托有限责任公司以及中国经济出版社严莉编辑的大力支持，在此一并表示衷心的感谢。

清华大学法学院金融与法律研究中心
2025年5月

目 录

第一章 2024年中国信托业回顾与展望 1

第一节 2024年宏观经济形势分析与2025年展望 3
 一、全球经济"软着陆"，主要经济体进入降息周期 3
 二、国内经济下行压力较大，结构性分化较为明显 5
 三、消费和投资增速放缓，持续复苏存在挑战 6
 四、生产结构优化，增长态势总体平稳 10
 五、需求不足，价格指数低位运行 12
 六、2025年经济形势展望 13

第二节 2024年金融货币政策分析与2025年展望 16
 一、M2、M1剪刀差增速拉大，货币活化程度低 16
 二、社会融资规模存量增速下行，债券发行规模增加 17
 三、美元指数走强，人民币对主要储备货币有贬有升 20
 四、金融市场顶层政策频出，推动行业高质量发展 22
 五、2025年金融货币政策展望 31

第三节 宏观金融政策对信托业的影响 32
 一、非标预期收益率继续回调，标准化资产管理能力提升 33
 二、加强监管力度，引领信托公司高质量发展 34
 三、着眼"五篇大文章"，提升服务实体经济的能力 35
 四、紧跟对外开放步伐，提升国际化服务水平 37

第四节 2024年中国信托业现状与特征分析 38
 一、信托规模持续回升，资本实力进一步夯实 38
 二、信托业务结构持续优化，行业转型成果显现 40
 三、经营业绩依然承压，行业分化加剧 43
 四、监管改革新政密集出台，差异化监管时代正式开启 44

五、服务信托已成行业转型焦点，信托公司全面布局 ················ 48
六、资产证券化业务附加值偏低，产品模式需迭代升级 ·············· 50
七、标品投资业务亟待突破，市场形势喜忧参半 ···················· 51
八、普惠金融业务增长势头迅猛，行业竞争压力加剧 ················ 53
九、慈善信托规模日增，绿色信托深入人心 ························ 54
十、金融科技广受重视，科技投入持续加大 ························ 56
十一、存量风险几近出清，业务风险加强防范 ······················ 57
十二、2025 年信托业发展趋势展望 ································ 57

第二章　信托机构 ·· 61
第一节　2024 年主要信托公司经营情况概览 ························ 63
第二节　信托机构概况 ·· 67
第三节　信托公司经营分析 ······································ 68
一、主要财务指标分析 ·· 69
二、信托资产规模分析 ·· 80
三、盈利能力分析 ·· 82

第三章　2024 年信托行业业务结构分析 ································ 87
第一节　资产服务信托业务快速增长 ······························ 89
一、财富管理服务信托服务体系不断完善 ·························· 89
二、资产证券化服务信托价值链升级 ······························ 97
三、参与风险处置服务信托业务模式更加丰富 ···················· 100
四、行政管理服务信托创新业务多点开花 ························ 104
第二节　资产管理信托业务结构优化调整 ·························· 106
一、资产管理信托产品规模触底反弹 ······························ 107
二、标准化资产管理信托规模增长势头迅猛 ························ 110
三、非标准化资产管理信托仍占一席之地 ·························· 114
第三节　慈善信托业务创新发展 ·································· 120
一、慈善信托新增备案规模创新高 ································ 121
二、慈善信托业务配套政策尚待完善 ······························ 125

第四章　2024年泛资管市场发展回顾与展望　129

第一节　银行资管市场规范发展　131
一、银行资管产品持续调整　131
二、银行资管市场发展展望　133

第二节　保险资管市场调整优化　134
一、保险资管行业政策环境日益完善　134
二、保险资产支持计划规模与投向同时调整　137
三、保险资管行业发展创新　138

第三节　券商资管业绩韧性凸显　139
一、券商资管业务稳定增长　139
二、提升券商资管发展能力　141

第四节　其他机构资管市场分析　142
一、公募基金资产管理规模上升业绩分化　142
二、私募基金资产管理回归本源　145
三、期货资产管理蓄势待发　147

第五章　2024年法律法规评述　151

第一节　中国特色养老金信托制度构建中的核心法律问题　153
一、基本养老金信托　155
二、职业年金信托　156
三、私人养老金信托　161

第二节　三分类背景下，特需信托核心法律问题　162
一、重视信托机制在保护特需人群方面的重要功能　162
二、特需信托事业发展的两大瓶颈问题亟须解决　163
三、监管部门亟须制定特需信托的业务标准和监管办法　167
四、安全感和信任机制的建立　169
五、政府在特需信托中的积极角色　174
六、特需人士界定和税收问题的关系　180
七、特需信托适用人群画像　181
八、特需信托在法律适用上的特殊性　181

第三节　破冰之举：北京市不动产信托登记试行办法的出台 …………… 183
　　一、信托登记部门 …………………………………………………… 184
　　二、登记方法 ………………………………………………………… 185
　　三、司法案例对信托登记公示效力的态度 ………………………… 185
　　四、破冰之举：北京市的尝试 ……………………………………… 188

第六章　焦点探析 …………………………………………………… 193

第一节　新时期信托业的创新发展之路 …………………………………… 195
　　一、信托业步入新发展阶段 ………………………………………… 195
　　二、清晰务实的战略定位 …………………………………………… 196
　　三、重塑专业化能力体系 …………………………………………… 196
　　四、重构组织体系和组织文化 ……………………………………… 197

第二节　家庭信托账户体系对财富管理的再定义 ………………………… 198
　　一、家庭信托的出台背景 …………………………………………… 198
　　二、家庭信托的双重属性 …………………………………………… 200
　　三、加速发展家庭信托业务的若干设想 …………………………… 203

第三节　创新信托功能多渠道助力新质生产力发展 ……………………… 205
　　一、新"国九条"为权益类投资信托支持新质生产力
　　　　发展提供政策支撑 ……………………………………………… 205
　　二、多渠道并举助力新质生产力发展 ……………………………… 206
　　三、发挥信托优势加速转型步伐 …………………………………… 207

第四节　推动养老信托特色化发展 ………………………………………… 210
　　一、养老金融发展空间巨大 ………………………………………… 210
　　二、养老信托主要展业模式 ………………………………………… 210
　　三、养老信托发展建议 ……………………………………………… 214

中国信托业发展报告
（2025）

第一章

2024年中国信托业回顾与展望

第一节 2024年宏观经济形势分析与2025年展望

一、全球经济"软着陆",主要经济体进入降息周期

(一)主要经济体央行启动降息

2020年以来,全球经济的韧性经历了严峻考验。新冠疫情、地缘政治冲突以及极端天气事件,共同扰乱了全球供应链,进而对全球经济、通胀水平产生了持久负面的影响。2024年全球经济依然面临着复杂的政治和经济环境。

首先,全球通胀水平在2022年第三季度同比达到9.4%的峰值后,从2023年的6.7%的平均水平下降至2024年的5.8%,为主要经济体放松货币政策提供了基础。截至2024年12月,国际清算银行跟踪的38家主要央行中,有29家央行采取了不同幅度的降息。其中,美联储年内3次降息,年内累计降息幅度达100个基点;欧洲央行从6月开启降息后,年内4次降息。虽然商品价格已经稳定,但由于名义工资的增长,服务价格水平仍居高不下。这迫使一些央行的政策宽松计划相对谨慎,给公共财政带来了更大的压力。据美国财政部数据,2024年美国国债总额突破36万亿美元,净利息支出高达8820亿美元,利息支出增速达创纪录的34%,是预算中第三大支出项目,仅次于社会保障和医疗保健,甚至超过国防开支。

其次,俄乌冲突、中东战火持续,对地区安全以及全球和平与发展构成了严峻挑战。2024年还是全球超级大选年。据不完全统计,全球共有78个国家和地区举行了83场全民性选举,涉及人口总数42亿,占全球人口的60%,经济规模接近50%。

在复杂的政治环境下,国际货币基金组织(IMF)预测,2024年全球经济有望实现3.2%的增长。这一增速既比2023年的3.3%有所回落,也低于疫情暴发前30年的平均水平。在发达经济体中,预计美国2024年经济增长2.8%,日本和欧元区2024年经济仅分别增长0.3%与0.8%,英国2024年经济增长1.1%,德国经济增速为零。在新兴和发展中经济体中,预计亚洲2024年增长5.3%,其中印度增长7.0%,在主要经济体中处于遥遥领先的地位,越南增长

6.1%，东盟五国增长4.5%；预计欧洲新兴市场2024年增长3.2%（见表1-1）。

表1-1 全球经济增长率　　　　　　　　　　　　　　　　（%）

项目	2023年	2024年E	2025年E
世界产出	3.3	3.2	3.2
发达经济体	1.7	1.8	1.8
新兴经济体和发展中经济体	4.4	4.2	4.2
亚洲新兴市场	5.7	5.3	5.0
欧洲新兴市场	3.3	3.2	2.2
拉丁美洲和加勒比	2.2	2.1	2.5
中东和中亚	2.1	2.4	3.9
撒哈拉以南非洲	3.6	3.6	4.2
低收入发展中国家	4.1	4.0	4.7

资料来源：国际货币基金组织《世界经济展望报告》，2024年和2025年为预测值。

（二）服务贸易成为全球增长引擎

全球贸易体系正广泛背离规则基础，促使许多国家采取单边行动。保护主义政策不仅加剧了全球贸易紧张局势并扰乱了全球供应链，还可能通过限制创新和技术转让拖累中期增长前景。

联合国贸易和发展会议（UNCTAD）发布的《全球贸易更新》报告显示，2024年全球贸易额有望同比增加1万亿美元，达到33万亿美元，同比增长3.3%。其中，服务贸易与商品贸易增速差异显著：2024年服务贸易成为全球贸易增长的主要驱动因素，以高达7%的增长速度占据了全球贸易增长份额的一半以上；而商品贸易的增长速度仅为2%，尚未恢复至2022年的最高水平。

由于发达国家在服务贸易上更具优势，2024年以服务贸易为主要驱动力的贸易增长也加剧了发达国家和发展中国家的贸易差距。2024年第三季度，发展中国家进口额环比下降1%。相比之下，发达国家进口额和出口额环比分别增长3%和2%。随着发达国家和发展中国家在贸易增速上出现分化，未来有可能出现发达国家从全球贸易中受益更多、与发展中国家发展差距进一步拉大的情况。UNCTAD呼吁，发展中国家要采取有针对性的措施加强贸易细分，加强投资高附加值产业以降低风险。

此外，地缘经济碎片化的迹象开始显现，越来越多的贸易发生在地缘政治集团内部。比较2017—2022年与2022—2024年第一季度的平均值，可以观察到地缘政治距离较远的集团之间的商品贸易增长下降了2.5个百分点以上，而集团内部的贸易增长没有显著的下降。如果地缘政治紧张局势继续以类似于冷战时期的方式发展，全球贸易格局可能会变得更加碎片化。全球贸易碎片化虽然并不一定意味着全球化会迅速逆转，但它可能会降低全球供应链的韧性，增加融资成本，扰乱跨境资本流动，降低市场效率，减缓先进经济体与新兴市场和发展中经济体之间的知识转移，增加企业的成本和风险，降低消费者的生活水平。

就中国而言，根据UNCTAD的数据，2024年，中国的出口总额预计将超过3万亿美元，占全球贸易总量超过12%。其中，中国的制造业约占全球总量的30%，大量的电子消费品和机械设备进入全球市场，推动了全球产业链的运转。世界银行的数据显示，2024年，中国继续成为世界上最大的出口国，出口额超过2.7万亿美元，占全球出口市场的15.0%以上。此外，中国还是全球第二大进口国，2024年，中国进口商品和服务的总额达到2万亿美元，进一步促进了全球贸易的流动性。表1-2为2020年以来世界范围商品和服务贸易的增长情况。

表1-2　2020年以来世界范围商品和服务贸易的增长情况　　　　（%）

项目	2020年	2021年	2022年	2023年	2024年E	2025年E
贸易量	-7.8	10.9	5.1	0.8	3.1	3.4
出口：发达经济体	-8.8	9.8	5.3	1.0	2.5	2.7
出口：新兴经济体	-5.1	12.8	4.1	0.6	4.6	4.6
进口：发达经济体	-8.2	10.3	6.7	-0.7	2.1	2.4
进口：新兴经济体	-7.9	11.8	3.2	3.0	4.6	4.9
贸易条件：发达经济体	1.0	1.0	-1.7	0.7	0.1	0.0
贸易条件：新兴经济体	-0.7	0.9	1.5	-0.8	-0.7	0.0

资料来源：国际货币基金组织《世界经济展望报告》，2024年和2025年为预测值。

二、国内经济下行压力较大，结构性分化较为明显

当前国内正处在转型升级的关键阶段，主要任务是推动经济转型和高质量发展，经济增长结构性分化较为明显。其中，外贸对增长的贡献较为突出，制造业、基建投资对内需的支撑维持韧性，地产、消费不足仍是经济增长的主要

短板。

国家统计局数据显示，2024年前三季度国内生产总值（GDP）为949746亿元，按不变价格计算，同比增长4.8%。从前三季度数据来看，尽管第二季度和第三季度的增长略有波动，但前三季度经济运行是总体平稳的。IMF预计2024年中国经济将增长4.8%。

分产业看，第三产业对经济的贡献度虽未恢复到疫情前水平，但总体处于上升阶段。国家统计局数据显示，前三季度，第一产业增加值对经济增长的贡献率为4.6%，第二产业增加值对经济增长的贡献率为41.5%，第三产业增加值对经济增长的贡献率为53.9%。三次产业增加值占GDP的比重分别为6.1%、38.0%和55.9%。

前三季度，第二产业和第三产业增加值波动较大。受高温、台风、暴雨等极端恶劣天气影响，第一产业低速增长对经济贡献继续下降，在3.0%~4.0%波动。第二产业受需求不足和盈利困难影响，从2024年第一季度的6.0%下降至第三季度的4.6%。金融业增加值指标优化后，第三产业同比增速仍明显落后于疫情前中枢，年内变动较大，同比增速从年初的5.0%下降至第三季度的4.8%（见表1-3）。

表1-3　2024年前三季度产业增加值同比增速　　　　　　　　　　（%）

分类	2024年第一季度	2024年第二季度	2024年第三季度
第一产业	3.3	3.6	3.2
第二产业	6.0	5.6	4.6
第三产业	5.0	4.2	4.8

资料来源：国家统计局。

三、消费和投资增速放缓，持续复苏存在挑战

新冠疫情暴发以来，中国经济面临持续的挑战。一方面，房地产行业经历了显著的萎缩，不仅波及其上下游产业链上的众多企业，而且深刻影响地方政府的财政收入结构，房价的普遍下降还进一步抑制了居民的消费需求。另一方面，部分行业内部正在进行结构调整，随着降薪裁员，居民可支配收入的减少，削弱了消费者及市场主体的信心。

2024年12月召开的中央经济工作会议指出："当前外部环境变化带来的不利影响加深，我国经济运行仍面临不少困难和挑战，主要是国内需求不足，

部分企业生产经营困难，群众就业增收面临压力，风险隐患仍然较多。"

当前，国内经济仍面临不少挑战。

（一）消费对经济贡献度逐渐下降

国家统计局数据显示，2024年前三季度最终消费支出对经济增长贡献率为49.9%，拉动GDP增长2.4个百分点，2023年同期分别为83.5%和4.4个百分点，消费对经济的贡献度下降明显。

1—11月，社会消费品零售总额同比增长3.5%，增速与1—10月持平，2023年同比增长7.2%（见图1-1）。11月，社会消费品零售总额同比增速较上月回落1.8个百分点至3.0%。剔除季节性和节假日消费错位影响，11月社会消费品零售总额未能突破2021年以来的名义增速中枢水平。

从消费类型来看，1—11月商品零售额增长3.2%，增速与1—10月持平；餐饮收入增长5.7%，增速较1—10月回落0.2个百分点。

从商品类别来看，在以旧换新等政府补贴推动下，限额以上单位食品粮油类、体育娱乐用品类、家用电器和音像器材类以及通信器材类分别同比增长9.9%、10.5%、9.6%和9.5%，增速较快。而化妆品、文化办公用品类、金银珠宝、建筑装潢类受房地产行业下行、居民收入下滑、黄金价格上涨等因素的影响，同比分别下降1.3%、3.3%、1.3%、2.3%。其他如服装鞋帽纺织品、日用品、家具类、石油制品类同比增速均不足3.0%。内生消费需求总体比较疲软。就11月而言，以旧换新政策效果仍强，限额以上单位汽车类、家具类零售额同比分别增长6.6%、10.5%，增速分别比10月加快2.9个百分点、3.1个百分点；家用电器和音像器材类零售额增长22.2%，连续3个月保持高速增长态势。

在一系列促消费政策作用下，服务消费场景不断拓展。1—11月，服务零售额同比增长6.4%，增速高于同期商品零售额3.2个百分点。其中，随着生活性服务业数字化应用场景的不断拓展，通信信息类服务零售额保持两位数增长，按上年不变价计算的电信业务总量持续两位数增长。文化市场供给不断优化助力居民消费潜力释放，文娱类消费持续较快增长。但消费市场恢复基础仍不牢固，居民消费能力、消费意愿仍待增强。

从消费渠道来看，1—11月，实物商品网上零售额同比增长6.8%，受网购促销节提前等因素的影响，增速比1—10月回落1.5个百分点。限额以上单位实体店铺零售额同比增长1.7%，增速比1—10月加快0.2个百分点。其中，便利店商品零售额同比增长4.4%,仓储会员店零售额保持两位数增长,专业店零售额增长4.0%。

(二) 房地产投资拖累固定资产投资下行

固定资产投资增速总体放缓。国家统计局数据显示,1—11月固定资产投资同比增长3.3%,较1—10月回落0.1个百分点(见图1-1)。其中,房地产开发投资拖累整体固定资产投资,广义基建和制造业投资增速较稳健。

在房地产投资方面,第四季度以来,随着一系列促进房地产市场企稳政策的出台,房地产销售持续回暖,房企资金到位情况有所改善,但投资仍偏弱。数据显示,11月,全国商品房销售面积与金额同比跌幅转正,分别从10月的-1.6%和-1.0%转正为3.2%和1.0%。70城新房价格和二手房价格同比增速分别从10月的-6.2%和-8.9%小幅收窄至11月的-6.1%和-8.5%。得益于需求有所好转,销售回款和融资均有所改善。11月,开发资金来源降幅由-10.8%大幅收窄至-4.8%。但投资端的相关指标仍然偏弱,1—11月,房地产投资同比下降10.4%,降幅较1—10月扩大0.1个百分点。其中,住宅新开工面积同比下降26.8%,施工面积同比下降12.7%,竣工面积同比下降38.8%,降幅均走阔。

在基础设施投资方面,1—11月,基础设施(不含电力)投资同比增长4.2%,增速比1—10月回落0.1个百分点;广义基建①同比增长9.4%,与1—10月的9.3%基本持平。从分项上看,受11月地方特殊再融资债券密集发行、被挤占财力得以释放的影响,1—11月公用事业、交通运输、水利环境和公共设施管理业投资同比增速分别为23.7%、6.9%和4.0%,1—10月分别为24.1%、7.7%和3.1%。12月高频数据显示,基建工地资金到位率持续改善,预计全年基建投资增速或能维持在9.0%以上。

在制造业投资方面,1—11月制造业投资同比增长9.3%,与1—10月持平。制造业投资中,大规模设备更新改造整体持续支撑,1—11月整体固定资产投资中设备工器具购置同比增长15.8%,虽然较1—10月的16.1%小幅回落,但是仍然高于整体投资增速。高技术制造业投资同比增长8.2%(1—10月为8.8%)。从细分行业来看,汽车制造业、纺织业、食品制造业、通用设备制造业投资增速较1—10月改善较多。

---

① 广义基建涵盖交通运输、水利环境和公共设施管理以及电力热力燃气等。

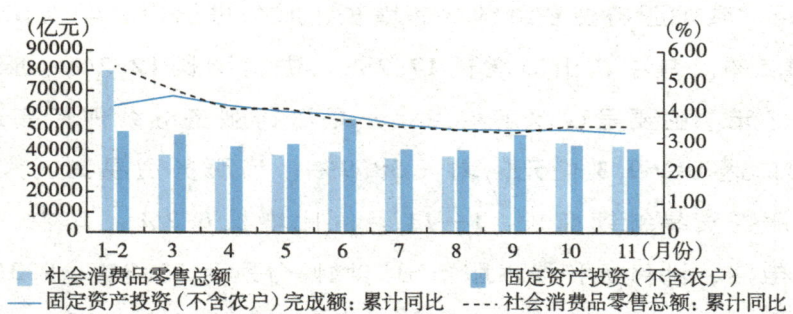

图1-1 2024年1-11月固定资产投资及社会消费品零售总额当月值及累计增速
资料来源：国家统计局。

（三）进出口成为拉动经济增长的重要因素之一

1—11月，我国货物贸易进出口总值为39.79万亿元人民币，同比增长4.9%。其中，出口23.04万亿元，增长6.7%；进口16.75万亿元，增长2.4%。

从国别结构来看，前11个月，东盟为我国第一大贸易伙伴，占我国外贸总值的15.8%。欧盟为我国第二大贸易伙伴，占我国外贸总值的12.8%。美国为我国第三大贸易伙伴，占我国外贸总值的11.2%。韩国为我国第四大贸易伙伴，占我国外贸总值的5.3%。同期，我国对共建"一带一路"国家合计进出口18.74万亿元，增长6.0%。

从企业性质来看，1—11月，民营企业进出口占外贸总值的55.3%，比2023年同期提升了2个百分点；外商投资企业进出口占外贸总值的29.3%；国有企业进出口占外贸总值的15.2%。

出口产品结构继续优化。前11个月，我国出口机电产品13.7万亿元，增长8.4%，占出口总值的59.5%。其中，自动数据处理设备及其零部件、集成电路和汽车出口均实现两位数增长。根据世界银行的数据，2024年，中国的电动汽车销量预计占全球总销量的50%以上；出口劳动密集型产品3.84万亿元，增长3.2%，占16.7%；出口农产品6573.4亿元，增长4.6%。

从进口类别来看，前11个月，资源类产品中，进口铁矿砂、煤、天然气、大豆量涨价跌，原油量跌价涨，成品油量价齐涨。工业原材料中，进口初级形状的塑料、未锻轧铜及铜材等工业原材料量有所波动，整体保持稳定。同期，进口机电产品6.35万亿元，增长7.5%。其中，集成电路进口量大幅增加，价值2.48万亿元，增长11.9%。这反映出我国在半导体领域仍存在较大的需求缺口，对高端设备和关键零部件的进口需求持续增长。

1—11月，我国服务贸易继续快速增长，服务进出口总额为67277.6亿元，同比增长14.2%。其中，出口增长17.2%，进口增长12.2%；服务贸易逆差为10859.8亿元。主要呈现以下特点：一是旅行服务继续保持高速增长，1—11月，进出口达18269.3亿元，增长38.9%，为服务贸易第一大领域。二是知识密集型服务贸易继续增长，1—11月同比增长6.2%。其中，个人文化和娱乐服务，电信、计算机和信息服务出口增幅分别为33.8%、9.3%。

图1-2为2024年1—11月中国进出口额及增速变化情况。

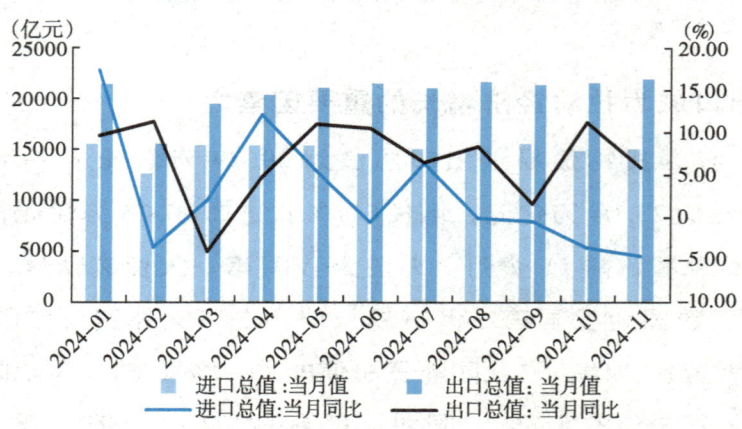

图1-2 2024年1—11月中国进出口额及增速变化情况（以人民币计价）
资料来源：海关总署。

四、生产结构优化，增长态势总体平稳

工业生产稳中有升，服务业延续回升态势。11月规模以上工业增加值同比增长5.4%（见图1-3），服务业生产指数同比增长6.1%。

全国规模以上工业生产总体保持平稳。国家统计局数据显示，2024年1—11月，规模以上工业增加值同比增长5.8%，比上年同期增加1.5个百分点。11月，规模以上工业增加值同比增长5.4%，比上月加快0.1个百分点。工信部此前预计2024年规模以上工业增加值同比增长5.7%左右，制造业增加值占GDP比重保持基本稳定。

从细分行业来看，1—11月，高技术产业增加值累计增长9%，较全部规模以上工业增加值增速高出3.2个百分点，新能源汽车、工业机器人、集成电路产量分别累计增长37.5%、11.1%、23.1%。

从单月来看，受上年1月和2月同期数据影响，除第一季度外，全年工业增加值同比增速总体平稳。具体来看，1月和2月分别同比增长26.3%和

-12.7%。进入3月，工业增加值基本进入平稳增长期，同比增长4.5%。第一季度，全国规模以上工业增加值同比增长6.1%，高出2023年第四季度1.5个百分点。4月，工业增加值提速，同比增长6.7%，5月和6月增速持续放缓，分别为5.6%和5.3%。上半年，全国规模以上工业增加值同比增长6.0%，增速较第一季度放缓0.1个百分点。进入第三季度，7月和8月工业增加值同比继续回落，分别增长5.1%和4.5%；9月回暖，同比增长5.4%。前三季度，全国规模以上工业增加值同比增长5.8%，比上半年放缓0.2个百分点。第四季度总体保持平稳。10月规模以上工业增加值同比增长5.3%；11月工业生产恢复加快，规模以上工业增加值同比增长5.4%，比上月加快0.1个百分点。详见图1-3。

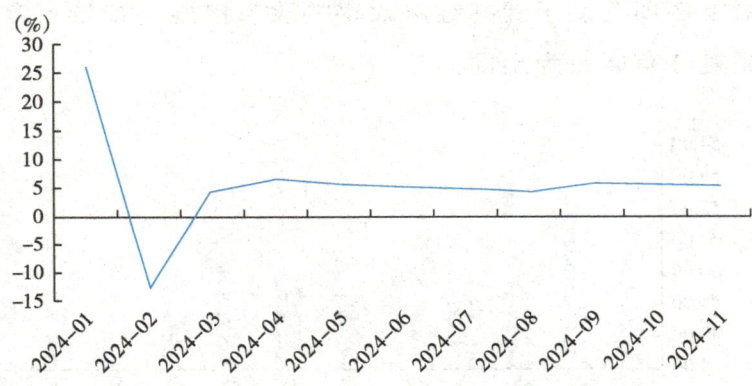

图1-3　2024年1—11月全国规模以上工业增加值增速变化情况

资料来源：国家统计局。

虽然制造业PMI季节性回落，但仍保持扩张。12月，制造业PMI为50.1%（见图1-4）。和上月相比，环比下降0.2个百分点，主要是受生产指数下滑0.3个百分点至52.1%拖累。这与当月钢铁、水泥、汽车、基建等主要行业或产业开工率出现一定幅度的环比下行相印证。但是从需求方面来看，在消费品以旧换新、国内外节假日消费以及"抢出口"等因素的带动下，12月新订单指数上升0.2个百分点至51.0%，新出口订单指数上升0.2个百分点至48.3%，连续两个月上行。12月，原材料库存指数为48.3%，较11月回升0.1个百分点；产成品库存指数为47.9%，较11月延续回升0.5个百分点；采购量指数升至51.5%，连续两个月扩张。

从细分行业来看，消费品和装备制造业PMI分别为51.4%和50.6%，高技术行业、装备制造行业和基础原材料行业PMI分别为51.2%、51.3%和49.2%。从不同规模的企业来看，大型、小型企业景气回落，中型企业略有回升。大型、中型、小型企业制造业 PMI 分别为 50.5%、50.7%、48.5%，环比分别增长 -0.4 个百分点、0.7 个百分点、-0.6 个百分点。

非制造业 PMI 明显回升。12 月，非制造业 PMI 指数为 52.2%，环比上升 2.2 个百分点。其中，12 月服务业商务活动指数为 52.0%，较上月上升 1.9 个百分点，为 4 月以来高点；建筑业商务活动指数为 53.2%，较上月上升 3.5 个百分点，可能与部分企业在春节假期临近抢抓施工进度等有关。分行业看，航空运输、电信广播电视及卫星传输服务、货币金融服务、保险等行业商务活动指数均升至 60.0% 以上高位景气区间，居民服务等行业商务活动指数较上月回落。

展望后续，中央经济工作会议召开后，各类稳增长政策工具的影响范围不断扩大，再加上各项有助于提高经济效率的改革措施（如推行零基预算）的共同作用，内需复苏有望更为全面。

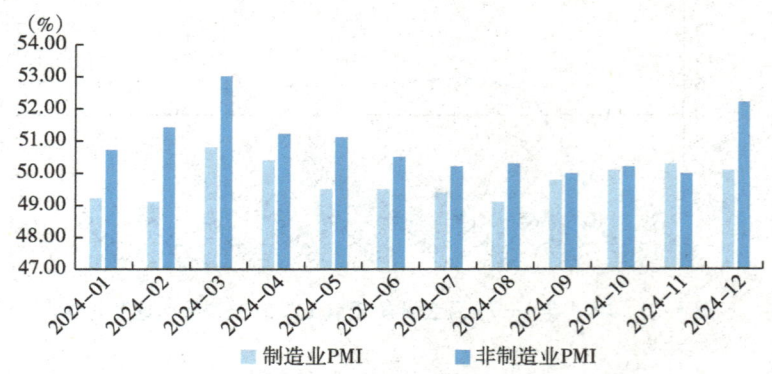

图 1-4　2024 年中国制造业 PMI、非制造业 PMI 变动趋势

资料来源：国家统计局。

五、需求不足，价格指数低位运行

回顾 2024 年，在消费和房地产投资等内需不足的影响下，衡量物价水平的居民消费价格指数（CPI）和工业生产者出厂价格指数（PPI）均表现疲软。全年 CPI 持续低于 0.5%，PPI 自 2022 年 10 月以来持续为负值（见图 1-5）。9 月底政策转向后，第四季度核心 CPI 同比小幅上行，PPI 同比跌幅收窄。

（一）居民消费价格指数年内低位运行

受内需不足以及居民消费降级影响，CPI 低位运行。除了 2 月、8 月两个月，CPI 同比增速均低于 0.5%。

在上年同期基数大幅下沉的背景下，12 月，全国 CPI 环比持平，同比上涨

0.1%。扣除食品和能源价格的核心CPI同比上涨0.4%，涨幅比上月扩大0.1个百分点。主要是由于天气条件较好，利于农产品生产储运；受前期压栏惜售、二次育肥等因素的影响，猪肉供应充足，食品价格由上月上涨1.0%转为下降0.5%，影响CPI同比下降约0.09个百分点。非食品中，临近元旦假期出行、娱乐和家庭服务需求增加，非食品价格由上月持平转为上涨0.2%，影响CPI同比上涨约0.14个百分点。

2024年全年，全国居民消费价格比上年上涨0.2%。从整体来看，当前物价仍处在明显偏低状态，背后主要是受房地产行业持续调整、居民消费信心受到冲击，以及前期城镇居民可支配收入增速下行等影响。

（二）工业生产者出厂价格指数负值区间运行

受2024年国内房地产行业调整导致水泥、有色金属、钢材等工业品需求不足，部分制造业产能持续调整，以及国际原油价格下跌带来的输入性通缩效应影响，PPI全年在负值区间运行。2024年PPI比上年同期下降2.2%。

12月，受部分行业进入传统生产淡季、国际大宗商品价格波动传导等因素的影响，全国PPI环比下降0.1%，同比下降2.3%，同比降幅比上月收窄0.2个百分点。

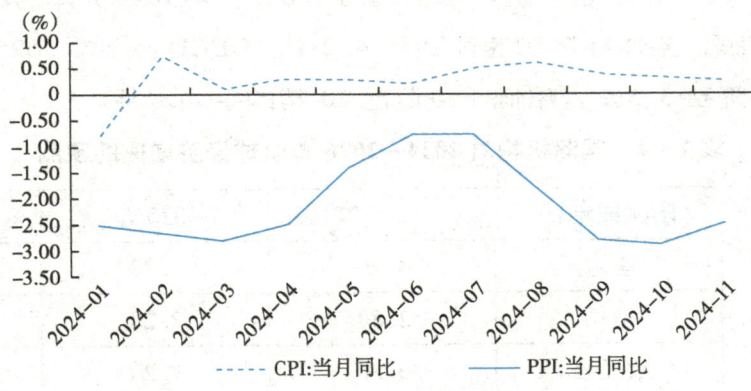

图1-5　2024年中国CPI、PPI变动趋势

资料来源：国家统计局。

六、2025年经济形势展望

展望2025年，世界经济将在诸多不确定性中蹒跚前行。一方面，地缘政治风险持续上升，将继续给全球供应链带来干扰，导致大宗商品价格大幅震荡，影响主要经济体降息进程。另一方面，全球各国和地区政府可能会对贸易与财政政

策进行重大调整，进一步对贸易、投资以及资金的自由流动产生负面影响。

首先，随着通胀接近主要经济体央行的目标，货币政策利率有望下调至更接近其自然水平，但主要经济体央行政策预期将分化，欧洲央行的后续降息进程可能快于美联储。其中，预计2025年欧元区降息50个基点，到2025年6月政策利率将达到2.5%；美联储由于担心核心通胀率回升，降息节奏可能会放缓，2025年累计降息可能仅75个基点；亚洲各国央行对美国利率水平敏感程度较高，亦可能选择减小降息幅度。不过，日本央行是一个例外，政策利率将在中期继续逐步上升，向约1.5%的中性水平靠拢。

其次，债务可持续性给各国的财政支出造成巨大限制。IMF预测，受经济增速放缓和融资条件趋紧等多重因素驱动，全球公共债务可能在3年内攀升至GDP的115%。公共债务高企加剧财政的不可持续状况，预计2025年美国财政赤字率呈现边际缩减趋势，欧元区将实施更为紧缩的财政政策。

最后，特朗普的回归可能引发美国关税政策的重大转变，其关税政策和移民法案将给美国及全球经济和贸易带来深远的影响。

在高债务、贸易碎片化和巨大政治不确定性背景下，低增长将是未来一段时间的常态。IMF预测，2025年全球GDP增速为3.2%，与2024年基本持平（见表1-4）。其中，发达经济体增速约为1.8%，新兴经济体的表现将较发达经济体更为亮眼，整体经济增速能达到4.2%。OECD预计，2025年底前全球通胀水平有望降至3.5%，略低于疫情前20年的平均水平。

表1-4　国际机构对2024—2026年全球经济增速的预测　　　　　　（%）

预测机构	国家或地区	2024年	2025年	2026年
IMF	全球	3.20	3.20	—
	美国	2.80	2.20	—
	欧元区	0.80	1.20	—
	中国	5.01	4.16	4.12
OECD	全球	3.20	3.30	3.30
	美国	2.80	2.40	2.10
	欧元区	0.80	1.30	1.50
	中国	4.90	4.70	4.40
	印度	6.80	6.90	6.80

续表

预测机构	国家或地区	2024 年	2025 年	2026 年
世界银行	全球	2.60	2.70	2.70
	美国	2.50	1.80	1.80
	欧元区	0.70	1.40	1.30
	中国	4.80	4.10	4.00

就国内而言，为实现 2035 年经济总量或人均收入翻一番的目标，2021—2035 年中国经济平均增速需达到 4.7% 以上。预计 2025 年国内 GDP 增长目标将继续维持在 5.0% 左右。

在消费方面，企业盈利困难与招聘减少可能影响居民工资收入，房地产市场对居民财产净收入的拖累有望减轻，财政资源向"三保"倾斜，将部分弥补财政收入放缓的影响，从而稳定居民转移净收入增速。总体而言，居民收入仍将维持较低增速。居民收入增长放缓与低房价的负面财富效应将持续对 2025 年的消费构成拖累。预计社会消费品零售总额增速将稳中有降，全年同比增速可能略低于 2024 年。考虑 2025 年财政收支或继续维持紧平衡状态，社会集团消费难以出现显著改善。而服务消费则有望持续修复，占居民消费结构的比重进一步提高，或恢复至疫情前水平。

在固定资产投资方面，预计 2025 年将回升至 5.5% 左右。其中，制造业整体投资在产业政策支持下有望保持较强韧性，同比增速维持在 6.0% 左右。房地产投资受居民实际偿债压力、居民收入下行以及保交楼进展等因素的影响，短期内难以改善；居民购房意愿依旧不强，预计 2025 年房地产销售面积将继续负增长，但同比跌幅有望收窄。2025 年，受出口承压和地产低迷影响，中国经济需要基建来托底，基建投资将成为经济增长的重要支撑。在积极的财政政策引导下，基础设施投资同比增速有望达到 10.0% 左右，投资方向涵盖水利管理业，电力、热力生产和供应业，物流仓储业以及城市更新和旧城改造等领域。

出口有望维持韧性但不确定性增强。过去几年，中国外贸国别结构和产业结构持续优化，降低了对发达经济体的依赖。一方面，"一带一路"对外需的补充作用已较明显。另一方面，新能源汽车对中国出口同比增速的正贡献持续较强。不过，中国和新兴经济体产业结构存在相似性，新兴市场国家为了保护本国产业，可能会对中国部分产品加征关税。另外，特朗普竞选时多次表示将对中国征收关税，如果关税落地较快，会加大出口压力；如果关税推出节奏较慢，我国出口增速或因"抢出口"而超预期。

在物价方面，2025年需关注居民收入、消费刺激政策力度、海外补库以及生猪去库存节奏。整体而言，2025年CPI同比中枢将高于2024年，但预计仍将低于1.0%。PPI需要关注"基建+地产"板块，如果地产销售回升，可以传导到投资端，特朗普上台对原油价格影响较小，PPI有望回升，但同比转正的概率不大。

第二节 2024年金融货币政策分析与2025年展望

一、M2、M1剪刀差增速拉大，货币活化程度低

2024年，央行实施灵活适度、精准有效的货币政策，加大逆周期调节力度，持续优化信贷结构，不断健全市场化利率调控机制，全年保持较强的实体经济支持力度。一是两度降准，累计释放中长期流动性约2万亿元；3次降息，1年期和5年期以上贷款市场报价利率（Loan Prime Rate，LPR）分别累计下行35个基点和60个基点，其中1年期LPR降至3.1%，5年期LPR降至3.6%。二是连续开展7天期逆回购操作，合计35万亿元；2月和9月开展14天期逆回购操作，合计2.54万亿元；月均一次开展1年期中期借贷便利（Medium-term Lending Facility，MLF）操作，合计超5万亿元，操作利率从年初的2.5%下降至9月的2.0%。三是启动买断式逆回购操作，10月、11月和12月分别开展5000亿元、8000亿元和14000亿元的买断式逆回购操作。四是启动国债买卖操作，8月净买入国债1000亿元，9—11月每月均净买入2000亿元，12月净买入3000亿元。五是增加支农支小再贷款额度1000亿元，设立5000亿元科技创新和技术改造再贷款、3000亿元保障性住房再贷款；9月设立首期规模5000亿元的证券、基金、保险公司互换便利和首期规模3000亿元的股票回购、增持专项再贷款。

尽管央行通过各类货币政策刺激经济，但居民收入和财富水平的下降削弱

了居民的消费能力和消费意愿。2024年，M2增速总体延续了自2023年2月以来的下行态势，1—6月M2增速分别为8.7%、8.7%、8.3%、7.2%、7.0%、6.2%；下半年随着一系列政策的出台，M2触底回升，7—11月增速分别为6.3%、6.3%、6.8%、7.5%、7.1%。

此外，通货紧缩对居民收入、消费预期的冲击，造成居民消费意愿持续下降，储蓄持续上升，1—9月M1总体处于下行区间，年内M2－M1剪刀差持续拉大。10月股市升温，带动理财资金回流、居民存款流出，资金活化程度明显恢复；11月、12月房地产销售维持一定活跃度，居民购房需求进一步释放，部分居民存款向企业存款转移，以及月内专项债发行提速，带动政府存款向企事业单位活期存款转移，企业流动性改善，M1增速回升，M2－M1剪刀差显著收窄。

2024年12月末，M1同比下降1.4%，降幅较上月末收窄2.3个百分点；M2同比增长7.3%，增速较上月末加快0.2个百分点。详见图1－6。

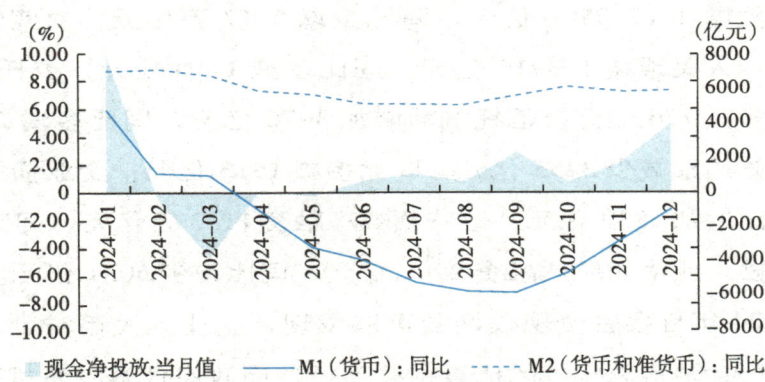

图1－6　2024年M1、M2变动趋势

资料来源：中国人民银行。

二、社会融资规模存量增速下行，债券发行规模增加

（一）社会融资规模增速呈下行态势

从存量视角来看，2024年全年社会融资规模增速呈下行态势，从年初的9.5%下降至12月的8.0%。细分来看，未贴现银行承兑汇票同比增速从年初的3.0%下降至12月的－13.3%，外币贷款从年初的－0.9%下降至12月的－22.3%，境内企业股票融资从年初的6.9%下降至12月的2.5%，人民币贷款从年初的10.1%下降至12月的7.2%。政府债券同比增速保持两位数的增

速，12月末同比增长16.2%；企业债券同比增速从年初的1.3%上升至12月的3.8%；信托贷款同比增速从年初的6.3%上行至8月的13.0%，12月回落至10.2%。委托贷款增速延续呈现负增长态势，最低为-1.3%。

从结构占比来看，12月末，政府债券余额占社会融资规模存量的19.9%，比2023年同期高1.4个百分点；信托贷款余额占比为1.1%，比2023年同期高0.1个百分点。而对实体经济发放的人民币贷款余额占比为61.8%，比2023年同期低0.5个百分点；非金融企业境内股票余额占比为2.9%，比2023年同期低0.1个百分点；对实体经济发放的外币贷款折合人民币余额占比为0.3%，比2023年同期低0.1个百分点；未贴现银行承兑汇票余额占比为0.5%，比2023年同期低0.2个百分点；委托贷款余额占比为2.7%，比2023年同期低0.3个百分点；企业债券余额占比为7.9%，比2023年同期低0.3个百分点。详见图1-7。

从增量视角来看，全年社会融资累计新增32.3万亿元，同比少增3.3万亿元，主要是由于需求不足人民币信贷同比少增。具体来看，对实体经济发放的人民币贷款增加17.05万亿元，同比少增5.17万亿元；对实体经济发放的外币贷款折合人民币减少3916亿元，同比多减1710亿元；委托贷款减少577亿元，同比多减776亿元；信托贷款增加3976亿元，同比多增2400亿元；未贴现银行承兑汇票减少3295亿元，同比多减1513亿元；企业债券净融资1.91万亿元，同比增加2839亿元；政府债券净融资11.3万亿元，同比增加1.69万亿元；非金融企业境内股票融资2900亿元，同比减少5031亿元。

对比2024年社会融资规模增量可以发现，企业人民币贷款、未贴现银行承兑汇票占社会融资总规模的比重持续下行，而政府债券融资规模占社会融资总规模的比重呈上升趋势。这表明，当前居民、企业有效需求不足，通过信贷资金增加投资与消费的意愿低迷，中国的债务杠杆正在从民营企业、家庭资产负债表向政府资产负债表转移。国家金融与发展实验室（NIFD）发布的《2024年三季度宏观杠杆率》显示，2024年前三季度我国宏观杠杆率共上升10.1个百分点。其中，非金融企业部门上升6.2个百分点，政府部门上升4.2个百分点，居民部门下降0.3个百分点。从政府部门来看，去杠杆、防风险和政府债务继续增加同步进行中，政府尤其是基层政府财政可持续性变差。

（二）债券发行规模同比增加

上海清算所债券业务月度统计报表披露，2024年全年债券市场共发行各类债券39438只，面额45.86万亿元，比上年同期增加8.13万亿元；兑付债

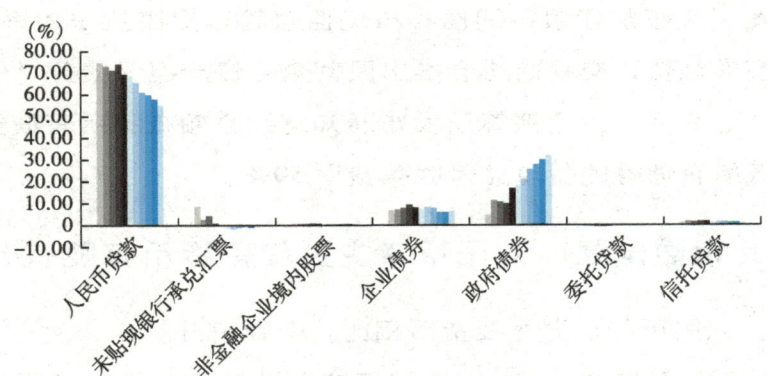

图1-7 2024年1—11月社会融资规模主要组成部分规模占比
资料来源：中国人民银行。

38199只，兑付额36.02万亿元，比上年同期增加1.44万亿元。其中，12月共发行各类债券3582只，面额4.55万亿元；兑付债券3072只，兑付额2.87万亿元。

具体来看，2024年，我国共发行公司信用类债券12105只，面额10.19万亿元，兑付额8.40万亿元，付息5314.12亿元；发行金融债券724只，面额4.02万亿元，兑付额7343.26亿元，付息1494.21亿元；发行同业存单26507只，面额31.46万亿元，兑付额26.79万亿元，未付息。公司信用类债券、金融债券发行总额合计占债券市场的31.0%，同业存单占比为68.6%。

在债券成交方面，全国银行间同业拆借中心债券借贷月报数据披露，按交易品种统计，2024年全年债券借贷成交28.89万笔，比上年同期增加9.16万笔。按券种统计，债券成交金额为40.00万亿元，比2023年同期增加14.36万亿元，其中，国债成交23.10万亿元，比2023年增加12.39万亿元；政策性金融债成交16.63万亿元，比2023年增加0.01万亿元；地方政府债成交1449.72亿元，比2023年增加312.46亿元；无固定期限资本债券成交598.90亿元，比2023年增加234.45亿元。其中，12月债券借贷成交23072笔，比2023年同期增加6694笔；债券成交金额为3.38万亿元，比2023年同期增加9544.9亿元。按机构类别交易统计，2024年12月，债券借贷加权平均费率为0.26%，比2023年同期低16.41个基点。

为提升债券市场运行效率，增加居民财产性收入，2024年2月，中国人民银行发布《关于银行间债券市场柜台业务有关事项的通知》，进一步扩大了柜台债券投资品种。7月，针对国债收益率下行过快，监管提示风险并约谈相关机构,并印发《关于加强银行间债券市场监督管理提高执法效率的通知》;为了支持民企债券融资,交易商协会推出民营企业资产担保债务(Covered Bond,CB)融资工具。9月,上海清算所发布通知继续全额减免所有债券的发行登记费,同步降低所有债券的付息兑付服务费率50%。

三、美元指数走强,人民币对主要储备货币有贬有升

2024年,人民币和世界主要货币相比,有贬有升。

人民币兑美元贬值约1.1%。美国经济维持较强韧性,通胀具有黏性,美联储不断推迟降息进程,美元指数维持震荡偏强态势,2024年美元指数上涨7.1%。全年美元兑人民币变动可以分为三个阶段:①1—8月,美国经济超预期,市场预计美联储降息频率减少,美元兑人民币中间价从年初的7.11上行至7.13左右。②8月底至9月底,美国制造业、通胀、就业数据纷纷出现回落,美联储9月开启降息,人民币汇率反弹。美元兑人民币中间价下行至7.08左右。③10—12月,随着美国大选行情白热化,"特朗普交易"主导外汇市场,市场大幅定价。受特朗普2.0的关税风险影响,美元兑人民币汇率重回7.19左右的年内高点。

欧元兑人民币贬值2.7%,英镑兑人民币升值0.9%。变化趋势整体呈现两个阶段:①1月至8月底,人民币兑欧元和英镑波动式贬值,欧元兑人民币中间价从年初的7.77上升至7.86,英镑兑人民币中间价从年初的9.05上升至9.23;②9月以后,随着欧洲央行连续4次降息,英国央行连续2次降息,人民币兑欧元和英镑波动式升值,欧元兑人民币中间价下行至12月的7.57,英镑兑人民币中间价下行至12月的9.13。

人民币兑日元呈"N"字形变动。全年人民币兑日元变动可以分为三个阶段:①1—7月,日元对人民币总体贬值。随着通胀水平的上升,日本央行时隔17年在2024年3月选择加息,将利率从-0.1%上调至0~0.1%。不过,因加息幅度有限,日元兑人民币呈贬值趋势。100日元兑人民币从年初的4.88降至7月4日的4.45。②7月底,日本央行超预期加息,将政策利率上调至0.25%,并公布"缩表"计划,引发套息交易逆转,日元对人民币汇率反弹。100日元兑人民币从年内低点4.45反弹至年内高点5.02。③9月以后,日本央行并未在加息的轨迹中继续前行,至12月连续第三次暂停加息,日元兑人民币再次贬值。12月31日,100日元兑人民币为4.71。详见表1-5。

表1-5 2024年主要货币兑人民币中间价月均汇率走势

时间	1美元	1欧元	100日元	1英镑
1月	7.1060	7.7702	4.8844	9.0508
2月	7.1051	7.6984	4.7807	9.0089
3月	7.0978	7.7448	4.7671	9.0560
4月	7.1007	7.6482	4.6496	8.9297
5月	7.1057	7.7171	4.5845	9.0194
6月	7.1162	7.6974	4.5425	9.0909
7月	7.1316	7.7621	4.5468	9.2018
8月	7.1342	7.8610	4.8812	9.2291
9月	7.0791	7.8572	4.9309	9.3504
10月	7.1058	7.7217	4.7194	9.2488
11月	7.1729	7.6492	4.6864	9.1700
12月	7.1887	7.5646	4.7135	9.1312

2024年全年，人民币对一篮子货币波动式走强。尤其是第四季度，CFETS人民币汇率指数从9月末的98.36一路上升至12月末的101.47，较2023年末上升4.2%（见图1-8）。其间人民币对其他主要非美货币表现均较强，人民币兑欧元、日元、英镑分别升值4.4%、6.0%、3.8%。2024年11月，在基于金额统计的全球支付货币排名中，人民币上升至全球第四大活跃货币的位置，占比为3.9%。

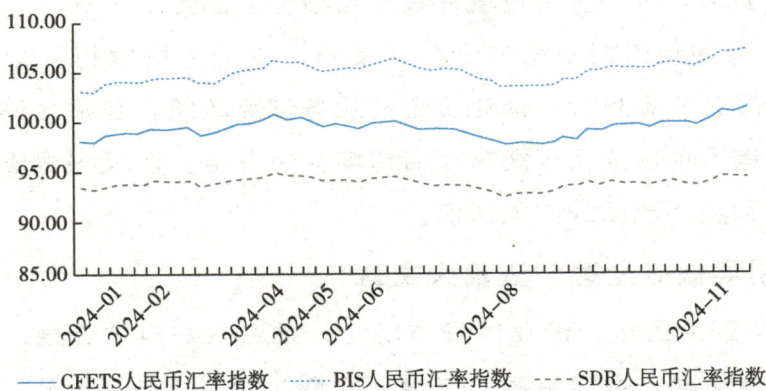

图1-8 2024年人民币汇率指数走势

资料来源：中国外汇交易中心、中国货币网。

四、金融市场顶层政策频出，推动行业高质量发展

2024年，金融监管部门围绕金融对外开放、服务实体经济、完善金融监管体系和防范金融风险方面出台了一系列监管政策。其中，"五篇大文章"成为金融业持续发力的重要领域，取得了显著成效。

（一）推进金融高水平对外开放

2024年，金融高水平对外开放与合作进一步有序扩大。1月，中国人民银行和香港金融管理局决定推出六项政策举措，涉及债券通、项下债券抵押、债券回购、跨境理财通、深港跨境征信、数字人民币跨境、港澳居民购房支付等。

3月，国务院办公厅发布《扎实推进高水平对外开放更大力度吸引和利用外资行动方案》提出，扩大银行保险领域外资金融机构准入、拓展外资金融机构参与国内债券市场业务范围等。

5月，中国人民银行、香港证监会、香港金融管理局宣布一系列"互换通"机制优化措施：一是丰富交易产品种类，推出以国际货币市场结算日为支付周期的利率互换合约；二是完善配套功能，推出合约压缩服务及配套支持的历史起息合约；三是将继续全额减免交易及清算费一年，并在合约压缩业务上线初期免收相关费用。

7月，中国人民银行宣布支持境外机构使用"债券通"债券缴纳"互换通"保证金；当月，中国人民银行、国家外汇管理局修订《境外机构投资者境内证券期货投资资金管理规定》，明确并简化境外机构投资者境内证券期货投资资金管理要求，进一步便利境外投资者参与我国金融市场。

12月，为便利跨国公司资金归集使用，中国人民银行、国家外汇管理局持续优化跨国公司本外币一体化资金池业务试点政策，包括允许跨国公司境内成员企业间错币种借贷用于经常项目跨境支付业务，以及根据宏观审慎原则自行决定外债和境外放款的归集比例。

（二）引导做好金融"五篇大文章"

1月，中国人民银行设立信贷市场司，重点做好科技金融、绿色金融、普惠金融、养老金融、数字金融"五篇大文章"相关工作。5月，国家金融监督管理总局发布《关于银行业保险业做好金融"五篇大文章"的指导意见》，要求银行业保险业构建"五篇大文章"服务体系基本形成，推动新质生产力发

展。除总体布局外，具体还包括以下细分政策。

在科技金融方面，1月，国家金融监督管理总局发布《关于加强科技型企业全生命周期金融服务的通知》，对做好科技创新金融服务提出了工作要求。4月，中国证监会发布《资本市场服务科技企业高水平发展的十六项措施》；6月，中国证监会发布《关于深化科创板改革 服务科技创新和新质生产力发展的八条措施》，中国人民银行联合国家金融监督管理总局、中国证监会等七部门发布《关于扎实做好科技金融大文章的工作方案》，围绕培育支持科技创新的金融市场生态，提出一系列有针对性的工作举措。

在普惠金融方面，3月，国务院办公厅印发《关于进一步优化支付服务提升支付便利性的意见》；5月，国家金融监督管理总局印发《关于推进普惠保险高质量发展的指导意见》；9月，国家金融监督管理总局发布《关于做好续贷工作 提高小微企业金融服务水平的通知》，将续贷政策阶段性扩大至中型企业；11月，国家金融监督管理总局修订印发《银行业金融机构小微企业金融服务监管评价办法》，引导银行业金融机构强化小微金融战略导向，建立健全敢贷、愿贷、能贷、会贷长效机制。

在绿色金融方面，3月，中国人民银行印发《关于进一步强化金融支持绿色低碳发展的指导意见》，要求未来5年基本构建成国际领先的金融支持绿色低碳发展体系。4月，国家金融监督管理总局印发《关于推动绿色保险高质量发展的指导意见》，明确到2027年，绿色保险政策支持体系比较完善，2030年，绿色保险服务体系基本健全。10月，中国人民银行、生态环境部、国家金融监督管理总局、中国证监会四部门联合印发《关于发挥绿色金融作用 服务美丽中国建设的意见》，从加大重点领域支持力度、提升绿色金融专业服务能力、丰富绿色金融产品和服务、强化实施保障四个方面提出19项重点举措。

在数字金融方面，11月，中国人民银行联合国家金融监督管理总局、中国证监会等七部门发布《推动数字金融高质量发展行动方案》，明晰了数字金融在支持其他"四篇大文章"发展中的基石定位。

在养老金融方面，10月，国家金融监督管理总局办公厅印发《关于大力发展商业保险年金有关事项的通知》，明确了商业保险年金的概念，支持创设兼具养老风险保障和财富管理功能、适合广泛人群购买的新型产品。11月，国家金融监督管理总局发布《关于进一步提升金融服务适老化水平的指导意见》，要求金融机构坚持以人民为中心的价值取向，积极融入老年友好型社会建设。12月，中国人民银行联合中国证监会、国家金融监督管理总局等九部门联合印发《关于金融支持中国式养老事业 服务银发经济高质量发展的指导意见》，聚焦不同老龄群体提供多样化养老金融服务，支持备老群体做好养老资金储备和财富规划。

在其他方面，4月，国家金融监督管理总局等多部门联合发布《关于深化制造业金融服务 助力推进新型工业化的通知》，对做好制造业金融服务提出了工作要求。9月，国家金融监督管理总局办公厅发布《关于促进非银行金融机构支持大规模设备更新和消费品以旧换新行动的通知》，鼓励非银机构根据自身专业特色和资源禀赋，支持大规模设备更新和消费品以旧换新行动；当月，国家金融监督管理总局办公厅印发《关于做好金融资产投资公司股权投资扩大试点工作的通知》，将金融资产投资公司表内资金进行股权投资的金额占公司上季末总资产的比例由原来的4%提高到10%，投资单只私募股权投资基金的金额占该基金发行规模的比例由原来的20%提高到30%。11月，国家金融监督管理总局办公厅发布《金融资产管理公司不良资产业务管理办法》，引导金融资产管理公司立足主责主业，增强收购处置专业能力，发挥金融救助和逆周期调节功能。

（三）持续完善金融监管体系

强化银行信贷与资本监管水平。2月，为了能够更好地适应商业银行信贷业务实际和发展趋势，督促商业银行进一步提高信贷管理的精细化和规范化水平，国家金融监督管理总局发布修订后的《固定资产贷款管理办法》《流动资金贷款管理办法》《个人贷款管理办法》。3月，为推动银团贷款业务规范健康发展，国家金融监督管理总局发布《银团贷款业务管理办法（征求意见稿）》。11月，国家金融监督管理总局发布《商业银行实施资本计量高级方法申请及验收规定》，明确银行实施高级计量方法的验收流程和监管要求，进一步加强商业银行资本监管，推动银行不断提高风险管理水平。

推动保险行业高质量发展。3月，国家金融监督管理总局发布《人身保险公司监管评级办法》，引导人身保险公司形成特色化发展模式和差异化竞争优势。4月，国家金融监督管理总局发布《关于商业银行代理保险业务有关事项的通知》，取消银行网点与保险公司合作的数量限制，明确双方合作层级以及银行代理业务的佣金标准。7月，国家金融监督管理总局发布《关于加强和改进互联网财产保险业务监管有关事项的通知》，将着力解决互联网财产保险领域存在的突出问题。9月，国务院发布《关于加强监管防范风险推动保险业高质量发展的若干意见》（以下简称"国十条"），对保险行业未来5年到10年的发展进行系统部署，引导保险行业高质量发展。11月，国家金融监督管理总局发布《保险资产风险分类暂行办法》，进一步落实险企的全面风险管理，提升资产质量和资产负债匹配的有效性，缓解市场对险企投资端利差损风险的担忧。12月，国家金融监督管理总局办公厅发布《保险资金运用内部控制应用指引（第4号—第6号）》，进一步规范保险资金运用管理机制和流程，提升保险机构风险管理能力，推动保险行业高质量发展。

规范非银机构公司治理，强化金融机构合规管理。9月，国家金融监督管理总局发布《关于部分非银机构差异化适用公司治理等相关监管规定的通知》，推动构建非银行金融机构差异化监管制度体系。12月，国家金融监督管理总局发布《金融机构合规管理办法》，要求金融机构在机构总部设立首席合规官，原则上应当在省级分支机构或者一级分支机构设立合规官，并明确首席合规官及合规官的参会权、知情权、调查权、询问权、预警提示权等履职保障。

（四）防范化解重点领域金融风险

在房地产风险化解方面，持续出台政策促进房地产企稳。1月初，住房和城乡建设部联合国家金融监督管理总局要求各地级及以上城市建立城市房地产融资协调机制，一视同仁满足不同所有制房地产企业合理融资需求，促进金融与房地产良性循环。

5月，中国人民银行下调个人住房公积金贷款利率0.25个百分点，取消全国层面首套住房和二套住房商业性个人住房贷款利率政策下限，并联合国家金融监督管理总局将首套住房贷款最低首付款比例调整为不低于15%、二套住房贷款为不低于25%；中国人民银行还设立3000亿元保障性住房再贷款，引导金融机构支持地方国有企业收购已建成未出售商品房。

9月，中国人民银行和国家金融监督管理总局下发通知，统一首套、二套住房最低首付款比例为不低于15%，保障性住房再贷款的比例从贷款本金的60%提升到100%，并引导商业银行降低存量房贷利率、延长部分房地产金融政策期限。

10月，住房和城乡建设部等五部门推出房地产市场平稳健康发展新举措：取消限购、取消限售、取消限价、取消普通住宅和非普通住宅标准，降低"卖旧买新"换购住房的税费负担，新增实施100万套城中村改造和危旧房改造，

2024年底前"白名单"项目贷款审批通过金额翻倍。

11月，财政部、税务总局、住房和城乡建设部发布税收政策公告，加大住房交易环节契税优惠力度；降低土地增值税预征率下限。部分城市取消普通住宅和非普通住宅标准，对个人销售已购买2年以上（含2年）住房一律免征增值税。

在地方债务风险化解方面，国务院办公厅发布《关于金融支持融资平台债务风险化解的指导意见》（以下简称"35号文"），支持重点省份融资平台2024年、2025年债务存量化解；严控融资平台各类债务规模新增，引导债务规模与地方经济发展和地方财力相匹配。其中，12个重点省份融资平台债务压力较重，且与地方经济和财力不相匹配，需要重点关注关照。

继"35号文"后，2024年3月，国务院办公厅又发布《关于进一步统筹做好地方债务风险防范化解工作的通知》（以下简称"14号文"），将重点化债地区从12个省份再扩容，新增19个省份可自主申报重点地区。

12月，中国人民银行、国家金融监督管理总局等部门联合发布的《关于严肃化债纪律、做好金融支持融资平台债务风险化解的通知》（以下简称"226号文"），敦促金融机构切实落地"35号文"及后续一系列补充文件，加快置换城投平台非隐债务。

表1-6为2024年主要金融政策汇总。

表1-6 2024年主要金融政策汇总

时间	机构	政策文件/会议	主要内容
1月	住房和城乡建设部、国家金融监督管理总局	《关于建立城市房地产融资协调机制的通知》	各地级及以上城市建立城市房地产融资协调机制，一视同仁满足不同所有制房地产企业合理融资需求，促进金融与房地产良性循环
	国家金融监督管理总局	《关于加强科技型企业全生命周期金融服务的通知》	从持续深化科技金融组织管理机制建设、形成科技型企业全生命周期金融服务、扎实做好金融风险防控、加强组织保障和政策协同等方面，对做好科技创新金融服务提出了工作要求
2月	国家金融监督管理总局	《固定资产贷款管理办法》《流动资金贷款管理办法》《个人贷款管理办法》	督促商业银行进一步提高信贷管理的精细化和规范化水平，提升金融服务实体经济质效

续表

时间	机构	政策文件/会议	主要内容
3月	国务院办公厅	《扎实推进高水平对外开放更大力度吸引和利用外资行动方案》	扩大银行保险领域外资金融机构准入、拓展外资金融机构参与国内债券市场业务范围等
	国家金融监督管理总局	《关于做好2024年普惠信贷工作的通知》	明确2024年普惠信贷总体目标，即保量、稳价、优结构
	国家金融监督管理总局	《银团贷款业务管理办法（征求意见稿）》	分组银团贷款按"期限""利率"等贷款条件分组，在同一银团贷款合同中，向客户提供不同条件的贷款。同一组别的贷款条件应当一致。分组银团贷款一般不超过三个组别。各组别原则上有两家或者两家以上银行参加，仅有一家银行的组别不得超过一个
	国家金融监督管理总局	《人身保险公司监管评级办法》	引导人身保险公司形成特色化发展模式和差异化竞争优势
4月	国家金融监督管理总局、工业和信息化部、国家发展改革委	《关于深化制造业金融服务 助力推进新型工业化的通知》	围绕金融支持制造强国建设、推进新型工业化重点任务，从优化金融供给、完善服务体系、加强风险防控等方面，对做好制造业金融服务提出了工作要求
	国务院	《关于加强监管防范风险推动资本市场高质量发展的若干意见》	明确了我国资本市场"未来5年""到2035年""到本世纪中叶"的发展目标，推动资本市场强监管、防风险、促高质量发展
	国家金融监督管理总局	《关于推动绿色保险高质量发展的指导意见》	明确到2027年，绿色保险政策支持体系比较完善；2030年，绿色保险发展取得重要进展，服务体系基本健全，成为助力经济社会全面绿色转型的重要金融手段
	中国证监会	《资本市场服务科技企业高水平发展的十六项措施》	从上市融资、并购重组、债券发行、私募投资等全方位提出支持性举措，更好服务科技创新，促进新质生产力发展

续表

时间	机构	政策文件/会议	主要内容
4月	国家金融监督管理总局	《关于商业银行代理保险业务有关事项的通知》	一是取消银行网点与保险公司合作的数量限制；二是明确双方合作层级，要求保险公司与商业银行开展合作，原则上应当由双方法人机构签订书面委托代理协议；三是明确银行代理业务的佣金标准
5月	国家金融监督管理总局	《关于银行业保险业做好金融"五篇大文章"的指导意见》	健全相关监管制度和配套机制，评价体系更加健全有效，不断增强政策协同性
5月	国家金融监督管理总局	《关于推进普惠保险高质量发展的指导意见》	充分发挥保险的经济减震器和社会稳定器功能，更好满足人民群众和实体经济普惠性的保险需求，进一步推进普惠保险高质量发展
6月	中国证监会	《关于深化科创板改革服务科技创新和新质生产力发展的八条措施》	从板块定位、定价机制、重组融资、股权激励等维度入手，为一、二级市场如何更好地支持"硬科技"企业的发展提供了方向性的指导意见
6月	中国人民银行、国家金融监督管理总局、中国证监会等七部门	《关于扎实做好科技金融大文章的工作方案》	支持银行业金融机构构建科技金融专属组织架构和风控机制，建立科技型企业债券发行绿色通道，强化股票、新三板、区域性股权市场等服务科技创新功能，鼓励各地组建科技金融联盟，为科技型企业提供"天使投资—创业投资—私募股权投资—银行贷款—资本市场融资"的多元化接力式金融服务
7月	中国人民银行、国家外汇管理局	《境外机构投资者境内证券期货投资资金管理规定》	明确并简化境外机构投资者境内证券期货投资资金管理要求，进一步便利境外投资者参与我国金融市场
7月	中国人民银行、国家金融监督管理总局	《关于延长金融支持房地产市场平稳健康发展有关政策期限的通知》	有关政策有适用期限的，将适用期限统一延长至2024年12月31日

续表

时间	机构	政策文件/会议	主要内容
7月	国家金融监督管理总局	《关于加强和改进互联网财产保险业务监管有关事项的通知》	将着力解决互联网财产保险领域存在的突出问题
9月	国家金融监督管理总局	《关于做好续贷工作提高小微企业金融服务水平的通知》	对2027年9月30日前到期的中型企业流动资金贷款，存在资金接续需求的，商业银行可以参照小微企业续贷政策办理续贷
	国家金融监督管理总局办公厅	《关于促进非银行金融机构支持大规模设备更新和消费品以旧换新行动的通知》	鼓励非银机构根据自身专业特色和资源禀赋，聚焦产业高质量发展和人民美好生活需要的关键领域，不断提升服务实体经济高质量发展和中国式现代化的能力与水平
	国家金融监督管理总局办公厅	《关于扩大金融资产投资公司股权投资试点范围的通知》	一是将把金融资产投资公司股权投资试点范围由上海扩大至18个大中型城市；二是适当放宽股权投资金额和比例限制
	国务院	《关于加强监管防范风险推动保险业高质量发展的若干意见》	一是制定2029年、2035年时间表、路线图；二是要求提升保险业服务民生保障水平；三是要求服务实体经济、发挥保险资金长期投资优势；四是深化重点领域改革、推进产品转型升级；五是严字当头、强监管防风险
	国家金融监督管理总局	《关于部分非银机构差异化适用公司治理等相关监管规定的通知》	推动构建非银行金融机构差异化监管制度体系
10月	中国人民银行、生态环境部、国家金融监督管理总局、中国证监会	《关于发挥绿色金融作用服务美丽中国建设的意见》	从加大重点领域支持力度、提升绿色金融专业服务能力、丰富绿色金融产品和服务、强化实施保障四个方面提出19项重点举措
	国家金融监督管理总局办公厅	《关于大力发展商业保险年金有关事项的通知》	支持创设兼具养老风险保障和财富管理功能、适合广泛人群购买的新型产品，要求保险公司优化资产配置，服务新质生产力发展

续表

时间	机构	政策文件/会议	主要内容
11月	中国人民银行、国家金融监督管理总局、中国证监会等七部门	《推动数字金融高质量发展行动方案》	明确发展数字金融是为了金融更好地服务经济发展，同时提出"到2027年底，基本建成与数字经济发展高度适应的金融体系"的总体目标
	国家金融监督管理总局	《关于进一步提升金融服务适老化水平的指导意见》	要求金融机构坚持以人民为中心的价值取向，积极融入老年友好型社会建设，提出具体工作任务
	国家金融监督管理总局	《银行业金融机构小微企业金融服务监管评价办法》	引导银行业金融机构强化小微金融战略导向，建立健全敢贷、愿贷、能贷、会贷长效机制，切实提升小微企业服务质效，促进小微企业高质量发展
	国家金融监督管理总局	《商业银行实施资本计量高级方法申请及验收规定》	明确银行实施高级计量方法的验收流程和监管要求，进一步加强商业银行资本监管，推动银行不断提高风险管理水平
	财政部、税务总局、住房和城乡建设部	《关于促进房地产市场平稳健康发展有关税收政策的公告》	加大住房交易环节契税优惠力度；降低土地增值税预征率下限；取消普通住宅和非普通住宅标准
	国家金融监督管理总局	《保险资产风险分类暂行办法》	一是将所有投资资产纳入分类范围；二是完善固定收益类资产分类标准，使其与商业银行保持一致；三是完善权益类资产、不动产类资产风险分类标准；四是完善组织实施管理，明确董监高等各方职责
12月	中国人民银行、中国证监会、国家金融监督管理总局等九部门	《关于金融支持中国式养老事业 服务银发经济高质量发展的指导意见》	提供多样化养老金融服务，支持备老群体做好养老资金储备和财富规划。完善金融支持银发经济的服务体系和管理机制，扩大银发经济经营主体和产业集群多元化资金来源渠道
	国家金融监督管理总局办公厅	《保险资金运用内部控制应用指引（第4号—第6号）》	进一步规范保险资金运用管理机制和流程，提升保险机构风险管理能力，推动保险业高质量发展

续表

时间	机构	政策文件/会议	主要内容
12月	国家金融监督管理总局	《金融机构合规管理办法》	明确合规管理架构、合规文化培育、董事会及高级管理人员的职责，首席合规官及合规官的设置与职责，合规管理部门的职责与分工等事项
	中国人民银行、国家金融监督管理总局	《关于严肃化债纪律、做好金融支持融资平台债务风险化解的通知》	一是严肃化债纪律和化债资金的合规性；二是金融机构要支持城投非标债务化解，积极参与平台非标债务化解；三是对融资平台应当一视同仁地提供融资

五、2025年金融货币政策展望

2024年召开的中央经济工作会议描述了2025年中国经济发展主基调，即"稳中求进、以进促稳，守正创新、先立后破，系统集成、协同配合"。"守正创新"解决的是"胆子大"和"步子稳"之间的辩证统一问题；"系统集成"则着眼于经济体系的整体性、关联性和系统性；"协同配合"旨在为应对经济复杂综合的问题提供施策原则。为加大逆周期调节，会议明确，2025年要实施适度宽松的货币政策。发挥好货币政策工具总量和结构双重功能，适时降准降息，保持流动性充裕，使社会融资规模、货币供应量增长同经济增长、价格总水平预期目标相匹配。保持人民币汇率在合理均衡水平上的基本稳定。探索拓展央行宏观审慎与金融稳定功能，创新金融工具，维护金融市场稳定。

鉴于国内经济预期较弱，且通胀水平维持低位运行，货币政策有望维持稳健偏宽松，同时兼顾平衡好短期与长期、稳增长与防风险、内部均衡与外部均衡的关系，根据内外部形势、流动性情况变化等相机抉择。为了支持实体经济，改善市场预期，年初降准降息依然可期。同时，在货币配合财政、增加流动性供给的诉求下，预计2025年央行将继续加大国债净买入规模。在MLF存量逐步回笼的过程中，央行也会加大买断式逆回购的投放力度来弥补中长期流动性缺口。此外，2025年1月M1统计口径修订落地，新口径M1较原口径M1在绝对数值上有一定优化，2025年新口径M1增速较2024年有所回升，M2增速基本稳定。

在服务实体经济方面，央行将继续用好结构性政策，提高货币政策的前瞻性和针对性，同时，通过完善顶层制度安排，统一统计制度，强化考核评价，引导和支持金融机构做好"五篇大文章"，特别是加大对科技创新、绿色发展、消费金融等的支持，并推出更多稳定房地产市场的结构性工具，发挥好房地产产业对稳预期、稳投资的积极作用。

人民币汇率有望保持稳定。2025年外部扰动或是人民币汇率最大的风险因素。在对华加征关税政策正式落地之前，美联储降息频率和幅度存在不确定性，人民币对美元存在贬值压力。但为促进美国出口，新一任美国总统在任期内或继续主张"弱美元"政策，美元兑人民币或延续"上有顶、下有底"。同时，内部因素有望托底人民币汇率。一是考虑直接投资账户和证券投资账户的压力，预计央行稳汇率决心较强，相关政策也有望继续加码；二是中美利差深度倒挂对2025年人民币汇率的影响有限，国内降准降息等操作或与其他增量政策共同助力基本面修复回升。

总体来看，尽管后续面临关税冲击，但考虑到2025年欧美发达国家将多次降息，以及目前国内通胀水平偏低，名义GDP增速低于趋势值，消费、投资等内需不足，央行将实施适度宽松的货币政策，降准降息可期。同时，不排除继续通过公开市场操作、买断式逆回购、买入国债以及资本市场再贷款工具等来加大流动性投放。

第三节 宏观金融政策对信托业的影响

从国内经济形势来看，由于消费和投资内需动力不足，央行持续加大逆周期调节，2024年货币政策总体稳健，流动性合理充裕，市场利率持续下行。此外，通过出台"五篇大文章"统筹规划以及配套政策文件，引导金融机构优化信贷结构，做好金融持续服务科技、绿色和民营经济等工作，推进金融支持大规模设备更新和大宗耐用消费品以旧换新落地见效。

此外，通过完善金融监管体系，不断提升金融机构服务实体经济的能力并防范风险，包括：提升信贷管理精细化、规范化水平，优化银团贷款业务管理，加强银行业资本监管；引导保险业务回归保障本源，树立服务实体经济和人民群众的发展理念；规范保险资金运用管理机制和流程，提升资产负债匹配管理能力；推动构建非银行金融机构差异化监管制度体系；要求金融机构强化合规管理。

一、非标预期收益率继续回调，标准化资产管理能力提升

2024 年中国人民银行 3 次降息。

2 月，5 年期以上 LPR 由 4.2% 下调至 3.95%；

7 月，1 年期 LPR 由 3.45% 下调至 3.35%，5 年期以上 LPR 由 3.95% 下调至 3.85%；

10 月，1 年期 LPR 由 3.35% 下调至 3.10%，5 年期以上 LPR 由 3.85% 下调至 3.60%。

年内 1 年期和 5 年期以上 LPR 分别累计下行 35 个基点和 60 个基点。当前，5 年期 LPR 为 3.60%，1 年期 LPR 为 3.10%。

LPR 下调后，为了稳定银行净息差，国有五大行和股份制银行分别于 7 月和 10 月两次下调人民币存款挂牌利率，目前活期存款挂牌利率为 0.1%；3 个月、6 个月、1 年期、2 年期、3 年期和 5 年期整存整取定期存款挂牌利率分别降至 0.8%、1.0%、1.1%、1.2%、1.5% 和 1.55%。

随着无风险利率的走低，集合资金信托的预期收益率整体下调，从 2023 年末的 6.53% 下行至 2024 年 11 月的 5.72%。2024 年第一季度，上市公司购买的信托产品预计年化收益率在 2.83%~6.00%，平均值为 4.40%。用益信托监测数据显示，2024 年非标信托产品的平均预期收益率持续走低，12 月非标集合信托产品的平均预期收益率为 5.42%，较 2023 年末的 6.49% 下行 1.07 个百分点。

随着预期收益率的走低，信托公司标准化投资能力稳步提升，2024 年投向证券市场、金融机构的规模和占比明显增加。中国信托业务协会数据显示，截至 2024 年第二季度末，信托资金投向证券市场（含股票、基金、债券）的规模合计为 8.34 万亿元，较 2023 年第四季度末增加 1.74 万亿元；在资金信托总规模中合计占比为 41.8%，占比提升近 9.0%。信托资金投向金融机构的规模为 2.96 万亿元，较 2023 年第四季度末增加 5879.50 亿元；在资金信托总规模中占比为 14.8%，占比提升 1.2%。

当前债券仍是标品信托的主要投资领域。截至 2024 年 2 月末，投向股票的资金信托规模占比为 3.1%，较 2023 年同期下降 1.2 个百分点；投向基金的

资金信托规模占比为 1.8%，较 2023 年同期下降 0.4 个百分点；投向债券的资金信托规模占比为 36.9%，较 2023 年同期增加 11.2 个百分点。

受益于债券牛市以及 10 月的股市拉升，2024 年，标品信托年化收益率较 2023 年末好转。截至 2024 年 11 月末存续的标品信托产品中，固定收益类产品的近 6 个月年化收益率均值为 2.81%，较 2023 年末上升 0.23 个百分点；权益类产品的近 6 个月年化收益率均值为 10.85%，2023 年末为 -10.43%；混合类产品的近 6 个月年化收益率均值为 9.81%，2023 年末为 -9.47%（见图 1-9）。

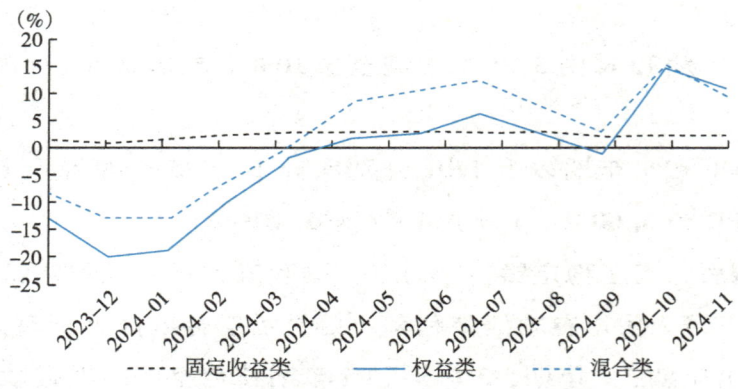

图 1-9　2023 年 12 月至 2024 年 11 月各类别标品信托产品近 6 个月年化收益率
资料来源：普益标准。

在《关于规范信托公司信托业务分类的通知》（以下简称"三分类新规"）的引导下，信托公司转型发展步入深水区，固定收益类标品信托逐渐成为信托公司资产管理业务转型的重要抓手。

二、加强监管力度，引领信托公司高质量发展

在公司治理方面，9 月，国家金融监督管理总局发布《关于部分非银机构差异化适用公司治理等相关监管规定的通知》，要求非银机构应当严格遵守国家法律法规，按照监管规定要求建立健全组织机构、完善关联交易管理机制、持续增强资本管理能力、提升内部管理水平、着力健全风险管理长效机制。并明确非银机构必须遵守国家法律法规以及通知未作出差异化安排的其他监管法规规定。12 月，国家金融监督管理总局发布《关于修改部分规章的决定（征求意见稿）》：一是修改《信托公司管理办法》《信托公司股权管理暂行办法》中监事会设置有关规定，明确董事会中设置由董事组成的审计委员会行使监事会职权的，可不再设置监事会。二是在《银行保险机构关联交易管理办法》中

新增规定，强化对涉及董事、监事和高级管理人员关联交易的管理，明确相关交易应由董事会审查批准。12月，国家金融监督管理总局还发布了《关于公司治理监管规定与公司法衔接有关事项的通知》，对照新修订的《中华人民共和国公司法》，完善金融机构治理架构。

在合规管理方面，12月，国家金融监督管理总局发布《金融机构合规管理办法》，提升金融机构合规管理有效性，实现合规的"被动监管遵循"向"主动合规治理"的转变。要求金融机构在机构总部设立首席合规官，原则上应当在省级分支机构或者一级分支机构设立合规官，并明确首席合规官及合规官的参会权、知情权、调查权、询问权、预警提示权等履职保障。

在数据安全方面，国家金融监督管理总局印发《银行保险机构数据安全管理办法》，要求银行保险机构压实主体责任，完善内部机制，采取有效的管理和技术措施加强数据安全保护，确保客户信息和金融交易数据的安全。

当前，信托行业正经历着深刻的变革与转型，新业务模式持续涌现，资产服务信托和标准化资产管理信托规模占比持续提升。通过优化公司治理，提升内部监督的效率，提升治理的灵活性和有效性，有利于保护职工权益，加强企业民主管理，强化内部监督制衡。通过建立健全合规管理体系，加强合规培训和文化建设，信托公司能够确保业务操作的合法性和规范性，有效防范金融风险。强化数据安全保护，能够确保客户信息和业务数据的安全性与完整性，从而增强客户对信托公司的信任度。

三、着眼"五篇大文章"，提升服务实体经济的能力

2024年，监管机构持续完善金融"五篇大文章"的顶层制度设计。目前，"五篇大文章"的政策框架已基本建立，金融在服务科技金融、绿色金融、普惠金融、养老金融、数字金融等方面取得了显著进展。在政策引导下，信托公司不断提升服务实体经济和人民群众的能力。

在科技金融方面，通过设立、投资科技创业投资基金，参与S基金市场和上市公司战略配售，为科技型企业、战略性新兴产业等关键领域提供资金支持；通过开展供应链金融、基金份额质押融资，解决科技企业融资难题；发挥资产隔离、受益权转让等信托优势，成立数据信托、知识产权和资产证券化服务信托，为科技产业提供融资便利。上述领域涉及电子信息、机械装备、生物医药、新材料、新能源、商业航天、低空经济等科技创新型集聚产业。比如，

2024年，国投泰康信托投资的北京元航硬科技创业投资基金，主要用于支持商业航天、低空经济等硬科技领域发展；昆仑信托发行的"平安－西投保西安知识产权2期资产支持专项计划"，助力10家科技型企业参与公开市场融资。还有北方信托设立了天津科技大学——生物菌株及生产工艺知识产权服务信托，助力科技创新企业发展新质生产力。中信信托设立"中信信托·涌赢7号固定收益类信托计划"，通过基金份额质押融资，为科技创新产业提供融资。

在绿色金融方面，信托公司凭借资源禀赋，创新绿色金融产品和服务，通过碳排放权交易、绿色信托贷款、绿色股权投资、绿色资产证券化、ESG投资等方式，扶持绿色产业发展。涉及产业领域包括清洁能源、节能环保、绿色基础设施、生态环境的支持，并逐渐拓宽信托支持的绿色产业范围。比如，北方信托设立的天津市首个湿地保护主题绿色信托产品入选"天津市ESG创新案例"榜单；昆仑信托成功落地首单中石油主业单位绿证交易信托业务；外贸信托以担保品服务信托的模式参与水电行业，为绿色低碳产业赋能。山东国信持续丰富绿色信托服务供给，创新绿色金融业务模式。截至2024年6月末，绿色信托资产存续规模近35亿元，上半年新增绿色信托近7亿元。

在养老金融方面，推出一系列面向广大人民群众的信托产品和服务，满足老年人多样化养老需求。一是围绕托养照护特殊需要，加强养老金融产品设计和投资管理，提供资管信托产品。二是开展定制化的家族信托、家庭服务信托、保险金信托等财富管理服务信托业务，为居民提供全生命周期的养老规划。比如，中信信托直销财富部发布家庭服务信托的升级版客户沟通方案，满足富裕群体和养老群体两大核心客群多样化需求。三是创设家庭财富管理信托账户，利用信托账户的定向支付功能和架构优势，实现养老费用的代为转付和结算。例如，交银国际信托（交银国信）推出的"颐养有道，信守未来"养老服务信托方案，遴选优质养老服务机构，运用信托"受托支付"功能，进一步打通信托账户与养老机构的直付连接。四是通过慈善信托、社会捐赠等方式助力社会养老服务。例如，昆仑设立的"敬老助老，夕阳关爱"慈善信托，是敬老助老领域的一次重要实践。

在数字金融领域，积极拥抱数字化转型，为客户提供更便捷、更高效的客户服务体验。一方面，提升数字化成熟度水平，为自身的业务转型与创新提供高效优质的数字化能力支撑。另一方面，持续探索数据信托等业务模式，促进数字经济与实体经济更好地融合，推动产业转型升级。

总之，2024 年信托公司在"五篇大文章"方面取得了显著进展，展现了信托业在支持国家发展战略、满足人民群众多样化需求方面的积极作用。

四、紧跟对外开放步伐，提升国际化服务水平

2023 年，我国有进出口记录的外贸经营主体首次超过 60 万家，2024 年，中国企业走向全球化的步伐进一步加速。为了让民营企业"出海"更有底气，2024 年，中国人民银行、国家外汇管理局持续优化跨国公司本外币一体化资金池业务试点政策，完善跨境投融资便利化政策，开展跨国公司本外币一体化资金池业务，便利民营企业统筹境内外资金划转和使用。

同时，监管机构加快推动上海和香港建成国际化金融中心。1 月，修订的《粤港澳大湾区"跨境理财通"业务试点实施细则》明确规定，除商业银行外，增加证券公司参与试点"跨境理财通"，并扩大可投资产品范围等。中国人民银行和香港金融管理局推出"三联通、三便利"六项政策举措，促进金融市场互联互通以及跨境资金便利化，巩固和提升香港特区国际金融中心地位。5 月，中国人民银行、香港证监会、香港金融管理局宣布"互换通"机制优化措施，不仅丰富了交易产品种类，还完善了相关配套功能。7 月，中国人民银行宣布支持境外机构使用"债券通"债券缴纳"互换通"保证金。11 月，"跨境理财通 2.0"正式扩容，首批 14 家券商获批参与试点。

目前，国内信托公司开展国际化业务主要有三种方式。

一是获得 QDII 额度，满足客户跨境资产配置需求。根据国家外汇管理局披露的 QDII 投资额度审批情况表，截至 2024 年 10 月 31 日，有 24 家信托公司累计拥有 90.16 亿美元的额度。前两名分别是华宝信托（20 亿美元）、中诚信托（16 亿美元），上海国际信托与中信信托以 9.5 亿美元额度并列第三。华宝信托 QDII 投资市场已包含中国香港和美国、德国等市场的基金、债券、优先股等海外标准化证券资产。

二是成立境外子公司，布局离岸市场业务。据了解，上海国际信托和中信信托分别在 2014 年和 2016 年成立香港境外子公司上信香港与中信信惠，2019 年，中信信惠率先获得香港信托牌照。2024 年，上海国际信托香港子公司上信香港拿到了"离岸信托"牌照，上海国际信托成为目前唯一同时获得 QDII、QFII、香港证监会 4 号和 9 号牌、香港公司注册处"离岸信托"牌照以及新加坡金融管理局资本市场服务牌照"六合一"跨境业务资质的信托公司。

三是充当财富顾问角色，为客户提供财富规划。在此过程中，信托公司需要深入了解客户境外资产的管理需求，提供包括海外上市信托架构、境外资产综合配置等在内的方案，满足客户财富传承、税收筹划、身份规划等服务需求。截至目前，多家信托公司为客户设立了受益人为美国身份或者加拿大身份的 FGT 信托和加拿大祖母信托。

随着中国企业全球化步伐的加速，以及居民财富管理意识的显著提升，高净值人群对资产全球配置的需求不断增加，信托公司正通过专业的服务体系建设、业务全球化布局、人才结构优化以及产品服务模式创新等措施，积极提升国际化服务能力。

第四节　2024 年中国信托业现状与特征分析

一、信托规模持续回升，资本实力进一步夯实

（一）行业信托规模持续回升

近几年，信托业转型持续深入，在"稳字当头、稳中求进"工作总基调下，2023 年底信托资产规模延续了持续回升的发展趋势，产品结构也得到了优化。

中国信托业协会官网发布的数据显示，截至 2024 年第二季度末，信托资产规模余额为 27 万亿元，较 2023 年第四季度末增加 3.08 万亿元，较上年同期增加 5.32 万亿元，同比增长 24.54%（见图 1-10）。

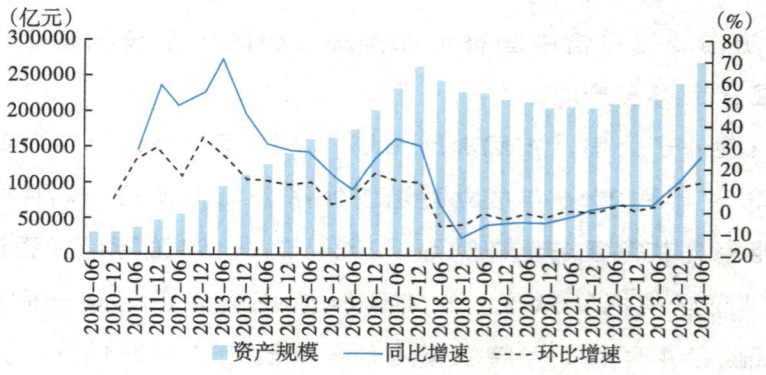

图 1-10　信托资产规模、同比增速及环比增速

自2022年第二季度以来,信托资产规模开始企稳回升,同比增速逆转为正,到2024年第二季度已连续9个季度保持正增长,且增速有逐步加快的趋势,反映了信托业自资管新规以来的转型工作已取得了明显的成效。

(二)资本实力进一步夯实

资本实力持续增强。在所有者权益方面,与2023年同期相比,整体规模略有增加。截至2024年第二季度末,信托公司所有者权益规模达到7554.22亿元,较2023年第四季度末增加69.07亿元,较2023年同期增加105.26亿元,同比增速1.41%。图1-11为信托公司2010年以来所有者权益与增速。

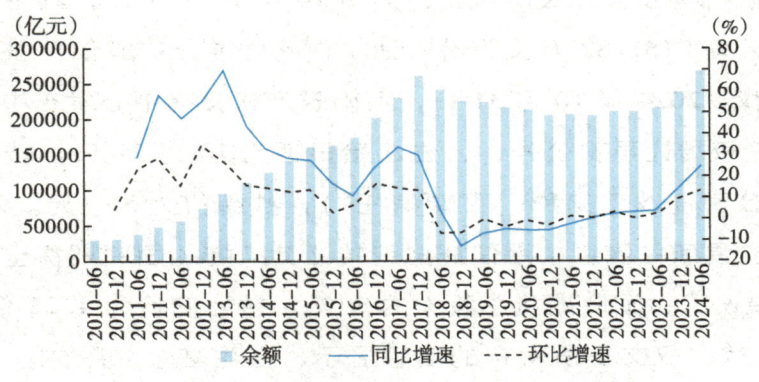

图1-11 信托公司2010年以来所有者权益与增速

2024年,整个信托业仅两家信托公司增资,增资总金额合计6亿元左右,增资额度小。其中,山西信托增加注册资本1.97亿元,并调整了相应的股权结构,注册资本由13.57亿元变更为15.54亿元。东莞信托注册资本由16.56亿元变更为20.64亿元,仅增资4亿元左右。

(三)长投结构持续调整优化

2024年6月3日召开的国务院国资委党委扩大会议,从压实企业主体责任、从严控制增量、做好风险防控等方面对防范化解金融风险进行了新部署。会议明确,各中央企业原则上不得新设、收购、新参股各类金融机构,对服务主业实业效果较小、风险外溢性较大的金融机构原则上不予以参股和增持。国资委出于对国有资产管理要求,要求所属信托公司清理处置部分所持股权;金融监管上,监管部门对信托公司股权投资的监管在强化,要求信托公司梳理子公司架构、降小监管套利空间、严控关联交易风险。各家信托公司在政策导向下,正在积极出售调整投资的基金证券公司等股权。

Wind数据显示,2022年以来,已有中铁信托、华鑫信托、中航信托、山东国信、中融信托、上海国际信托等10余家信托公司先后出售所持有的银行、基金或券商等金融公司股份。其中，外贸信托、山东国信、中融信托、上海国际信托、中航信托、山西信托、国元信托等多家信托公司已经或正在转让所持公募基金公司股权。重庆信托成功转让国都证券股权、中海信托挂牌转让所持国联期货股权等。山东信托、中融信托、上海国际信托、中航信托、山西信托等多家信托公司已经或正在转让所持公募基金公司股权；中信信托成功转让所持中德安联人寿股权。

2024年5月13日，中航信托集中挂牌出让旗下1家公募基金、6家银行合计7家金融机构股权，披露截止日为2024年11月1日，其中便涉及嘉合基金管理有限公司8181.82万股股份转让。在此之前，中航信托曾多次试图挂牌转让以上股权。2024年10月31日，河南省产权交易中心发布中原资产管理有限公司5%股权转让再次公告，公告起始日期为10月31日，转让方为百瑞信托有限责任公司（以下简称"百瑞信托"），挂牌价为5亿元。9月10日，上海联合产权交易所披露，中海信托挂牌转让其所持的国联期货全部股权，合计1.755亿股股份，占国联期货总股本的39%，转让底价为4.22亿元。此外，6月15日，北京产权交易所发布的信息显示，宝盈基金二股东——外贸信托挂牌转让所持有的宝盈基金25%的股权，挂牌转让日期为2024年6月13日至7月10日，挂牌价格面议。

在行业加快转型的大背景下，集中出售旗下子公司股权背后，体现了信托公司固有资金布局开始回归与主业直接相关的主动管理类业务，主要是标品业务和产业相关的股权业务，同时更大力度地支持信托公司向新业务方向转型，特别是回归信托本源，资产服务信托尚需大量的资源投入。

二、信托业务结构持续优化，行业转型成果显现

（一）业务结构持续优化

中国信托登记公司的信托产品登记数据显示，2023年6月至12月，信托业共成立信托产品30415个，成立规模为43325.05亿元。其中，资产服务信托新成立19046个信托产品，成立规模为24708.41亿元，规模占比57.03%；资产管理信托新成立10862个信托产品，成立规模为18416.76亿元，规模占比42.51%。从成立个数上看，资产服务信托较资产管理信托高75.34%；从成立规模上看，资产服务信托较资产管理信托高34.16%。

资产服务信托中的财富管理服务信托由于市场容量巨大、颇具发展空间，成为机构争相布局的方向。除此前就已发展起来的家族信托、保险金信托之外，家庭信托也得到了大力推广。但这其中的问题是，当前资产服务信托盈利难题仍然存在。与其他资管机构相比，信托机构在资产管理信托领域优势并不明显，降费潮下收入较低和市场竞争激烈等也为机构发力资产服务信托增添了阻碍。资产服务信托能否支撑业绩增长仍是摆在眼前的问题。

从聚焦标品信托来看，近年来标品产品存续数量持续走高，收益率尽管有所波动，但最新数据显示仍呈上升趋势。根据普益标准数据，截至2024年第二季度末，共有63家信托公司存续35631款标品信托产品，存续数量环比增加603款，升幅为1.72%。分类别来看，固定收益类产品18967款，占比71.76%；权益类产品5502款，占比20.82%；混合类产品1658款，占比6.27%；商品及金融衍生品类产品305款，占比1.15%。详见图1-12。

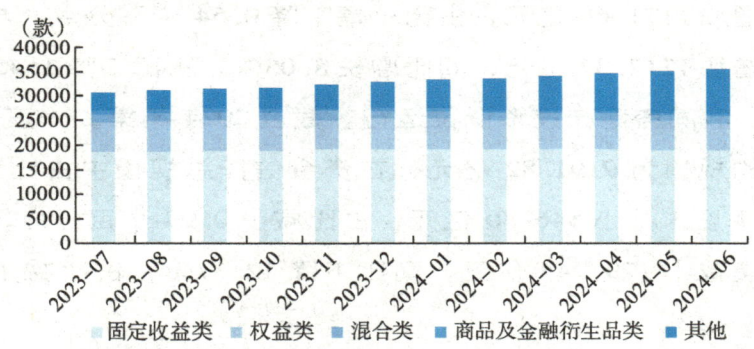

图1-12　2023年7月至2024年6月标品信托产品存续数量

资料来源：普益标准。

自信托业务三分类新规正式实施以来，发力资产服务信托逐渐成为信托公司的共同选择。与此同时，资产服务信托做规模、资产管理信托做收入、公益慈善信托发挥协同价值成为一种较为普遍的展业策略。

（二）行业转型成果显现

在国内经济弱复苏、结构风险频现的大环境下，信托业步入转型探索期已然成为业界共识。

中国信托业协会官网发布的数据显示，截至2024年第二季度末，信托业资金信托总规模达到19.95万亿元，较2023年第四季度末增加2.58万亿元，较2023年同期增加4.25万亿元，同比增长27.1%。

从资金信托投向结构来看，信托资金投向证券市场（含股票、基金、债券）的规模合计为8.34万亿元，较2023年第四季度末增加1.74万亿元，该部分资金在资金信托总规模中合计占比为41.81%，与2023年同期相比，规模增加3.28万亿元，同比上升64.89%，占比提升近9个百分点。

信托资金投向金融机构的规模为2.96万亿元，在资金信托总规模中占比为14.83%，较2023年第四季度末增加5879.50亿元，与2023年同期相比，规模增加约7657.57亿元，同比增长34.93%，占比提升1.19个百分点。

信托资金投向工商企业的规模为3.87万亿元，在资金信托总规模中占比为19.39%，较2023年第四季度末增加793.88亿元，占比下降2.41个百分点，与2023年同期相比，规模增加407.61亿元，同比增长1.07%，占比则下降4.99个百分点。

我国基础设施投资在上半年显示复苏暖意，增长5.40%。信托资金投向基础产业的规模为1.63万亿元，在资金信托总规模中占比为8.19%，较2023年第四季度末增加1171.60亿元，占比小幅下降0.54个百分点，与2023年同期相比，规模增加1217.37亿元，同比增长8.05%，占比下降1.45个百分点。

上半年，我国房地产投资低位运行。截至2024年第二季度末，信托资金投向房地产的规模为9191.82亿元，在资金信托总规模中占比为4.61%，较2023年第四季度末减小546.80亿元，占比减少0.99个百分点，与2023年同期相比，规模减小1297.43亿元，同比下降12.37%，占比减少2.07个百分点。详见图1-13。

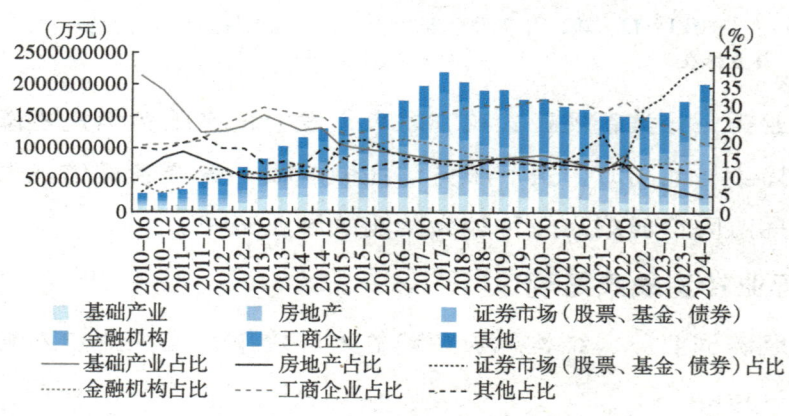

图1-13 2010年6月至2024年6月信托业资金投向

以证券投资信托为代表的标品信托规模在2024年上半年增长迅猛，信托资金正在积极入市。中国信托业协会官网发布的数据显示，从产品类型来看，截至2024年第二季度末，证券投资信托规模累计达到9.10万亿元，较2023年末提升 24.26%。落实到具体投向上，二级市场和组合投资规模余额均较 2023 年末明显放量。详见表 1-7。

表 1-7 证券投资信托规模

证券投资信托		90959.23 亿元
一级市场	余额	6346004.36 万元
	占比	0.70%
二级市场	余额	236048190.77 万元
	占比	25.95%
基金	余额	15018643.57 万元
	占比	1.65%
组合投资	余额	652179486.56 万元
	占比	71.70%

三、经营业绩依然承压，行业分化加剧

（一）经营业绩持续承压

对于转型中的信托业来说，2023 年是营业收入压力加大、业务结构加速优化的一年。2024 年上半年，受国内外经济环境、资本市场等多方面因素的影响，信托公司营业收入与利润仍然承压，部分公司的经营业绩波动较大。

53 家信托公司在银行间市场或资本市场披露的 2024 年上半年未经审计的财务数据显示，信托公司净利润等关键财务指标呈现明显的分化趋势。江苏国信实属"黑马"，以 15.59 亿元净利润登上第一宝座；中信信托（合并）和英大信托紧随其后，净利润分别为 13.81 亿元和 10.94 亿元；传统强手中，中信信托与华能信托上半年净利润均超 10 亿元，依然名列前茅。有 13 家信托公司净利润不足 1 亿元，另有万向信托、杭州工商信托和华澳信托 3 家公司出现亏损。信托机构的业绩呈现冰火两重天的局面，分化在进一步加剧。

从 2024 年上半年总体来看，逾六成信托公司的经营业绩出现了下滑。多数信托公司的营业收入与利润同比下降，营业收入、利润总额、净利润同比下降的公司数量占比均在六成左右。其中，从营业收入指标来看，共有 20 家实现同比增长，31 家同比下降，1 家由负转正；从利润总额指标来看，共有 14 家实现同比增长，34 家同比下降，1 家负值减少，3 家由负转正；从净利润指

标来看，共有 16 家实现同比增长，32 家同比下降，1 家负值减少，3 家由负转正。五矿资本披露，上半年五矿信托实现营业收入 7.22 亿元，同比下降 58.48%；实现净利润 1.88 亿元，同比下降 78.03%。中油资本披露，上半年昆仑信托实现营业收入 1.41 亿元，同比下滑 49.75%；实现净利润 2063.67 万元，同比下滑 84.85%。中航产融披露，上半年中航信托实现营业收入 5.75 亿元，较 2023 年同期下降 48.75%，其中，手续费及佣金收入 5.86 亿元，同比下滑 39.83%，投资收益 1990.96 万元，同比下降 90.12%，说明当前信托业转型依然面临较大的压力。

（二）行业分化态势依旧

从营业收入和净利润表现来看，信托业分化态势依旧存在，并且头部公司强者恒强的"马太效应"凸显。据已经披露经营数据的信托公司年报，47.05% 的公司 2023 年实现营业收入同比正增长，45% 的信托公司 2023 年实现净利润同比增长，其中上海国际信托、华鑫信托、中粮信托、中海信托等公司 2023 年营业收入同比增幅均超过 20%，而江苏国信、外贸信托等公司 2023 年均实现了超 20% 的净利润增长。而且从营业收入和净利润排名来看，华鑫信托、英大信托等公司的行业排位均有所提升。

在多家信托公司营业收入稳步增长的同时，部分公司却业绩承压。比如，2023 年昆仑信托实现营业收入 2.13 亿元，较 2022 年下降 49.65%，净利润亏损 7.86 亿元，较 2022 年的净利润亏损幅度再度加大。中航信托亦业绩滑坡。2023 年该公司的净利润从 2022 年的 8.18 亿元收窄至 8386.71 万元，同比减少约 90%，营业收入则从 2022 年的 22.67 亿元减少至 2023 年的 12.28 亿元，同比减少近五成。

不过，从转型成果来看，信托业稳健发展的基础得到夯实。数据显示，截至 2023 年末，信托业投向证券市场的资金规模显著增长。与此同时，风险准备金计提金额、实收资本等防风化险类指标较 2022 年均有所提高。在业内人士看来，随着转型的加速，业绩分化将是行业中长期的"主题词"，信托公司只有不断提升主动管理能力，强化风险防范意识，才能在行业新一轮洗牌中显现竞争优势。

四、监管改革新政密集出台，差异化监管时代正式开启

2024 年，中国信托业年会发出重要信号，信托业正在紧锣密鼓地制定

"1+N"制度体系，以期进一步完善行业规范。这里的"1"，指的就是那份备受瞩目的《关于信托业进一步高质量发展的指导意见》，而"N"则涵盖了服务信托、资产管理信托等一系列业务的细则。虽然整个制度体系的出台时间还未确定，但相关业务细则的推出，对于信托业的转型来说，无疑具有重大意义。此外，信托法的修订工作也在紧锣密鼓地进行中，预计信托财产登记制度和慈善信托税收优惠制度将很快得以推动落地，为信托业的健康发展提供有力保障。

（一）一揽子化债政策促基础产业信托转型

作为2024年一系列增量政策的"重头戏"，化解地方政府隐性债务的一揽子方案获通过，政策力度之大为近年来罕见。2024年11月，十四届全国人大常委会第十二次会议表决通过了全国人大常委会关于批准《国务院关于提请审议增加地方政府债务限额置换存量隐性债务的议案》的决议。市场期待已久的化债方案终于"靴子落地"。

一揽子化债政策落地，推动基础产业业务逻辑亟须改变。一方面，信托公司密切关注房地产企业融资环境边际改善的机遇，配合做好"保交楼"工作，进一步规范资金监管，加强项目管理，抓住市场回暖时机尽可能地盘活项目、回收资金。另一方面，信托公司持续探索开展风险处置服务信托等新业务，探索开发租赁住房相关的信托产品，参与不动产投资信托基金（REITs）市场的发展，为投资者提供投资房地产项目的新途径，也为房地产企业提供新的融资渠道盘活固化资产和被低效占用的金融资源，提高资金使用效率。

信托公司在把握这些机会的同时，需要注意市场风险和政策变化，合理配置资产，确保业务的可持续发展。信托公司尤其是拥有地方政府背景的公司，通过为地方政府融资平台贷款、参与债券认购投资、基金投资等方式提供融资支持，也积累了一定的业务风险，当前要按照市场化、法治化原则，依法合规参与做好短期债务到期后的再融资安排和化险工作；在投资过程中，要优选区域、交易对手和投资标的，做好风险监测、预警、处置工作。

随着10万亿元化债资金逐步落地，隐性债务会逐步减少，政信业务的风险敞口降低，但同时可能导致非标政信业务的逐步萎缩。用益金融信托研究院监测数据显示，自化债方案公布以来，非标类产品的成立数量和规模均出现下滑趋势。这就要求信托公司调整业务结构，加强对优质资产的筛选和配置能力，提高风险防范水平。

综上所述，化债政策对政信业务的影响是多方面的，既带来了风险化解和业务模式调整的机遇，也面临着收益率下降和市场竞争加剧的挑战。投资者和业务参与者需要密切关注政策动态和市场变化，及时调整策略，以应对化债带来的新变局。

（二）TOF等组合投资模式获青睐

在资管新规出台后，信托业面临较大的转型压力，而组合投资类产品（FOF）、信托型组合投资产品（TOF）凭借收益稳健、流动性较好的特点，进入信托公司的视野。数据显示，2024年以来，超过1/3的信托公司开展了TOF或者FOF业务，相关产品接近300只。

FOF、TOF类产品较为注重业绩的稳定性。据了解，上海国际信托通过贯穿投资事前、事中、事后各个环节的风控措施，实现了FOF产品的收益稳健、回撤可控的投资目标。从产品目标风险收益的确定到具体投资组合构建，再到投资运营中针对产品和投资标的的预警止损措施，上海国际信托通过多种方式控制投资组合的下行风险。

随着2018年资管新规的颁布、无风险利率下行、我国金融行业对外开放进一步加速扩大，大资管行业进入了统一竞争、公平竞技的大环境。首先，上海国际信托发行的每一单FOF产品均有明确的风险收益定位，并充分向投资者揭示。其次，在确定目标风险收益后，上海国际信托将选择适应的细分策略，利用分散投资和策略之间的负相关性，构建投资组合以达成投资目标。最后，在投资运作的环节中，上海国际信托持续关注和控制产品的回撤，强化对宏观经济、大类资产和各类策略的研究与预判，以及时关注和有效控制风险。

从资金运用方式来看，信托公司也在积极调整自身的业务模式，组合投资类项目比重有所增加。由于监管明确非标信托需进行组合投资，并设定了单一资产占比不得超过25%的限制，越来越多的信托公司积极寻求破局之道，纷纷将目光投向"非标+标"组合投资模式。2024年10月，在基础产业类信托中，共有129款组合投资类模式的产品成立，占比为32.65%。其中，投资非标和标品比例为95∶5和80∶20的产品占据绝大多数。目前，对于新的展业模式，信托公司仍在不断探索和尝试，后续如果有相关政策落地，标品在组合投资模式产品中的占比将进一步扩大。

（三）首次执行1~6级差异化监管评级

为全面评估信托公司的经营稳健情况与系统性影响，有效实施分类监管，促进信托公司持续、健康运行和差异化发展，2023年11月，国家金融监督管理总局根据《中华人民共和国银行业监督管理法》《中华人民共和国信托法》《信托公司管理办法》等法律法规，制定《信托公司监管评级与分级分类监管暂行办法》（以下简称《办法》）。

《办法》规定，信托公司监管评级包括公司治理、资本要求、风险管理、行为管理、业务转型五个模块。评级满分为100分，各评级模块分别赋予权重20%、20%、20%、30%、10%。

在监管评级中行为管理模块的权重占比最高，主要关注的是信托公司在业务开展过程中是否遵守法律法规、是否维护金融秩序和市场公平以及是否保护投资者的合法权益等。行为监管的结果将直接影响信托公司的监管评级，评级结果将决定监管机构对信托公司的监管强度和监管措施。高风险的信托公司可能会面临更为严格的监管要求和措施。同时，《办法》要求，信托公司的监管评级结果分为1~6级，数值越大反映机构风险越高，需要越高程度的监管关注。

信托公司的监管评级结果严格按照《办法》执行。其中，监管评级最终得分在90分（含）以上为1级，80分（含）至90分为2级，70分（含）至80分为3级，60分（含）至70分为4级，40分（含）至60分为5级，40分以下为6级。监管评级结果3级（含）以上为良好。

《办法》规定，评级结果为1级的，表示信托公司经营管理各方面较为健全，出现的问题较为轻微，且能够通过改善日常经营管理来解决，具有较强的风险抵御能力。评级结果为6级的，表示信托公司经营管理混乱，风险很高，已经超出机构自身及其股东的自救能力范围，可能或已经发生信用危机，个别机构已丧失持续经营能力，必要时需进行提级监管或行政接管，以避免对金融稳定产生不利影响。值得注意的是，被国家金融监督管理总局认定为高风险机构的信托公司无须参与初评，评级结果直接定为6级。

（四）监管部门鼓励信托等资金入市

2024年4月，国务院印发《关于加强监管防范风险推动资本市场高质量发展的若干意见》（以下简称"新'国九条'"），9月，中央金融办和中国证监会联合印发《关于推动中长期资金入市的指导意见》，鼓励银行理财和信托资金积极参与资本市场，优化激励考核机制，畅通入市渠道，提升权益投资规模。

中国信托业协会数据显示，2024年上半年信托资金投向证券市场（含股票、基金、债券）的规模合计为8.34万亿元，较2023年第四季度末增加1.74万亿元，该部分资金投向在资金信托总规模中合计占比为41.81%，与2023年同期相比，规模增加3.28万亿元，同比上升64.82%，占比提升近9%。新"国九条"提出"要大力推动中长期资金入市"，"鼓励银行理财和信托资金积极参与资本市场"。新"国九条"最大的看点之一就是大力推动中长期资金进入资本市场，建立长期投资的市场生态。同时，新"国九条"提到信托资金，这也说明从高层决策的视角来看，信托业仍是金融体系的重要一员，信托资金是资本市场中不可或缺的、较为稳定的一支长期投资的机构资金，这让信托业对今后的行业发展以及信托资金在整个金融体系中所扮演的重要角色和发挥的重要作用充满信心。在当前信托业全面启动业务新三分类、回归信托本源定位和个别信托机构连续出现一些风险项目的关键节点，新"国九条"将信托资金和银行理财并列，鼓励积极参与资本市场，提升权益投资规模，该政策导向为信托资金运用指明了方向，信托业应高度重视，以实际行动积极参与到资本市场中。

五、服务信托已成行业转型焦点，信托公司全面布局

在实施业务分类新规后，信托业务新格局也有望逐步成型。与此同时，信托机构如何推进引入转型和结构调整、如何找到差异化竞争路径等，成为行业关注的重点。

信托公司发力100万元起步家庭服务信托。在财富管理服务信托中，既包括已经发展较为成熟的家族信托，也新增了门槛降至100万元的家庭服务信托，还包括保险金信托、特殊需要信托、遗嘱信托等诸多分类，已有数十家信托公司官宣在此业务中作出探索。据上海国际信托披露，截至2024年10月10日，其家庭服务信托累计设立规模超过20亿元，全部为现金资产。在2023年年报中，兴业信托披露其财富管理服务信托存续规模为223.90亿元，其中家庭服务信托、家族信托、薪酬福利信托保持稳健增长；交银国信成立"万家灯火"家庭服务信托95单，规模1.79亿元；中粮信托推出"方禾"家庭服务信托品牌等。

中诚信托设立了首单经法院司法裁定的企业破产重整服务信托项目——2023年中诚信托服信1号服务信托，这是在风险处置服务信托领域积极探索取

得的重要成果。该破产重整计划在重整核心资产的同时，债务人以其部分资产作为信托财产设立信托计划，以信托受益权的获得定向向特定债权人偿付债务。本信托能够充分发挥信托风险隔离的制度优势，既起到将信托财产与原始权益人进行风险隔离的作用，又通过信托存续期间信托财产的变现，提高了债权人的受偿率，大幅提升企业破产重整的清偿率，从而有效化解破产重整过程中遇到的痛点、难点。

信托公司推动养老信托特色化发展。2024年10月，民政部等24部门印发了《关于进一步促进养老服务消费 提升老年人生活品质的若干措施》，对养老服务消费工作作出全面系统安排。支持理财公司发行养老理财产品，鼓励信托公司加大养老领域信托业务探索，适应不同年龄段和风险偏好的老年人群需求。提升金融支持养老服务质效，鼓励支持银行、保险、证券、信托、担保、基金等金融机构精准对接养老机构建设和运营、老年用品租赁、适老化改造等融资需求，在风险可控前提下创新金融产品。支持养老设施纳入基础设施领域REITs发行范围。信托公司要依托自身的专业及资源优势，在深入理解客户养老需求的基础上，灵活设计养老服务信托方案。养老服务信托不仅要发挥信托在保障养老资金安全、实现养老储备保值增值、灵活分配、受托支付、财富传承等多个方面的功能优势，还可积极整合保险等其他养老金融产品及外部优质养老服务机构的资源，为客户引入康养、医疗护理、养老社区入住等多维度的养老增值服务，将金融与非金融服务进行有效结合，打通养老服务供需双方对接的堵点，全方位满足个人及家庭全生命周期的养老金融需求。

2024年以来，信托公司仍在陆续探索和落地预付类资金服务信托业务。据不完全统计，2024年10月中粮信托落地首单物业服务信托、2024年8月华润信托落地首单预付类资金服务信托，均聚焦物业服务领域；2024年4月，交银国信落地全国首单高速公路ETC预付类资金服务信托，旨在解决注册地湖北省内数十万辆货运车辆ETC办理难问题。在更早之前，中信信托、国联信托、苏州信托、万向信托、紫金信托、上海国际信托等诸多信托公司均在此领域进行过探索。

信托公司积极布局知识产权信托业务。北方信托以天津科技大学的36项专利权作为基础资产，设立天津科技大学——生物菌株及生产工艺知识产权服务信托；截至2024年上半年末，中诚信托已落地4单知识产权服务信托业务。在知识产权不断创造的同时产生了不能有效利用的现象，需要具有专业知识和能力的职业管理人来管理，将信托引入知识产权领域，不仅可以发挥其保值、增值功能，更能有效地拓宽知识产权商品化和产业化的渠道，解决我国知识产权转化难的问题。我国目前的知识产权信托实践仍依赖于法律、科技、产业和金融环境，处于发展阶段。未来发展知识产权信托，需要知识产权管理机构、监管机构、信托公司和知识产权专业服务公司等各方共同努力，受托人需提高知识产权评估、管理、运用等方面的专业能力，加强与高校、科研院所合作，组建专业化人才队伍，强化知识产权信托的设计和创新能力，同时应针对知识产权业务特点建设专业流程和风控政策。此外，知识产权信托的各参与方应积极探索和推动业务相关立法规范及风险控制机制。

数据信托是信托业转型的重要方向。随着发展数字经济和建设数字中国的顶层规划、部署逐步完善，数字经济时代已全面到来。"数字金融"作为金融工作"五篇大文章"之一，为包括信托公司在内的各金融机构指明了发展方向。数据信托作为服务数字经济、助力数字金融发展的一类创新业务形式，将在我国数据要素市场构建中发挥重要作用，也有望成为信托业转型发展的重要方向。在信托业务三分类新规框架下，数据信托拥有广阔的业务前景。数据资产是一种新型资产，数据信托可以对应到"新型资产服务信托"这一资产服务信托业务类型，与监管部门积极推动信托回归本源、创新发展的指导思想高度契合；数据资产也可作为金融资产实现投融资功能，此时，数据信托可以是一种资产管理信托业务；在公益慈善信托业务领域，数据信托也可作出不可或缺的贡献，通过发挥数据资产的公共价值来实现造福公众等公益慈善目的。

六、资产证券化业务附加值偏低，产品模式需迭代升级

2023年3月，中国银保监会下发《关于规范信托公司信托业务分类的通知》，以信托公司作为受托人，将资产证券化基础资产设立特定目的载体开展的资产证券化受托服务明确界定为资产证券化服务信托业务。自2023年6月信托三分类新规落地以来，资产证券化被各家信托机构视为业务转型的突破口之一。在政策支持和行业转型等因素的影响下，信托公司参与资产证券化业务热情不减。

Wind数据显示，2024年1—4月，27家信托公司以计划管理人身份参与资产证券化产品146只，规模1574.48亿元，数量较同期增加4只，但参与信托机构和发行规模均收缩，主体较2023年同期减少8家，发行规模也同比减

少 225.67 亿元。目前，信托公司参与资产证券化业务主要是形成信托受益权这种通道业务，信托公司充当特殊目的载体（Special Purpose Vehicle，SPV）提供受托服务。虽然规模比较大，但收益很低，费率只有万分之一、万分之二。国投泰康信托在 2023 年年报中也提到，当前，行业转型业务尚未形成稳定、可持续盈利能力，家族信托、证券投资、资产证券化等领域市场竞争日趋激烈，服务报酬持续走低。转型业务所带来的人员、系统投入的增加给成本费用管控带来较大压力。Wind 数据显示，2024 年 1—4 月，参与规模前 10 的信托公司已累计参与资产证券化业务 1307.02 亿元，占信托机构以计划管理人身份参与的资产证券化业务比重高达 83%，较 2023 年同期提升超 5 个百分点。其中，头部前 6 家信托机构累计参与发行规模合计 995.23 亿元，占比超过 60%，行业业务集中度进一步加强。信托机构在单一资产证券化受托管理人这一角色上加速"内卷"，进一步回归资产服务信托的监管指引也在推动各家不断加强业务转型，由资产证券化单一的特定目的载体发行环节向整个资产证券化业务全链条拓展。

近年来，在监管指引下，信托业务分类新规征求意见稿将资产证券化服务信托作为资产服务信托的专项列出，监管鼓励信托公司深度参与资产证券化服务信托的初心可见。同时，信托公司在资产证券化业务领域也实现了快速发展的态势。未来，在监管的指引下，回归本源，发力标品，拓展深耕资产证券化业务，提升主动管理能力和资产配置能力，是信托公司回应监管要求、满足当前市场需求的重要举措。

由此可见，资产证券化业务目前依旧属于一个蓝海市场，信托公司仅迈出了第一步，但竞争压力已逐步显现。未来，随着马太效应的进一步显现，资产证券化业务或逐步向红海转移，入局难度持续增大。

七、标品投资业务亟待突破，市场形势喜忧参半

多家信托公司在探索本源业务上"使足了劲"。比如，2023 年渤海信托引进标品业务团队，成立了标准化产品部和标品运营管理部；中诚信托相关人士透露，截至 2023 年末，公司标品信托业务规模超 2500 亿元，同比增长 50% 以上；2023 年英大信托的供应链金融业务飞速发展，业务规模超 200 亿元，创出新高。2023 年信托三分类新规落地，厘清了信托业务边界和服务内涵，对信托业转型与发展提出了新的要求，未来几年将是决定信托业长期走向的关键时

期。因此，信托公司需要尽快明确信托定位，结合自己的资源禀赋创新服务业态，以适应市场需求和监管要求。

标品类信托产品发行、成立端同样"悲喜交加"。报告期内，标品类产品发行数量为993款，环比增加14.27%；发行规模为339.31亿元，环比增加11.14%。标品信托产品成立数量为917款，环比减少6.90%；成立规模为188.17亿元，环比下降22.16%。其中，TOF产品成立数量和成立规模大幅下滑，成立数量为380款，环比减少12.04%；成立规模为109.92亿元，环比下降17.55%。

具体到各投资策略，2024年10月债券策略产品的数量占比为87.46%，环比增加3.70个百分点；组合基金策略产品的数量占比为10.14%，环比减少3.16个百分点；股票策略产品的数量占比为0.76%，环比下降1.47个百分点。按产品类型来看，固定收益类产品成立数量为884款，数量占比为96.40%，环比增加1.68个百分点；混合类产品数量占比为1.96%，环比下降0.37个百分点；权益类产品数量占比为1.64%，环比减少1.31个百分点。10月，固定收益类标品信托产品成立规模为185.43亿元，环比减少20.71%；混合类产品成立规模为1.22亿元，环比下降82.65%；权益类产品成立规模为1.52亿元，环比增加83.13%。同期，固定收益类及混合类产品的平均业绩比较基准持续下行。据不完全统计，10月固定收益类及混合类标品类资产管理信托产品的平均业绩比较基准为3.23%，环比减少0.02个百分点。债市震荡加剧，市场情绪相对谨慎，固定收益类标品业务资金募集规模大幅下滑，在一定程度上拖累了标品信托的整体表现。

2024年，监管部门频频出手引导信托公司强化风险管理和防范。

一是6月向信托公司下发了《关于进一步加强信托公司与理财公司合作业务合规管理的通知》，指出针对信托公司配合理财公司使用平滑机制调节产品收益，为现金管理类理财违规投资低评级债券等问题进行排查，各信托公司应于2024年6月30日前完成自查并认真制订整改计划。

二是6月国家金融监督管理总局针对部分信托公司、银行理财公司、保险资产管理公司下发《资产管理产品信息披露管理办法（征求意见稿）》，明确了信息披露的一般规定，包括信息披露责任、方式、一般信息披露内容、信息披露合同约定等。

三是对于标品信托也作出了最新要求。传达了固定收益类信托不能用摊余成本法估值，后续新增的固定收益类信托产品需要用市值法估值，存量的投资债券的固定收益类信托产品大概率也会在固定时间内进行整改。目前，很多固定收益类信托产品采用摊余成本法，以匹配信托投资人偏稳健的投资需求，但是从长期来看，摊余成本法很难反映债券市场的真实波动和变化，尤其是在市场极端情况下，摊余成本法估值的产品容易引发流动性风险，监管的最新要求主要是从防范极端情况下的风险角度考虑。

四是召集部分信托公司召开线上会议，口头传达非标信托需进行组合投资，后续单一资产占组合的比例不得高于25%。此次提出25%的比例要求，是针对此前三分类新规的落实细则内容。从短期来看，新增25%的比例要求可能会进一步压缩非标信托的新增规模，但是从长期来看，分散投资有助于分散、防范非标信托风险。同时，重点提示信托公司需要对资产管理信托和资产服务信托进行合理分类，即不能将资产管理信托"异化"为资产服务信托；对于部分收费较低的产品（疑似通道）也需重点关注其风险。

五是某地方金融监督管理局向信托公司发布《关于进一步加强信托公司与理财公司合作业务合规管理的通知》，指出信托公司与理财公司业务合作增长较快，为防范监管套利风险，对信托公司开展业务过程中存在的问题包括配合理财公司违规使用平滑机制调节产品收益，配合理财公司在不同理财产品交易风险资产，为现金管理类理财违规投资低评级债券、违规嵌套投资存款提供通道，配合理财产品不当使用估值方法等，要求信托公司排查整改。当前已经从机构监管逐步转变为功能监管，未来性质相同的各类业务要受到相同的监管。这也意味着信托公司在标品业务上不再具有传统优势。

未来随着监管越发细化，信托公司必须提高风险防范意识，自觉根据最新监管要求排查相关业务存在的风险。同时，要持续提升主动管理能力，依托自身资源禀赋重塑差异化竞争优势。从整体来看，标品信托的发展仍有待信托公司继续深耕和发力。

八、普惠金融业务增长势头迅猛，行业竞争压力加剧

中央金融工作会议提出，做好科技金融、绿色金融、普惠金融、养老金融、数字金融"五篇大文章"。普惠金融信托作为信托业务监管鼓励的重要业务类型，成为行业信托公司争相布局的重要业务类型。依据行业公开可查询的信息，67家信托公司中，已有53家不同程度地涉及普惠金融业务。从服务客

群来看，信托公司普惠金融业务覆盖的客户群体日渐多元：一是针对低收入人群、贫困人群、新入职白领提供的消费金融业务，通过助贷、联合贷以及流贷等形式提供信贷服务；二是围绕中小微企业的生产经营需求，运用供应链融资等方式，为中小微企业提供融资服务；三是围绕"三农"领域，通过信托贷款、资产证券化等形式，为农村、农民、农业提供资金支持；四是为实现扶贫济困、扶老救孤、抗震救灾等目的，开展慈善信托服务等。

从普惠金融业务的开展情况来看，当前行业开展普惠金融的业务形式主要集中在中小微企业、"三农"服务、消费金融、慈善信托领域。其中消费金融业务作为既符合监管转型方向，又可在传统业务触及天花板，从而形成一定盈利支撑替代的重要业务，成为2024年以来各家信托公司争相布局的重要业务之一。除早已布局的外贸信托、华能信托、天津信托、云南信托、华润信托等，年内中信信托等也开始组建专业团队，意图布局普惠消费金融业务。

从信托业务投向结构来看，据统计，截至2024年第二季度末，行业资金信托总规模达19.95亿元，同比增长27.10%。其中，投向金融机构规模2.96亿元，占比14.83%，同比增长35%，占比提升1.19个百分点，而消费金融业务占主要比重。

当然，随着进入业务领域的信托公司增加，普惠消费金融业务的竞争也在逐步加剧，目前，行业费率已由之前的1.0%降至0.3%左右，后续，随着各家公司盈利模式的调整，呈进一步下降的趋势，行业竞争压力不断加大。信托公司需及时在传统流贷、助贷模式下寻求新的业务模式，如信贷资产ABS，借助业务普惠数据开展预付费服务信托等，加速打造新的业务增长点。

九、慈善信托规模日增，绿色信托深入人心

2023年3月，信托业务三分类新规将公益慈善信托与资产服务信托、资产管理信托并称三大类业务，为其发展提供了有力支持。2024年，慈善信托在新《中华人民共和国慈善法》实施后，迎来了"匝道提速"。而从数据表现来看，慈善信托也越来越受到信托公司的重视。

慈善中国网披露，截至2024年11月14日，慈善中国网已备案登记累计2092条慈善信托数据，财产总规模达80.07亿元，连续逐年增长。其中，2024年内新增备案437单，新增备案规模14.87亿元，已超2023年全年数据；2023年新增备案454单，新增备案规模12.77亿元；2022年新增备案292单，新增

备案规模11.40亿元；2021年新增备案245单，新增备案规模6.47亿元。

从备案情况来看，目前国内慈善信托整体规模集中于头部机构。以单一受托人模式慈善信托的备案数据为例，光大信托的备案数量为162单，在信托业中居首位，对应的备案财产总规模为3.61亿元。同时，万向信托已推出以股权、不动产、艺术品、金融产品受益权等为受托管理财产的慈善信托，覆盖人文社科多个领域，先后落地全国首单双受托人模式的慈善信托、全国首单家族慈善信托、全国首单艺术品慈善信托和全国首单水基金信托。截至2024年9月底，万向信托累计备案慈善信托297单，备案规模15.42亿元，受托管理的慈善信托累计完成资助18293次，资助金额4.08亿元，惠及受益人220万人次。

当前，慈善信托业务已呈现发展环境不断优化、财产种类和模式实现突破、受托目的趋向多元化、社会影响显著提升等特点，未来随着财产登记以及税收优惠政策的落地支持，慈善信托有望继续保持快速发展趋势。

2024年，在《中共中央 国务院关于加快经济社会发展全面绿色转型的意见》中提出完善绿色转型政策体系，积极发展绿色股权融资、绿色融资租赁、绿色信托等金融工具，有序推进碳金融产品和衍生工具创新。这是中央文件首次提及绿色信托并且指明了清晰的发展方向，为信托业支持助力国家经济社会发展，支持国家重大战略、重点领域和薄弱环节建设提供了方向指引。近年来，绿色信托也在我国绿色产业蓬勃发展和中央绿色转型指引下，迎来了发展机遇期。

根据中国信托业协会统计，截至2023年末，全行业的绿色信托存续规模已经超过2600亿元，70%的信托公司已将绿色信托作为重要的转型业务，形成以绿色信贷和绿色资产证券化为核心，绿色股权投资、绿色债券及绿色基金为支撑的绿色信托产品体系，也可以说，绿色信托成为绿色金融的重要组成部分，开展绿色信托业务已经逐步成为行业共识。未来，为提高绿色金融服务的差异化竞争力，构建绿色信托发展新模式，信托业要从"灵活信托""长期信托""善心信托"三个方面做好工作，即利用信托投向广的特征，构建综合性绿色信托工具，为绿色产业发展提供"灵活信托"；利用信托财产独立性优势，发展财富管理信托、行政服务信托培育耐心资本，为绿色产业发展提供"长期信托"；做实ESG体系建设，大力发展绿色慈善信托，为绿色产业发展提供"善心信托"。

十、金融科技广受重视，科技投入持续加大

近年来，随着云计算、大数据、区块链、人工智能等关键技术日益成熟，科技驱动金融发展的数字化时代已经到来，数字化转型不仅是经济发展转型升级的重要抓手，也是金融发展和金融创新的一个核心动力。自2023年10月末召开的中央金融工作会议将"数字金融"作为未来金融高质量发展的战略任务以来，数字化转型已成为信托公司实现创新发展、提升服务效率、增强风险管理能力的必由之路。

近年来，一方面，行业信托公司对数字化能力的建设愈加重视。众多信托公司开始通过自主研发与外部采购相结合的方式，在投资管理、财富管理、运营流程管理、合规与风险控制、数据管理体系以及资金结算等多个关键环节加快实现数字化。《中国信托业金融科技应用发展报告（2023）》显示，近90%的信托公司已经开始行动，力求通过数据治理实现数据的安全与自主可控。在组织机制建设方面，65%的信托公司成立了数据治理的牵头部门，超过75%的信托公司制定了数据治理的制度。

在数字化应用方面，70%以上的信托公司在财富管理等重点业务领域运用金融科技手段。在能力建设方面，数据中台成为金融科技发力重点，已有近60%的信托公司建立了专门的数据中台。例如，兴业信托"数字化中台"架构已经初具雏形，通过集成内外部数据源，进行整合、加工、标签化，形成丰富的尽责数据源，同时实现项目实时预警，保证存续期间的管理透明、清晰和及时，充分保障委托人权益。

另一方面，信托公司在数字化转型上的投入显著增加。根据《中国信托业金融科技应用发展报告（2023）》，2023年信托业金融科技建设总投入达26.38亿元，同比增长9.8%；行业整体数字化能力指数为48.62，较2022年提高2.27。其中，自2021年起，信托业在资产服务信托领域的业务系统投入持续增长，连续3年均超过2亿元，2023年达到3.18亿元，同比增速达到15.8%；资产服务信托在所有业务系统投入中的占比近50%。从细分领域来看，家族信托和资管产品服务信托投入领先，家庭服务信托增长显著。

未来，为进一步推动业务创新和服务升级，信托公司需进一步提升金融科技投入和建设能力，一方面，助力家族信托、资管产品服务信托等新型业务模式的推出，满足客户对财富保值增值的多样化需求；另一方面，通过智能客服

系统、在线服务平台等数字化手段，提升客户服务的便捷性和个性化程度。

十一、存量风险几近出清，业务风险加强防范

近年来，受经济下行、地产爆雷、监管调整、行业转型等多重压力，信托业风险有所抬头，少数公司风险暴露。随着资管新规的出台，"打破刚兑"和"风险出清"一度成为行业发展的主基调，同时监管采取多种措施，持续出台政策，支持行业防范化解风险。

历经近6年的风险管控，行业风险底数日益清晰，行业风险基本出清，前期步入高风险的信托公司多已在重整、接管甚至破产清算中完成存量风险清理，如原华融信托、原安信信托等已通过更名以新面貌"兴宝信托""建元信托"恢复展业；前期违规的资金池及通道业务等的压降和清退已接近尾声；对于正常经营机构和正常业务，"打破刚兑"也成为行业转型发展的基本共识。同时，业务分类改革和分级分类差异化监管为防范行业风险奠定了坚实的基础。可以说，2024年，行业爆雷潮已经过去，存量风险几近出清，信托业进入了健康发展状态。

信托公司业务风险的防范意识持续增强。一方面，下发监管评级结果，严格落实分级分类监管，按1~6级对不同信托公司的展业范围、拓展领域以及创新资质等进行差异化管理，部分创新业务仅允许评级较高的信托公司开展。另一方面，年内开展多次线上线下监管指导，通过对信托公司非标业务组合投资、明确平台业务展业标准、规范理财子公司业务合作、鼓励长期资金入市以及央企退金等要求，从业务开展角度，进一步指导信托公司业务的规范开展和转型，避免使转型/创新业务再次沦为监管套利的工具，推动信托公司真正回归本源，实现健康可持续发展。

十二、2025年信托业发展趋势展望

（一）监管指导精细化

据在津举行的行业年会透露，目前行业"1+N"制度体系正在制定中，其中，"1"是指《关于信托业进一步高质量发展的指导意见》，"N"是指服务信托、资产管理信托等业务的细则。同时，信托法修订也在加快推进，信托财产登记制度和慈善信托税收优惠制度有望尽快落地。

叠加前期资管新规、三分类新规以及分级分类监管政策，行业顶层设计将

进一步完善，信托业监管将从行业的广义监管正式进入业务监管和功能化监管格局，家族/家庭信托等服务信托、资产管理信托等本源业务也将在更加精细化、分类化政策的指导和支持下，找到更清晰的发展路径，推动信托功能全面发挥。

（二）展业模式差异化

在新的市场环境下，以信托业务三大类、25小类为发展方向，不同资质、不同股东背景的信托公司，将在产业、股东、人才、客户资源以及市场渠道等禀赋差异化和监管要求差异化下，进入不同的发展轨道。通过在25小类中选取"N"类业务，打造专业服务领域，以特色化定位开展异质性竞争。

例如，昆仑信托、中航信托、华鑫信托、百瑞信托和英大信托等产业背景优厚的机构，可通过探索"信托+产业"模式，以融促产，推动产业更好发展；而建信信托、上海国际信托、兴业信托等金融背景信托机构，则可通过同业协同、融融结合模式，为投资人提供更加综合全面的金融服务；保险背景信托公司可在养老服务信托等领域发力。全国化展业信托公司可发挥市场资源优势，服务国家重要领域建设；区域型信托公司可重点挖掘区域资源，服务区域特色经济建设。总之，打造差异化竞争模式，走差异化发展道路为必然选择。

（三）产品定位精品化

相较于低价、同质的产品货架，树立行业产品品牌，通过优质服务或增值服务，打造出某类产品或服务的"精品店"，将成为下一步信托公司经营发展的共识。例如，在资产证券化服务领域，除基本的特殊目的载体受托服务外，能否提供Pre-ABS、投资、承销、顾问等多元化服务实现"服务+投资"联动；在破产重整领域，除架构功能外，能否通过整合资源为重整企业提供共益债投资、并购重组等服务加速企业纾困；在养老服务信托领域，能否提供养老消费、养老产业投资等增值服务；抑或在标品债券、股票投资、股权投资领域，业绩走势能否进入行业前列；等等。以上将是未来投资人筛选优质信托产品的重要标准。由规模化扩张向优胜劣汰精品化发展，不仅是信托业也是信托产品发展的必由之路。

（四）能力打造专业化

2025年，信托公司发展将继续致力于打造专业化的服务能力，不断提升服务意识，满足新时期客户多元化服务需求。一方面，人力资源是第一生产力，加快引进培养专业人才，补充行业相关领域专业基础深厚、专业功底精深、专业能力高超、专业经验丰富的专家人才，培育"术业有专攻"的业务团队，由人才的专业化带动业务向专业化、品牌化发展。另一方面，加快提升金融科技能力是未来信托在资管行业立足的关键。目前，除少数信托公司有较大的科技化进展外，多数信托公司受制于科技投入不足、科技基础仍较为薄弱，难以满足、匹配新三分类下信托业务向线上化、自动化、智能化、精细化、效率化转型的需求。后续，行业应继续加大信息科技领域的投入，通过重点围绕资产管理价值链推动投研平台化、以客户为中心推动财富管理数字化、针对资产服务信托提升运营智能化等，全面提升信托科技赋能能力，打造信托业转型升级的新引擎。

（五）业务功能复合化

发挥好信托功能性特点，是行业高质量发展的内在要求。在新背景下，传统的单一融资功能已难以满足并适应新时期实体经济社会发展和居民财富管理、传承等多元化的需求。未来，信托业需主动发挥财产独立的制度优势和灵活的跨市场资源配置优势，以资产管理信托和资产服务信托并重发展为策略方针，构建"资产管理+资产服务"双轮驱动增长引擎。通过集成财富管理的制度功能和资产管理的金融功能，实现信托差异化其他金融机构的"1+1＞2"服务。例如，依托资产管理信托长期培育的投融资和资产配置等金融功能，通过开展养老服务信托、风险处置服务信托、预付费服务信托、家族/家庭信托以及公益/慈善信托等服务信托，整合资源，将信托触角进一步延伸至金融领域之外的第三养老支柱、风险资产处置、社会治理、民事服务和第三次分配等功能领域，以复合化功能服务于经济社会的全方面、高质量发展。

中国信托业发展报告
（2025）

第二章

信托机构

第一节 2024 年主要信托公司经营情况概览

截至 2025 年 1 月 15 日，已有 51 家信托公司通过中国银行间市场交易商协会或上市平台披露了 2024 年未经审计的财务数据。需要说明的是，部分公司在中国银行间市场交易商协会披露了母公司及合并报表两种口径数据，本报告统一采用母公司数据进行排序。

从目前披露的经营数据来看，面对 2024 年严峻的行业形势与复杂的经济环境，信托公司分化趋势更加明显，在部分领先机构仍然保持强劲增长的同时，部分信托公司经营数据持续下滑。而此前数年曾超常发展的个别信托公司2024 年营业收入与净利润均转正为负。综合来看，江苏国信、英大信托、华鑫信托、陕国投、紫金信托等近年排位有明显提升。

从利润总额来看，2024 年，中信信托、江苏国信分别以 31.66 亿元、30.77 亿元的利润总额占据行业前两位。这两家信托公司也是行业唯二利润总额超过 30 亿元的机构。此外，英大信托、华鑫信托及华能贵诚信托分别以 25.98 亿元、24.16 亿元及 20.35 亿元位列行业利润总额榜单的第三至第五。全行业 2024 年利润总额超过 20 亿元的公司只有以上 5 家。陕国投、建信信托、华润信托、紫金信托、华宝信托、粤财信托及交银国信的利润总额在 10 亿元以上。与此同时，少数信托公司由于种种原因，仍在低位徘徊，苦苦挣扎在生存线上。2024 年，排序尾部的 5 家公司利润总额不足 1 亿元，另有 5 家公司利润总额为负数。详见表 2-1。

从营业收入来看，2024 年，江苏国信全年实现营业收入 31.33 亿元，同比增长 4.32%，手续费及佣金收入与投资收益均有增长，其中投资收益超过 21 亿元；英大信托实现营业收入 29.89 亿元，同比增长 16.03%，其中手续费及佣金收入高达 29.17 亿元；陕国投实现营业收入 29.23 亿元，同比增长 3.92%；中粮信托实现营业收入 13.84 亿元，同比增长 14.26%，实现较快增长。

从净利润来看，2024 年，江苏国信实现净利润 28.19 亿元，同比增长 10.85%；英大信托实现净利润 18.02 亿元，同比增长 12.06%；陕国投归属上市公司股东的净利润约为 13.24 亿元，同比增长 22.35%；中粮信托实现净利润 7.15 亿元，同比增长 18.78%。

从 2024 年信托公司业绩快报可以看出，在行业持续推进业务转型过程中，有的信托公司由于历史包袱过重，存量风险资产尚未消化完毕，巨额风险拨备，公司巨额亏损；有的信托公司因为对新分类转型观望犹豫、动作迟缓、发展战略模糊，坐失大好发展机遇，市场份额不断萎缩，盈利模式难以构建；还有的公司由于股东违规干预企业正常经营，或者公司领导层变动频繁，高管人员缺乏稳定性，公司管理混乱、"军心"涣散。其中，个别信托公司经营数据呈断崖式下滑，波动十分剧烈。财务数据显示，2023 年某公司的营业收入为 28.99 亿元，净利润为 11.9 亿元，而 2024 年净利润下跌至 -9.54 亿元，公允价值变动损失高达 20.99 亿元，成为业绩亏损的直接原因。

实际上，业务转型之下的信托业业绩承压已有数年。回顾此前数据，根据 52 家信托公司披露的 2023 年年报信息，信托公司平均营业收入为 18.25 亿元，较 2022 年下降 3.75%。如果剔除合并口径的样本和特殊数据，平均营业收入为 12.62 亿元，较 2022 年下降 3.76%，下降幅度较 2022 年有所收窄。52 家披露信息的信托公司中，2023 年有 28 家信托公司实现营业收入增长，占比为 53.85%；有 25 家信托公司实现净利润正增长，占比为 48.08%。

由于传统房地产信托等非标业务大幅萎缩，而新兴转型业务的利润增长点尚未成熟，同时存量业务的风险也在逐步出清，整体信托业经营业绩改善尚需一个较长的过程。而在信托业转型磨合期，在积极拓展业务空间的同时，防控风险仍是信托业的永恒主题。从国际国内已有的风险案例来看，金融企业树立正确的经营观、业绩观和风险观，对于能否实现稳健经营至关重要。在信托业回归本源背景下，业务转型意味着业务逻辑的变化，风控逻辑也将随之变化。信托公司要看到当下的机遇与挑战，着眼长远，不急功近利和贪图短期暴利。特别是进入深度转型期，信托公司股东的实力和定力也十分重要。信托公司股东要端正入股动机，正确理解信托公司作为金融机构和信托受托人的特殊身份，坚决杜绝滥用股东权利、不当干预公司经营发展，真正实现信托公司用信托机制办信托，实现股东与公司的双赢。

表2-1 2024年51家信托公司利润总额 （亿元）

序号	信托公司	2024年利润总额
1	中信信托	31.66
2	江苏国信	30.77
3	英大信托	25.98
4	华鑫信托	24.16
5	华能贵诚信托	20.35
6	陕国投	17.71
7	建信信托	15.82
8	华润信托	15.59
9	紫金信托	13.08
10	华宝信托	12.39
11	粤财信托	10.46
12	交银国信	10.34
13	国投泰康信托	9.48
14	国元信托	9.33
15	中粮信托	8.59
16	上海国际信托	8.34
17	外贸信托	8.21
18	中诚信托	7.84
19	财信信托	7.58
20	金谷信托	7.38
21	厦门信托	6.94
22	光大信托	6.47
23	天津信托	5.89
24	西部信托	5.77
25	国通信托	5.50
26	国联信托	5.20

续表

序号	信托公司	2024年利润总额
27	云南信托	5.18
28	国民信托	5.00
29	苏州信托	4.73
30	西藏信托	4.47
31	百瑞信托	3.71
32	北方信托	3.17
33	中泰信托	3.12
34	陆家嘴信托	2.69
35	重庆信托	2.67
36	中铁信托	2.57
37	中原信托	2.30
38	渤海信托	1.42
39	吉林信托	1.12
40	中海信托	1.08
41	东莞信托	1.03
42	华宸信托	0.53
43	山西信托	0.40
44	兴宝信托	0.38
45	长城新盛信托	0.06
46	昆仑信托	0.01
47	万向信托	-0.56
48	兴业信托	-1.11
49	中建投信托	-3.66
50	杭州工商信托	-7.55
51	五矿信托	-12.84

第二节 信托机构概况

截至 2024 年 6 月，有 56 家信托公司（见表 2-2）对 2023 年经营业绩进行了披露。从已经披露的 56 家信托公司年报不难看出，整个信托业正处于发展转型的重要时期。经过 10 余年的发展历程，信托业对中国经济增长产生了巨大的推动作用，其在支持实体经济发展、深化国家绿色发展理念、推动慈善事业发展、助力居民美好生活、防控化解金融风险等领域都起到了重要的作用。同时，信托业本身监管机制不健全、"去通道"压力日益凸显、制度红利优势削弱等问题还没有得到根本解决。在居民财富管理需求日益增加与信托业转型尚未完成的矛盾之下，信托业的规模增长、盈利能力等方面均受到了一定的不利影响。鉴于本报告成书之际，2023 年度行业数据尚未公开披露，故本章主体数据均采用 2024 年 6 月披露的信托公司年报，以下简称"2024 财年"，以别于 2024 年当年数据，行业经营概貌露出清晰轮廓。

表 2-2 中国信托公司名录

序号	公司名称	序号	公司名称
1	平安信托有限责任公司	29	长安国际信托股份有限公司
2	中诚信托有限责任公司	30	中原信托有限公司
3	中信信托有限责任公司	31	中泰信托有限责任公司
4	重庆国际信托股份有限公司	32	厦门国际信托有限公司
5	上海国际信托有限公司	33	山西信托有限责任公司
6	江苏省国际信托有限责任公司	34	五矿国际信托有限公司
7	建信信托有限责任公司	35	西部信托有限公司
8	昆仑信托有限责任公司	36	中国金谷国际信托有限公司
9	中海信托股份有限责任公司	37	华宸信托有限责任公司
10	中国对外经济贸易信托有限公司	38	中粮信托有限责任公司
11	中融国际信托有限公司	39	华鑫国际信托有限公司
12	华宝信托有限责任公司	40	湖南省信托有限责任公司

续表

序号	公司名称	序号	公司名称
13	兴业国际信托有限公司	41	光大兴陇信托有限责任公司
14	华能贵诚信托有限公司	42	苏州信托有限公司
15	山东省国际信托股份有限公司	43	云南国际信托有限公司
16	中铁信托有限责任公司	44	国民信托有限公司
17	华融国际信托有限责任公司	45	东莞信托有限公司
18	英大国际信托有限公司	46	杭州工商信托股份有限公司
19	中建投信托有限责任公司	47	国通信托有限责任公司
20	渤海国际信托股份有限公司	48	华澳国际信托有限公司
21	广东粤财信托有限公司	49	上海爱建信托有限公司
22	交银国际信托有限公司	50	紫金信托有限责任公司
23	百瑞信托有限责任公司	51	浙商金汇信托股份有限公司
24	国联信托股份有限公司	52	大业信托有限责任公司
25	国投泰康信托有限公司	53	西藏信托有限公司
26	北方国际信托股份有限公司	54	长城新盛信托有限责任公司
27	中航信托股份有限公司	55	陆家嘴国际信托有限公司
28	天津信托有限责任公司	56	万向信托有限公司

第三节　信托公司经营分析

在过去的 10 年内，信托业从中国金融改革进程中金融行业边缘革命发起人的角色迅速成长为今天的主流金融业态。各项指标表明，我国信托业发展势头始终与宏观经济运行有着紧密关系，信托业不失时机地抓住宏观经济运行的积极变化，不断开拓业务空间，行业资产规模保持增长态势，跨入"20 万亿时代"。利润总额实现两位数增长，信托公司的业务拓展能力以及与业务协同发展能力不断增强，信托业的资金实力处于提升时期，为今后信托业务转型夯实了坚实的基础。

一、主要财务指标分析

（一）资本利润率

从年报披露状况来看，2024 财年有 50 家信托公司对资本利润率这一指标进行了披露，云南信托、中航信托、五矿信托、北京国信、国通信托等未披露该指标。

资本利润率的主要统计数据如表 2-3 所示。作为反映信托公司盈利能力的重要指标，全行业平均资本利润率从 2023 财年的 5.04% 下降至 2024 财年的 4.54%，平均资本利润率已经连续 7 年持续下滑。资本利润率的下降，主要是由于信托公司注册资本的增加，使资本增长幅度远大于净利润增长幅度。从行业整体来看，在这 56 家公司中，共有 6 家的资本利润率在 10% 以上，占比 10.71%。值得注意的是，由于行业整体利润率下降，本年度只有上海国际信托资本利润率超过 15%，达到 22.79%，较 2023 财年的 8.17% 有大幅增长，成为本年度资本利润率最高的信托公司。英大信托在 2024 财年资本利润率有小幅上升，以 13.23% 的资本利润率成为行业第二名。

综观信托业整体情况，2024 财年各公司资本利润率标准差为 5.42%，相比 2023 财年各公司资本利润率离散程度有所下降，该指标近几年基本维持集中的态势。详见表 2-3。

表 2-3　2020—2024 财年信托公司资本利润率的统计分析

项目	2020 财年	2021 财年	2022 财年	2023 财年	2024 财年
平均值（%）	8.86	8.68	7.56	5.04	4.54
平均值增长幅度（百分点）	-1.68	-0.18	-1.12	-2.52	-0.50
公司数目（家）	66	60	57	56	50
最大值（%）	22.37	20.58	21.23	14.13	22.79
最小值（%）	-35.00	-8.95	-28.79	-21.99	-11.65
标准差（%）	7.66	5.25	6.83	5.62	5.42
变异系数	0.86	0.60	0.90	1.11	1.19

2024 财年资本利润率表现比较优异的信托公司前 5 名分别为上海国际信托（22.79%）、英大信托（13.23%）、中海信托（11.58%）、华鑫信托（11.57%）以及紫金信托（11.13%）。从行业整体来看，资本利润率水平也

呈现了一定的下滑趋势。与此同时，2014财年资本利润率在15%~30%的公司为42家，2015财年为34家，2016财年为37家，2017财年为28家，2018财年为24家，2019财年为11家，2020财年为10家，2021财年为6家，2022财年为5家，2023财年为0家，2024财年仅有1家信托公司资本利润率超过15%。由此可见，自2017财年起，在信托业整体资本利润率不断下滑的同时，行业中的中坚阵营的数量也出现了持续下降。

信托公司资本利润率是净利润与平均资本的比率，因此公司净利润与注册资本规模的变化均会对资本利润率产生影响。信托公司通过增资或者股权资产出售等方式获取大规模资金后，通过有效的资产管理，可以使业绩得到大幅提升。

（二）信托报酬率

信托报酬是受托人通过管理和运作信托财产而获取的报酬。按照《信托投资公司信息披露管理暂行办法》，信托报酬率的计算是以信托业务收入除以实收信托平均余额，这一指标反映的是信托公司在信托业务中所获得的报酬。在实际运作中，信托公司在对信托资产的管理中，主动管理能力强、作用发挥得大，取得的信托报酬率一般就会较高。如果信托公司在信托业务中并没有进行主动管理、所起到的作用小，信托报酬率就会偏低。

从2024财年的年报披露情况来看，有42家信托公司公布了信托报酬率。2024财年，信托业平均信托报酬率为0.51%，较2023财年的0.63%有小幅下降。

如图2-1所示，信托业的平均报酬率在2022财年出现明显回升，但2023财年又出现下滑，2024年该指标持续下滑。

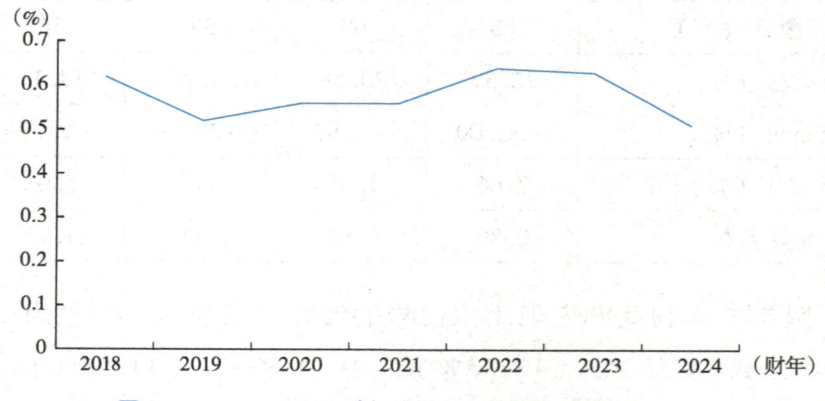

图2-1 2018—2024财年信托公司信托报酬率趋势

在统计的 42 家信托公司中，31 家公司信托报酬率指标下降。随着资管行业竞争的加剧，信托公司传统业务的盈利空间逐步收窄。

在披露 2024 财年信托报酬率指标的 42 家信托公司中，下滑比例最大的是东莞信托。中小信托公司清算项目数量较少，单一项目信托报酬率对公司整体信托报酬率指标的影响较大，因此中小信托公司信托报酬率指标波动比大型公司更加明显。有研究人员表示，主动管理资产占比较高的信托公司受经营环境影响相对较小，预计行业两极分化的趋势会加大。

从信托报酬率分布的离散程度来看，2024 财年信托报酬率分布的标准差为 0.40%，比 2023 财年的 0.58% 有所下降。在样本公司中，大部分公司（38 家）的信托报酬率水平低于 1%。其中，有 31 家公司（占披露公司数量的 73.8%）的信托报酬率低于 0.5%。具体数据见表 2-4。

表 2-4 2020—2024 财年信托公司信托报酬率的统计分析

项目	2020 财年	2021 财年	2022 财年	2023 财年	2024 财年
平均值（%）	0.56	0.56	0.64	0.63	0.51
平均值增长幅度（百分点）	0.04	0.00	0.08	-0.01	-0.12
公司数目（家）	52	49	47	44	42
最大值（%）	2.51	2.48	2.44	3.21	1.89
最小值（%）	0.10	0.10	0.18	0	0.15
标准差（%）	0.05	0.40	0.50	0.58	0.40
变异系数	0.88	0.72	0.79	0.92	0.78

从信托报酬率排名来看，2024 财年，信托报酬率表现比较优异的信托公司前 5 名分别为东莞信托（1.89%）、爱建信托（1.76%）、苏州信托（1.50%）、杭州工商信托（1.30%）和紫金信托（0.91%）。

（三）人均净利润

2024 财年，有 52 家信托公司公布了人均净利润。2024 财年，信托业平均人均净利润为 213.47 万元，比 2023 财年下降 18.76 万元。自 2017 财年平均人均净利润指标出现下降以来，至 2020 财年连续 4 年维持下降态势，2021 财年虽出现小幅上升，但在 2023 财年出现大幅下降，2024 财年这一指标持续下降。

从人均净利润的统计分析来看，2024 财年有两家信托公司人均净利润超过

1000万元，分别是江苏国信和上海国际信托。表2-5显示了2020—2024财年人均净利润相关的主要统计指标。

表2-5　2020—2024财年信托公司人均净利润的统计分析

项目	2020财年	2021财年	2022财年	2023财年	2024财年
平均值（万元）	315.94	320.76	280.30	232.23	213.47
平均值增长幅度（万元）	-5.70	4.82	-40.46	-48.07	-18.76
平均值增长率（%）	-1.77	15.26	-12.61	-17.15	-8.08
公司数目（家）	65	59	57	56	52
最大值（万元）	1760.48	1364.34	1014.18	894.07	1130.42
最小值（万元）	-214.16	-115.54	-725.42	-491.03	-287.32
标准差（万元）	323.40	263.94	281.68	249.99	283.19
变异系数	1.02	0.82	1.00	1.08	1.33

从人均净利润排名来看，2024财年，人均净利润表现比较优异的信托公司前5名分别为江苏国信（1130.42万元）、上海国际信托（1120.30万元）、英大信托（743.26万元）、华鑫信托（689.46万元）和华能贵诚信托（597.88万元）。可以发现，2016财年有50家信托公司的人均净利润达到了150万元，2017财年为54家，2018财年与2017财年持平，2019财年下降至49家，2020财年下降至44家，2021财年下降至41家，2022财年下降至37家，2023财年下降至33家，2024财年仅有27家。具体变化趋势如图2-2所示。

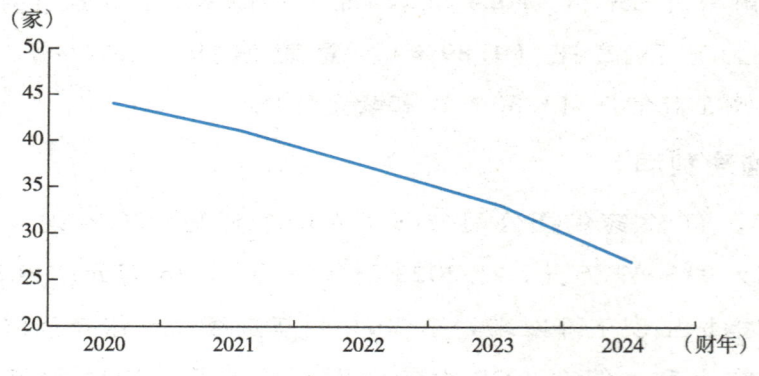

图2-2　2020—2024财年人均净利润150万元以上公司数量变化趋势

从人均净利润增幅来看，2024财年，人均净利润增幅前5名的信托公司分别为上海国际信托（增长411.13%）、兴业信托（增长369.48%）、金谷信托（增长172.99%）、中泰信托（增长134.59%）、昆仑信托（增长104.38%）。人均净利润降幅最大的公司是长城新盛，降幅达到397.32%。由此可见，行业内部分公司的人均净利润指标的年度差异性较大。

2024财年信托公司人均净利润平均增幅为5.90%，相比2023财年均值上升25.8%。

相关数据如表2-6、表2-7、表2-8所示。

表2-6 2022—2024财年资本利润率序列 （%）

序号	公司简称	2024财年	2023财年	2022财年
1	上海国际信托	22.79	8.17	5.11
2	英大信托	13.23	11.84	12.34
3	中海信托	11.58	-28.79	11.19
4	华鑫信托	11.57	11.70	9.19
5	紫金信托	11.13	13.99	10.48
6	国民信托	10.02	8.56	9.38
7	江苏国信	9.85	8.77	7.98
8	财信信托	9.45	9.98	9.92
9	粤财信托	9.25	16.55	14.13
10	国投泰康信托	8.88	12.86	11.18
11	厦门国信	8.28	12.26	9.87
12	中粮信托	8.26	10.25	5.12
13	西部信托	8.25	7.85	8.00
14	苏州信托	8.06	10.19	8.01
15	华能贵诚信托	7.80	15.52	9.37
16	国元信托	7.70	未披露	7.70
17	天津信托	7.64	8.43	8.32
18	国联信托	7.48	7.34	8.06
19	金谷信托	7.48	2.83	3.12
20	中信信托	6.58	8.90	9.23
21	建信信托	6.14	10.19	9.28

续表

序号	公司简称	2024 财年	2023 财年	2022 财年
22	西藏信托	5.94	9.13	6.18
23	外贸信托	5.37	8.45	4.35
24	中诚信托	4.90	5.75	5.68
25	交银国信	4.88	8.89	6.30
26	华润信托	4.44	12.71	8.39
27	中泰信托	4.30	1.81	1.89
28	北方国信	4.13	6.42	5.27
29	华宸信托	4.04	3.00	3.36
30	浙金信托	3.61	5.88	4.66
31	爱建信托	3.59	11.76	4.89
32	百瑞信托	2.78	7.90	5.37
33	平安信托	2.34	3.77	5.94
34	光大信托	2.19	10.36	7.42
35	吉林信托	2.04	未披露	未披露
36	陆家嘴信托	1.89	21.23	6.93
37	中原信托	1.57	3.91	1.46
38	山西信托	1.50	1.42	1.46
39	大业信托	1.08	4.20	1.08
40	华融国信	0.90	15.21	1.04
41	东莞信托	0.80	1.32	0.50
42	重庆信托	0.77	6.42	1.18
43	长城新盛	0.63	-4.20	-0.26
44	渤海信托	0.24	0.40	0.13
45	兴业信托	-3.28	0.92	-0.75
46	杭州工商信托	-4.30	6.66	-4.38
47	中建投信托	-4.77	3.23	-8.78
48	昆仑信托	-5.95	2.48	-2.96
49	万向信托	-8.18	20.22	8.23

续表

序号	公司简称	2024 财年	2023 财年	2022 财年
50	华澳信托	-11.65	6.91	-21.99
51	云南信托	未披露	10.75	9.98
52	中航信托	未披露	10.73	4.62
53	五矿信托	未披露	10.35	7.61
54	北京国信	未披露	10.31	未披露
55	国通信托	未披露	9.88	7.85
56	华宝信托	未披露	8.99	8.41
57	中铁信托	未披露	7.67	6.14
58	中融信托	未披露	6.85	7.22
59	长安国信	未披露	6.74	未披露
60	安信信托	未披露	未披露	未披露
61	陕西国信	未披露	未披露	未披露
62	雪松国信	未披露	未披露	未披露
63	四川信托	未披露	未披露	未披露
64	新时代	未披露	未披露	未披露
65	华信信托	未披露	未披露	未披露
66	山东国信	未披露	未披露	未披露
67	民生信托	未披露	未披露	未披露

表 2-7　2022—2024 财年信托报酬率序列　（％）

序号	公司简称	2024 财年	2023 财年	2022 财年
1	东莞信托	1.89	0.64	2.44
2	爱建信托	1.76	未披露	2.00
3	苏州信托	1.50	1.33	1.34
4	杭州工商信托	1.30	1.60	2.33
5	紫金信托	0.91	未披露	0.88
6	平安信托	0.71	0.74	0.81
7	国联信托	0.60	1.78	0.43
8	陆家嘴信托	0.55	未披露	0.60

续表

序号	公司简称	2024 财年	2023 财年	2022 财年
9	交银国信	0.54	未披露	0.29
10	金谷信托	0.52	未披露	0.39
11	中航信托	0.51	未披露	0.66
12	国民信托	0.49	0.13	0.45
13	江苏国信	0.48	0.00	0.45
14	吉林信托	0.48	1.14	未披露
15	国投泰康信托	0.47	0.02	0.78
16	华宸信托	0.45	1.08	0.26
17	重庆信托	0.44	3.16	0.96
18	陕西国信	0.44	未披露	0.54
19	国元信托	0.44	0.67	未披露
20	浙金信托	0.41	未披露	0.76
21	华鑫信托	0.41	未披露	0.47
22	西藏信托	0.37	0.09	0.40
23	北方国信	0.36	0.40	0.65
24	山西信托	0.36	0.53	0.60
25	五矿信托	0.36	未披露	0.48
26	华澳信托	0.34	未披露	0.61
27	英大信托	0.34	0.41	0.34
28	天津信托	0.34	1.56	0.30
29	中泰信托	0.33	0.45	0.50
30	光大信托	0.33	0.20	0.48
31	大业信托	0.31	未披露	0.70
32	厦门国信	0.30	0.70	0.39
33	百瑞信托	0.26	1.42	0.34
34	上海国际信托	0.26	1.59	0.25
35	长城新盛	0.24	未披露	1.52
36	渤海信托	0.24	未披露	0.50

续表

序号	公司简称	2024 财年	2023 财年	2022 财年
37	建信信托	0.24	0.74	0.25
38	西部信托	0.22	1.00	0.24
39	兴业信托	0.20	2.50	0.34
40	昆仑信托	0.20	1.35	0.31
41	外贸信托	0.16	0.27	0.38
42	中原信托	0.15	1.95	0.47
43	中铁信托	未披露	未披露	0.64
44	长安国信	未披露	0.80	0.62
45	国通信托	未披露	未披露	0.58
46	民生信托	未披露	未披露	0.49
47	北京国信	未披露	1.26	0.35
48	云南信托	未披露	1.45	0.28
49	安信信托	未披露	未披露	0.18
50	中诚信托	未披露	0.35	未披露
51	中海信托	未披露	1.45	未披露
52	中融信托	未披露	1.20	未披露
53	中信信托	未披露	0.65	未披露
54	华融国信	未披露	0.42	未披露
55	粤财信托	未披露	0.23	未披露
56	财信信托	未披露	0.99	未披露
57	华宝信托	未披露	1.36	未披露
58	山东国信	未披露	0.56	未披露
59	华润信托	未披露	0.91	未披露
60	雪松国信	未披露	2.91	未披露
61	中建投信托	未披露	未披露	未披露
62	华能贵诚信托	未披露	未披露	未披露
63	四川信托	未披露	未披露	未披露
64	中粮信托	未披露	未披露	未披露

续表

序号	公司简称	2024 财年	2023 财年	2022 财年
65	万向信托	未披露	未披露	未披露
66	华信信托	未披露	1.65	未披露
67	新时代	未披露	0.00	未披露

表 2-8　2022—2024 财年人均净利润序列　　　　　　　　　　单位：万元

序号	公司简称	2024 财年	2023 财年	2022 财年
1	江苏国信	1130.42	420.00	914.66
2	上海国际信托	1120.30	918.00	333.12
3	英大信托	743.26	111.90	613.90
4	华鑫信托	689.46	未披露	538.54
5	华能贵诚信托	597.88	未披露	1014.18
6	粤财信托	496.06	933.08	721.85
7	国联信托	486.89	1423.54	501.43
8	紫金信托	462.85	未披露	402.70
9	国元信托	438.00	493.20	未披露
10	建信信托	382.55	101.67	548.46
11	财信信托	323.00	68.83	362.00
12	国投泰康信托	322.10	1064.00	481.71
13	中信信托	319.55	601.42	350.18
14	交银国信	313.33	14.80	512.59
15	苏州信托	304.40	161.45	322.73
16	西藏信托	298.92	445.00	417.91
17	华润信托	276.27	3414.85	818.60
18	中泰信托	274.59	281.31	98.69
19	中诚信托	270.54	1082.20	300.86
20	中海信托	261.67	1007.00	-725.42
21	中粮信托	242.85	未披露	201.36
22	外贸信托	223.86	574.45	360.98
23	厦门国信	221.65	120.73	302.33

续表

序号	公司简称	2024 财年	2023 财年	2022 财年
24	五矿信托	221.39	未披露	467.03
25	天津信托	207.61	59.14	253.40
26	浙金信托	170.99	未披露	229.15
27	国民信托	155.97	34.60	108.98
28	金谷信托	146.84	未披露	55.05
29	百瑞信托	124.46	148.00	342.92
30	西部信托	124.17	159.00	128.77
31	平安信托	119.51	453.00	130.27
32	重庆信托	115.09	605.00	850.67
33	北方国信	97.54	212.48	129.78
34	爱建信托	63.98	未披露	180.95
35	陆家嘴信托	59.71	未披露	396.56
36	华宸信托	52.91	86.51	31.06
37	光大信托	49.57	87.57	177.44
38	中原信托	47.11	373.00	119.13
39	吉林信托	26.18	168.00	未披露
40	东莞信托	23.42	380.47	22.44
41	大业信托	20.22	未披露	67.16
42	中航信托	19.06	未披露	579.75
43	华融国信	15.04	44.35	207.70
44	山西信托	14.54	96.00	11.30
45	长城新盛	12.22	未披露	-55.99
46	渤海信托	11.58	未披露	19.87
47	万向信托	-69.59	未披露	194.78
48	杭州工商信托	-97.00	227.73	141.00
49	中建投信托	-116.06	97.21	72.52
50	兴业信托	-149.39	67.10	33.69
51	昆仑信托	-279.72	224.23	123.87

续表

序号	公司简称	2024 财年	2023 财年	2022 财年
52	华澳信托	-287.32	未披露	152.40
53	中融信托	未披露	132.18	685.84
54	北京国信	未披露	185.35	301.00
55	中铁信托	未披露	未披露	269.00
56	华宝信托	未披露	675.84	267.58
57	国通信托	未披露	未披露	163.82
58	云南信托	未披露	295.00	135.00
59	长安国信	未披露	47.58	55.59
60	安信信托	未披露	未披露	未披露
61	陕西国信	未披露	未披露	未披露
62	山东国信	未披露	57.58	未披露
63	雪松国信	未披露	86.43	未披露
64	民生信托	未披露	未披露	未披露
65	四川信托	未披露	未披露	未披露
66	新时代	未披露	未披露	未披露
67	华信信托	未披露	310.00	未披露

二、信托资产规模分析

从 2024 财年披露情况来看，有 56 家信托公司公布了自营资产规模相关数据。信托业自营资产规模有所下降，平均每家信托公司自营总资产规模为 137.82 亿元，比 2023 财年上升 3.46 亿元。自 2005 财年以来，信托公司的自营总资产规模在 2007 财年增长率最大，达到 34.94%；在 2006 财年下跌幅度最大，下跌了 22028 万元，下跌比率为 14.53%。

自营总资产缩减的公司数目的最大值出现在 2006 财年，达到 27 家，2008 财年降到 9 家之后，2009 财年又升到 25 家，2010 财年又回降到 7 家，2011 财年也是 7 家，2012 财年则继续减少为 3 家，2017 财年这一数据有所上升，达到 8 家，2018 财年有 13 家信托公司总资产额降低，2020 财年与 2019 财年持平，维持在 17 家，2021 财年下降至 13 家，2022 财年为 14 家，2023 财年为 18

家，2024 财年为 19 家。

2024 财年信托业中自营总资产规模最大的公司为中信信托，其 2024 财年自营总资产为 381.77 亿元。

从各年度信托公司之间的自营资产规模差异来看，2005 财年差异性最小，变异系数为 0.76，然后逐年上升，到 2008 财年上升到最大值 1.12，接下来的 3 年基本稳定在 1.06～1.08。2018 财年，变异系数进一步降低到 0.66，2019 财年持续下降至 0.59，而 2020 财年上升至 0.66，这说明各公司的自营总资产规模的差异性出现了扩大的情况。同样，自营净资产的变异系数也延续了 2009 财年以来的下降趋势，在 2014 财年继续下降到 0.80，2016 财年与 2015 财年持平为 0.79，2017 财年下降为 0.68，2018 财年继续下降至 0.65，2019 财年保持了下降态势，降至 0.64，2020 财年出现小幅上升，升至 0.67，2022 财年与 2021 财年持平，维持在 0.71，2023 财年上升至 0.72，2024 财年小幅缩减至 0.70。自营总资产与自营净资产的相关描述性统计见表 2-9 与表 2-10。

表 2-9　2020—2024 财年信托公司自营总资产规模统计分析

项目	2020 财年	2021 财年	2022 财年	2023 财年	2024 财年
平均值（万元）	1135763	1254457	1344859	1343570	1378163
平均值增长额（万元）	77883	118694	90402	-1289	34593
平均值增长率（%）	7.36	10.45	7.21	-0.09	2.57
公司数目（家）	65	62	61	60	56
自营总资产缩减的公司数（家）	17	13	14	18	19
最大值（万元）	3205376	3490287	3649897	3880561	3817748
最小值（万元）	153672	101459	114805	119724	119767
标准差（万元）	744183	843035	869513	913648	924427
变异系数	0.66	0.67	0.65	0.68	0.67

表 2-10　2020—2024 财年信托公司自营净资产规模统计分析

项目	2020 财年	2021 财年	2022 财年	2023 财年	2024 财年
平均值（万元）	934940	1018532	1086748	1124956	1188927
平均值增长额（万元）	91711	83592	68216	38208	63971
平均值增长率（%）	9.81	8.94	6.70	3.52	5.69

续表

项目	2020 财年	2021 财年	2022 财年	2023 财年	2024 财年
自营净资产缩减的公司数（家）	4	4	10	13	10
最大值（万元）	2968253	3045124	3205474	3374662	3478185
最小值（万元）	106950	94176	32228	22841	100843
标准差（万元）	630323	725114	766176	804624	832669
变异系数	0.67	0.71	0.71	0.72	0.70

三、盈利能力分析

（一）营业收入

1. 营业收入的整体分析

从本报告掌握的2024财年披露情况来看，有56家信托公司公布了营业收入与营业利润的情况。

2024财年，信托业共实现营业收入997余亿元，平均每家信托公司营业收入为171968万元，比2023财年上升30256万元，上升比率为21.35%。自2005财年以来，信托公司的营业收入在2008财年上升幅度最大，上升了21694万元，上升比率为158.76%。

2008财年，单个信托公司营业收入最大值为259269万元，2009财年降为200481万元，2010财年则小幅回升为207486万元，2011财年继续上升为238640万元。2016财年为中信信托创造的1029044万元。中信信托2017财年、2018财年、2019财年和2020财年的营业收入分别为564900万元、574951万元、614467万元和637797万元，虽然比2016财年有较大幅度的下降，但也保持了不俗的业绩。2023财年，中信信托营业收入再创新高，达到1944752万元，2024财年则下降至1455344万元。

信托公司营业收入的变异系数在2008财年上升到最大，为1.42，然后逐渐下降，2012财年下降为1.03，2013财年为0.86，2014财年为0.82，2015财年为0.85，2016财年提高至0.99，2017财年又降到0.82，2018财年继续下降至0.77，2019财年小幅回升至0.78，2020财年与上年持平，2021财年上升至0.82，2022财年扩大至0.84，2023财年持续扩大至1.86，2024财年缩减至1.28。具体数据见表2-11。

表 2-11 2020—2024 财年信托公司营业收入统计分析

项目	2020 财年	2021 财年	2022 财年	2023 财年	2024 财年
平均值（万元）	172575	192131	182430	141712	171968
平均值增长额（万元）	20115	19556	-9701	-40718	30256
增长幅度（%）	13.19	11.33	-5.05	-22.32	21.35
公司数目（家）	68	62	61	59	56
最大值（万元）	637797	707270	671959	1944752	1455344
最小值（万元）	23551	-129729	-109063	-23180	-6882
标准差（万元）	134777	157714	152888	264218	221096
变异系数	0.78	0.82	0.84	1.86	1.28

2. 营业收入的公司分析

从营业收入排名来看，2024 财年，营业收入排名前 5 的信托公司分别为平安信托（1455344 万元）、上海国际信托（814090 万元）、兴业信托（463134 万元）、中信信托（378328 万元）和华能贵诚信托（310818 万元）。

同时可以发现，2010 财年营业收入达到 5 亿元以上的公司只有 12 家，2011 财年增加到 16 家，2012 财年增加到 27 家，2013 财年达到 47 家，2014 财年达到 56 家，2015 财年达到 57 家，2016 财年达到 63 家，2017 财年为 58 家，2018 财年为 61 家，2019 财年回落至 58 家，2020 财年为 59 家，2021 财年为 55 家，2022 财年与 2021 财年持平，2023 财年锐减至 38 家，2024 财年回升至 46 家。

（二）利润总额与净利润

1. 利润总额与净利润的历史分析

2024 财年，信托业共实现利润 586 亿元，平均每家信托公司利润总额为 101066 万元，比 2023 财年上升了 28.26%。自 2005 财年以来，信托公司的利润总额在 2008 财年的上升幅度最大，上升了 26759 万元，上升比率为 273.66%；2009 财年下跌幅度最大，下跌了 10392 万元，下跌比率为 28.81%。

单个信托公司的利润总额在 2015—2018 财年连续 4 年持续上升，其中 2015 财年上升幅度最大，达到 15.26%。2019 财年出现了近 5 年内的首次下跌，2020 财年虽然出现增长，但增长幅度较小。2021 财年出现大幅下跌，这表明 2021 财年在疫情等多重因素的影响下，整个信托市场的盈利状况不容乐观。2023 财年该指标持续下滑，2024 财年有所回升。

2005 财年各个信托公司利润总额的变异系数为 1.49，在 2006 财年和 2007 财年两年变异系数下降之后，2008 财年增长为 1.29，之后逐年下降，2012 财年为 0.97，2013 财年为 0.86，2014 财年为 0.84，2015 财年达到历史最低值 0.82，2016 财年小幅上升至 0.86，2017 财年与 2016 财年持平，2018 财年小幅下降至 0.85，2019 财年大幅回升至 1.05，2020 财年上升至 1.29，2021 财年上升至 1.45，2022 财年下降至 1.34，2023 财年上升至 1.58，2024 财年下降至 1.47。具体数据如表 2-12 所示。

表 2-12 2020—2024 财年信托公司利润总额统计分析

项目	2020 财年	2021 财年	2022 财年	2023 财年	2024 财年
平均值（万元）	113193	104695	98884	78796	101066
平均值增长额（万元）	-1240	-8498	-5811	-20088	22270
公司数目（家）	68	62	61	60	58
利润总额为负的公司数（家）	5	3	4	6	6
最大值（万元）	451426	503574	500286	385569	677745
最小值（万元）	-523897	-728803	-465183	-529628	-105970
标准差（万元）	132715	152011	132361	124143	148873
变异系数	1.29	1.45	1.34	1.58	1.47

2. 利润总额与净利润的公司分析

从利润总额排名来看，2024 财年，利润总额排名前 5 的信托公司分别为华宸信托（677745 万元）、上海国际信托（653424 万元）、平安信托（511948 万元）、中信信托（293608 万元）以及江苏国信（2710748 万元）。

从信托公司净利润水平来看，自 2019 财年全行业净利润出现了近 6 年以来的首次下跌后，2020 财年继续小幅下跌，2021 财年出现大幅下跌，2023 财年有较明显回升。2024 财年净利润排名前 5 的信托公司分别为上海国际信托（495172 万元）、平安信托（425542 万元）、江苏国信（254344 万元）、中信信托（225600 万元）以及华能贵诚信托（213369 万元）。

（三）信托业务收入

1. 信托业务收入总规模的历史对比

2024 财年，有 56 家信托公司披露了信托业务收入。2024 财年，平均每家信托公司信托业务收入为100994万元。自2014年以来，信托公司的信托业务收入在2014财年的上升比例最大，达到了9.83%，在2018财年下跌幅度最大，下跌了4.18%。具体数据如表2-13所示。

表2-13 2020—2024财年信托公司信托业务收入统计分析

项目	2020财年	2021财年	2022财年	2023财年	2024财年
平均值（万元）	122906	136913	134985	94667	100994
平均值增长额（万元）	9327	14007	-1928	-40318	6327
平均值增长率（%）	8.24	11.40	-1.41	-29.87	6.68
公司数目（家）	67	62	61	58	56
最大值（万元）	478848	578607	569436	467550	766122
最小值（万元）	431	459	468	213	473
标准差（万元）	105585	123695	132281	107714	114376
变异系数	0.86	0.90	0.98	1.14	1.13

2. 信托业务收入的公司分析

从信托公司信托业务收入排名来看，2024财年信托业务收入排名前5的信托公司分别为山东国信（766122万元）、陆家嘴信托（357686万元）、五矿信托（287866万元）、光大信托（280781万元）以及英大信托（272471万元）。

同时可以发现，2014财年信托业务收入达到1亿元以上和10亿元以上的公司分别为66家和19家，2015财年为64家和25家，2016财年为67家和26家，2017财年为65家和26家，2018财年为66家和29家，2019财年为67家和27家，2020财年为65家和31家，2021财年为60家和30家，2022财年为58家和30家，2023财年为53家和21家，2024财年为55家和20家。

中国信托业发展报告
（2025）

第三章

2024 年信托行业业务结构分析

第一节 资产服务信托业务快速增长

2024年，信托公司转型持续深入，信托资产规模持续回升，信托业务结构持续优化。上半年，全行业信托资产规模达到27万亿元的历史高点。2023年以来，资产服务信托规模接近11万亿元，占比达到40%，无论是成立笔数还是新增规模均已超过资产管理信托。目前，已有50多家信托公司开展了家族信托，40多家信托公司累计开展了5366笔家庭信托；特殊需要信托、知识产权服务信托、养老服务信托也在陆续开展。还有信托公司将风险处置服务信托作为信托资产规模重要支柱，年内10多家信托公司作为受托人和重整投资人参与了企业市场化重组。

一、财富管理服务信托服务体系不断完善

由于信托财产登记制度、信托税收制度、信托非交易过户制度尚不完善，当前财富管理服务信托资产类型以现金、金融资产、保单为主。2024年底，财富管理服务信托资产存续规模已突破万亿元。值得关注的是，2024年底，北京市出台了《不动产信托财产登记制度（试行）》，虽然有许多待完善之处，但被视为信托财产登记制度的破冰之举。

（一）顶层制度建设取得突破

在顶层建设方面，2024年7月，《中国（天津）自由贸易试验区提升行动方案》（津开放办〔2024〕2号）正式发布，明确提出"探索建立不动产、股权等作为信托财产的信托财产登记机制"。2024年8月，上海市第十六届人民代表大会常务委员会第十五次会议审议通过《上海市推进国际金融中心建设条例》，上海市探索以不动产、股权等作为信托财产的信托财产登记及相关配套

机制建设。

12月，国家金融监督管理总局、北京监管局、北京市规划和自然资源委员会联合发布《关于做好不动产信托财产登记工作的通知（试行）》（以下简称《通知》），这一制度的出台，标志着中国在信托业领域的改革开放迈出了重要一步，有利于促进信托业的健康发展。

过去由于信托财产登记制度在不动产方面的缺失，不动产设立信托只能进行物权变动公示，很容易引起权属的争议和纠纷。《通知》解决了不动产信托公示性问题。一方面，可以明确信托财产及其相关权益的权属关系，确保信托财产的独立性，避免受托人未经授权擅自处分信托财产的行为；另一方面，强化了信托财产处置过程中交易相对方与不动产登记机构的注意义务与审查责任。通过梳理业内的解读，对于《通知》有以下要点值得关注：

一是什么样的房产适合设不动产信托。根据《通知》，"委托人交付的不动产应符合不动产转让条件，权属清晰，不存在权利限制情形"。这意味着，如果房子抵押给银行或者房子有房贷是不能办理登记的，这类房产不适宜设立不动产信托。

二是仅适用于营业信托。根据《通知》，"不动产信托成立前，信托机构应当根据信托登记相关规定在中国信托登记有限责任公司办理信托产品预登记，取得产品编码、信托预登记完成通知书"。这意味着不动产信托只适用于信托公司在中国信托登记有限责任公司登记的信托产品，非信托机构受托人完成不动产信托登记仍然面临困难。

三是没有考虑遗嘱信托。根据《通知》，登记的义务人包括委托人和受托人，需要委托人将不动产权利转移给信托机构，需要委托人与信托机构共同签订信托文件。遗嘱信托在委托人去世后生效，信托登记的义务人会变成遗产管理人，委托人不能和信托机构共同签署信托文件，导致遗嘱信托的可操作性降低。

四是只针对初始设立的不动产信托登记问题。根据《通知》，"不动产信托财产登记，是指委托人将国有土地上已取得合法不动产权证书的不动产相关权利转移给信托机构，依法向不动产登记机构申请将信托财产权利和其他法定事项记载于不动产登记簿的行为"。对于信托设立之后，通过交易、受赠等方式后续取得不动产作为信托财产如何登记没有规定。

五是不动产信托的税制问题有待明确。根据《通知》，"委托人与信托机构向不动产登记机构提出登记申请，不动产登记机构需要提供契税完税（或减免税）凭证"。这意味着，要进行不动产信托登记需要事先完成纳税义务。在信托税收制度出台前，国内不动产信托仍需按照交易方式完成纳税。

在信托设立阶段，委托人如果是个人，需要缴纳所得税、增值税、城市维护建设税、教育费附加及地方教育附加、印花税。根据我国现行税收制度，个人销售住房暂免土地增值税，所以个人设立不动产信托暂时不征收土地增值税，而信托公司则需要缴纳印花税和契税。

在信托运营阶段，需要每年缴纳房产税和城镇土地使用税。如果房产用于出租或者经营，需要缴纳增值税、城市维护建设税、教育费附加及地方教育附加、印花税。在收益分配环节，信托向受益人分配收益时不会代扣代缴，按理应该由受益人自行申报纳税，但在实践中个人获得信托收益不会申报和缴纳个人所得税。如果不设立信托，根据我国目前税收制度，对个人非营业用房产免房产税和城镇土地使用税。但是房屋出租需要缴纳增值税、城市维护建设税、教育费附加及地方教育附加、印花税，出租房屋的收益还需要缴纳所得税。以上使信托在所得税方面起到了税筹的效果。

在信托终止阶段，信托需要缴纳增值税、土地增值税（信托不属于免税范畴）、印花税，受益人或第三人需要缴纳契税和印花税。如果是信托处置信托财产给第三人，还可能需要缴纳所得税。

鉴于我国目前尚未实施遗产税和赠与税，根据当前的税收规定，房产在家庭成员间的赠与以及继承行为，无须承担个人所得税、增值税、土地增值税及契税等税负。因此，从税收方面来讲，家族信托相较于其他财富管理工具的吸引力有所降低。

但是家族信托可以解决更复杂和个性化的家庭需求。例如，当子女存在智力障碍并希望房产可以长久传承时，通过设立不动产家族信托，可以解决特殊需要人群日常照护问题；当担心子女在继承房产后会出售并过度挥霍时，通过设立不动产家族信托，可以为他们提供稳定的生活保障；当企业家或者其家族成员要对家族企业承担连带担保责任时，在此之前设立不动产信托，可以起到风险隔离的作用。

（二）客户服务和产品体系更加完善

在财富管理领域，信托公司持续完善财富管理服务体系，丰富财富管理信托应用场景，可以置入信托的财产将更加多样化。比如，平安信托的财富管理服务信托包括但不限于保留投资权信托、股权家族信托、不动产家族信托、艺术品家族信托、特殊需要信托、遗嘱信托、外籍受益人信托等，可以根据客户的需求设定不同的分配条件与周期，为客户提供灵活多样的分配和传承方案，满足客户子女教育、婚育祝福、事业发展、医养安排、财富传承、特殊关爱等。

此外，信托公司还通过与其他金融机构合作不断完善服务和产品矩阵。目前，部分信托公司可以为客户提供保险、资产配置、信托架构、跨境资产管理等一揽子综合性金融服务解决方案。

在养老服务方面，信托公司一方面利用信托账户的定向支付功能和架构优势，与养老服务机构对接，实现养老费用的代为转付和结算。比如，北京信托联合大家集团旗下养老板块推出"直付养老社区"服务信托业务，通过整合"信托＋保险"打通用信托工具直接支付养老费用的通道。另一方面通过研发期限匹配、表现稳健的金融产品，为养老资金提供保值增值服务。比如，上海国际信托正在研发稳分红、长久期、低门槛并带有传承、分配属性的养老信托专属产品，与超长封闭期、即期现金流不足的其他养老产品形成差异互补。

在特殊人群照护方面，年内多家信托公司通过发挥信托制度优势，设立特殊需要信托，帮助家庭解决特殊需要人群的照护问题。一方面，通过设立特殊需要信托账户，解决特殊需要人群资金安全与定向支付难题。另一方面，统筹各类服务机构资源，按照"专业人做专业事"分工，为受益人提供基于全生命周期生活场景的康养服务。例如，在无锡市民政局的见证下，国联信托与某孤独症患者家庭成员签署了"恒心24001号"特殊需要信托合同，首创"信托架桥、政府兜底"的特殊需要信托运作模式。

在法人和个人财富管理服务信托方面，华能信托、华宸信托和五矿信托分别推出员工激励服务信托、薪酬延付服务信托和薪酬福利服务信托。云南信托联合兴业银行推出海纳佳才·兴承世家财富管理服务信托，进军高净值家庭看重的教育细分领域。

表3-1为财富管理信托最新动态。

表 3-1 财富管理信托最新动态

业务类型	信托公司	业务内容
家族信托/ 保险金信托/ 家庭服务信托	中信信托	与中信证券联合推出"信福传家·家庭服务信托2.0"。信托财产除资金外,还可放入准入的保单,受益人也可用信托分配的资金缴纳保费
	平安信托	构建"保险金信托+家庭服务信托+家族信托"财富管理服务信托服务体系。推出家庭服务信托品牌——平安明睿家庭服务信托。财富服务信托重点关注"1+N"服务能力以及"高效运营能力"的打造。"1"代表投配能力,"N"是指养老、医疗、教育、特殊关爱等非金融服务
	中诚信托	积极推进家族信托、家庭服务信托、保险金信托、特殊需要信托等财富管理服务业务发展。3月,协同人保寿险推出全新保险金信托服务品牌——"时光诚诺"
	中原信托	打造包含"恒业"系列家族信托、"恒睿"系列家庭服务信托、"恒远"个人财富管理信托、"恒爱"系列保险金信托等在内的财富管理服务信托体系。打造"1+1+N"资产配置服务体系,以客户为中心,以"专属理财师+定制化资产配置方案+多元化服务"为模式,为客户提供专属资产配置服务和高端增值礼遇的尊享服务
	上海国际信托	香港子公司上信信托"离岸信托"牌照获批,由跨境资产管理的1.0时代迈向财富管理和资产管理综合跨境服务的2.0时代
	西部信托	嘉和系列家族信托对委托资产类型、传承方案、受益人机制、分配计划以及设置监察人等方面均进行了升级优化,个性化定制涵盖特殊关爱人群、外籍人士、家族宪章等
	中航信托	与中航证券携手推出"龙吟——航嘉"财富管理服务信托品牌,并落地家庭服务信托
	昆仑信托	财富管理中心家族信托办公室设立"昆仑长承福002号家族信托",项目为双委托人(母女二人),分别将持有的定额终身寿险、增额终身寿险和年金险等人寿保单置入信托,并配置部分现金进行保值增值,信托目的是子女教育、财富传承及父母养老等
	华鑫信托	西北业务总部成立"昆仑中意财富臻传043号保险金信托",信托规模114.1万元,产品具有双重保障、财富传承等特点
	爱建信托	"鑫合"系列标准化的家族信托方案和"鑫传"系列定制化家族信托方案
		首单"美籍受益人家族信托"

续表

业务类型	信托公司	业务内容
特殊需要信托	昆仑信托	落地首单特殊需要信托，失能失智人员及其亲属作为委托人，保障该失能失智人员生活、安养照护、医疗或其他照护需求，同时保障失能失智人员的财产安全及专款给付
	上海国际信托	"上海国际信托信睿系列·臻鑫1号特殊需要服务信托"。用"一个特殊需要信托账户"，广域连接生活照料和监护、财产管理和继承、养老规划和服务等生活场景及服务提供方
	紫金信托	首单特殊需要服务信托——"守护1号"，保障受益人医疗、康复、日常生活照料等方面的综合需要
	国联信托	在无锡市民政局的见证下与某孤独症患者家庭成员签署了"恒心24001号"特殊需要信托合同，首创"信托架桥、政府兜底"的特殊需要信托运作模式
	中诚信托	落地首单特需家庭综合保障计划，为心智障碍群体家庭构建综合保障机制，通过一揽子方案解决父母不在后心智障碍孩子的照料问题
养老服务信托	陕国投信托	"合通"系列养老服务信托。以金融资产600万元为起点，将委托人交付的现金或非现金财产进行专业化管理，以财产增益解决老人体检、医疗等养老痛点，同时兼具财富管理服务信托的财产传承功能
	国通信托	福瑞安心养老服务信托品牌。落地首单养老服务信托，为委托人及其家人提供全生命周期的养老规划服务
	西部信托	与陕投集团旗下陕投康养公司，成功落地以养老为场景的家庭服务信托——"西部信托·康享系列家庭服务信托"
	北京信托	联合大家集团旗下养老板块合作推出"直付养老社区"服务信托业务，通过整合"信托+保险"打通用信托工具直接支付养老费用的通道
	中粮信托	方禾养老信托。围绕银发群体养老生活需求及中粮特色，基于专业能力，汇聚优质资源，通过四位一体的养老规划服务，提供一站式、全方位的信托守护
	交银国信	"颐养有道，信守未来"养老服务信托。通过建立智能信托账户，增加养老分配场景、融入养老保险受益权、配置养老金融产品、达成养老社区直付，为其本人及家庭提供全生命周期养老服务

续表

业务类型	信托公司	业务内容
个人财富管理服务信托	云南信托	联合兴业银行推出财富管理市场首个教育服务信托产品——海纳佳才·兴承世家财富管理服务信托
	华宝信托	针对金融资产600万元至1000万元的高净值客户，设立"华宝信托安仁-思睿1号个人财富管理信托"
	上海国际信托	"睿思系列"个人财富服务信托。委托人通过专属的"信托账户"，可了解所持资管产品组合的表现及信息披露，还可在事先授权的前提下以账户闲置资金自动认购现金管理类产品
法人/非法人组织财富管理信托	五矿信托	五矿信托·薪矿神怡4号薪酬福利服务信托（员工风险递延金方向），依托薪酬福利服务信托系统，从账户管理、财产保管、信托利益分配、闲置资金运用、信息披露等方面提供系统化、全方位以及定制化的服务支持
	昆仑信托	昆仑中油中泰法人财富管理信托，首期规模9000万元
	华能信托	华能信托·亨通光电员工激励服务信托增持亨通光电34.59万股股票，占总股本比例为0.01%，变动后持有556.52万股，占总股本比例为0.23%
	浙金信托	与财通证券联手落地公司首单投顾型上市公司财富管理服务信托
	华宸信托	为内蒙古自治区银行业设计薪酬延付服务信托
	华宝信托	成功设立行业首单差旅业务信托

（三）资产规模跃上万亿元新台阶

中国信托业协会的最新数据显示，截至2024年第二季度末，信托资产规模余额为27万亿元，较2023年末增加3.08万亿元。我们通过公开渠道整理了9家信托公司最新财富管理服务信托规模，最新数据显示，2024年这些公司新增的财富管理服务信托规模达到1560亿元，结合2023年末数据，预计2024年末财富管理服务信托规模突破万亿元。

截至2024年12月末，平安信托财富管理服务信托存续规模高达1930亿元。其中，2024年6月末，平安信托的保险金信托业务规模就已突破1300亿元大关。截至2024年11月末，上海国际信托家族信托累计成立近10000单，业务规模接近800亿元；山东国信家族信托管理规模突破500亿元，累计设立家族信托、家庭服务信托、保险信托等各类业务规模超4600单。截至2024年末，光大信托家族信托业务累计规模超200亿元。

还有一些信托公司财富管理服务信托处于探索阶段，但增长较快。比如，截至2024年6月末，西部信托的家族信托和保险金信托总规模达到33亿元；截至10月底，家族信托业务的存续规模较年初增长超260%。昆仑信托2024年上半年家族信托业务项目新增32个，新增规模是上年同期的3倍。

表3-2为部分信托公司财富管理服务信托最新规模。

表3-2 部分信托公司财富管理服务信托最新规模　　　　单位：亿元

信托公司	2023年	2024年	2024年新增	截止时间
平安信托	1492	1930	438	2024年12月末
建信信托	1300	1600	300	2024年12月中
外贸信托	800	—	—	2023年末
中航信托	710	—	—	2023年末
中信信托	700	—	—	2023年末
五矿信托	605	740	135	2024年7月末
华润信托	—	450	—	2024年2月末
上海国际信托	400	800	400	2024年11月
华宝信托	400	500	100	2024年4月末
山东国信	389	500	111	2024年11月末
国投泰康信托	350	452	102	2024年6月末
光大信托	—	200+	—	2024年末
西部信托	—	33	—	2024年6月末
昆仑信托	5	13	8	2024年10月末

（四）金融科技运用领域不断拓展

信托公司由"融资+通道"业务向"资产服务信托、资产管理信托、慈善信托"转变，离不开数字力量的支撑。

部分信托公司正在构建"数字化中台"。在数字化中台建成后，通过对海量数据进行处理和分析，可以为业务决策提供支持，并发现业务流程中的瓶颈和问题，从而优化业务流程；通过对客户数据进行深度挖掘和分析，构建客户画像，可以实现精准营销。目前，兴业信托数字化中台的架构已经初具雏形，外贸信托也将以"中台思维"打造可复用的数据、技术和业务能力体系，"以点成面"建设数智化核心平台。

部分信托公司正在开发自己的"数字员工"。比如，中建投信托开发的数字化机器人可以替代员工完成高重复、标准化、规则明确、大批量的各类日常工作。昆仑信托推出了数字员工"昆小信"，通过模拟人工操作和图像识别等技术，可以替代公司职工执行日常工作，降低了人力成本，减少了人为错误。

部分信托公司正在打造"数字集控中心"和"智慧自助双录系统"。"数字集控中心"可以实现对异地业务和分散底层资产的现场实时管理，开展风险早期预警和远程处置。"智慧自助双录系统"可以确保交易过程的透明性和可追溯性。同时，能提供客户行为分析、产品推荐等服务，帮助信托公司优化服务策略，提升客户满意度。

部分信托公司正在构建贯穿事前、事中、事后全流程，一体化的风险管理体系，做到对各类风险隐患的早识别、早预警和早处置。比如，爱建信托自主研发一整套基于数字化的风控系统平台，包括RCS决策引擎、CIS信源整合平台等，用于线上各类业务的风控策略部署，进而构筑强大完善的风控防火墙。

二、资产证券化服务信托价值链升级

信托三分类新规征求意见稿将资产证券化服务信托作为资产服务信托的专项列出，成为信托公司业务转型的重点方向之一，既符合信托服务实体经济，又可回归信托本源。

截至2024年12月底，国内共发行资产证券化产品1.4万个，发行规模19.0万亿元。其中，2024年共发行资产证券化产品2075个，发行规模2.0万亿元，较2023年的1798个和1.87万亿元分别增长15.41%和6.95%。

2024年，有39家信托公司作为发行人、原始权益人或者发起机构/计划管理人参与资产证券化项目1045个，项目规模9858.32亿元，分别较上年增长33.29%和19.57%。规模排名前5的机构分别是外贸信托、华能贵诚信托、国投泰康信托、建信信托和上海国际信托，占行业的54.29%，集聚效应明显（见图3-1）。

（一）参与的企业ABN规模和占比提升

2024年，有17家信托公司参与发行信贷ABS，比2023年同期减少2家；

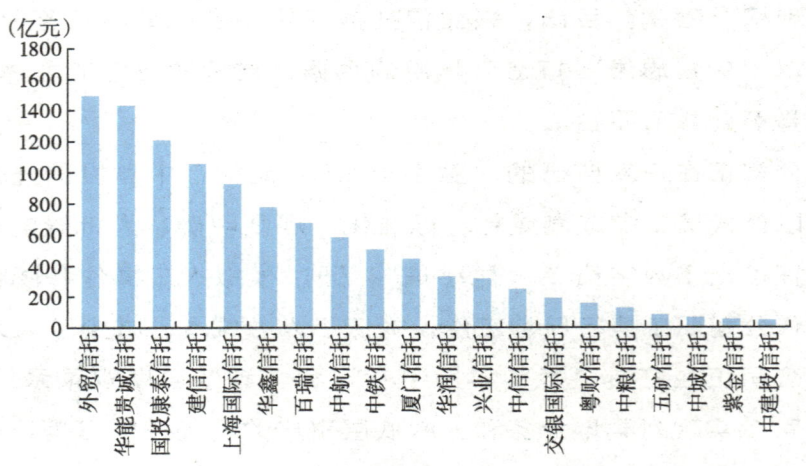

图 3－1　2024 年信托公司资产证券化业务 TOP20

参与发行项目 193 个，发行规模 2703.79 亿元，较 2023 年同期的 3485.19 亿元减少 22.42%；占信托公司资产证券化总规模的 27.43%，较 2023 年同期下降 15.05 个百分点。排名前 5 的公司分别是建信信托（974.29 亿元）、上海国际信托（473.54 亿元）、外贸信托（380.54 亿元）、华能贵诚信托（229.91 亿元）和华润信托（113.95 亿元）。

2024 年，有 33 家信托公司参与发行企业 ABN，较 2023 年减少 4 家；参与发行项目 565 个，发行规模 5179.23 亿元，较 2023 年同期的 3210.12 亿元增长 61.34%。排名前 5 的公司分别是华能贵诚信托（669.38 亿元）、国投泰康信托（700.33 亿元）、百瑞信托（542.28 亿元）、中航信托（465.51 亿元）以及华鑫信托（454.94 亿元）。信托公司参与企业 ABN 规模占信托公司资产证券化总规模的 52.54%，较 2023 年同期提升 13.35 个百分点。

2024 年，有 15 家信托公司作为原始权益人/发行人参与企业 ABS 业务，较 2023 年增加 4 家；参与发行项目 290 个，发行规模 1975.53 亿元，较 2023 年同期增加 27.84%。企业 ABS 规模占全部资产证券化产品规模的 20.04%，较 2023 年同期提升 1.20 个百分点。

图 3－2 显示，相比 2018 年，2024 年信托公司资产证券化业务结构优化明显。

（二）价值链向全链条服务模式转变

2024 年，信托公司在资产证券化业务中实现了价值链升级。以往，信托公司多作为通道化的角色参与资产证券化业务，在业务链条中的参与度相对较

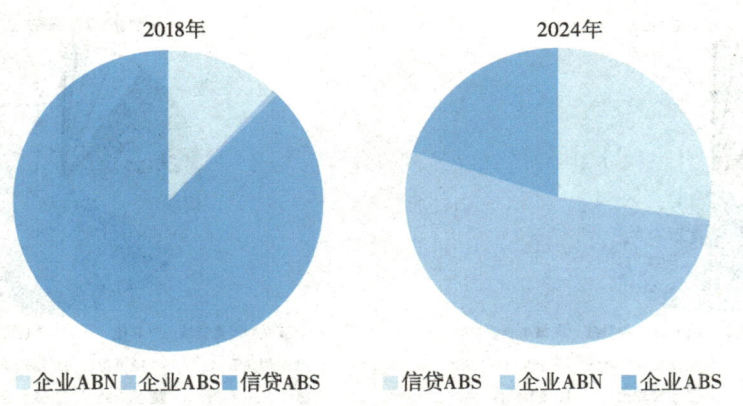

图 3-2 2018 年和 2024 年信托公司资产证券化业务结构对比

低,获得的业务报酬率也不高。2024 年这一状况有了明显的改变。以福州奇富网络小额贷款有限公司的"奇诚 2024-1"项目为例,华能贵诚信托不仅担任了计划管理人,还担任了承销商。这预示着部分信托公司已经由单一的、被动的角色,逐渐向全方位参与业务的主动管理者转变。

另外,2024 年有 7 家信托公司作为发起机构发行了 200 款企业 ABN,规模高达 1648.7 亿元。相比之下,2023 年仅有上海国际信托 1 家作为发起机构发行了企业 ABN,规模仅为 5 亿元。

上述案例表明,在资产证券化业务中,信托公司正在由传统的、以通道为主的业务模式,向"资产形成—受托服务—承销—投资"的全链条服务模式转变。这种全链条的服务模式,不仅要求信托公司具备更强的资产管理能力、风险控制能力和市场洞察力,还要求其能够与其他金融机构、企业和投资者建立更为紧密及深入的合作关系。

(三)基础资产以消费金融为主

从基础资产分布情况来看,规模上,信托公司参与项目的基础资产多集中在互联网消费贷款、汽车抵押贷款和微小企业贷款等消费金融领域。其中,涉及互联网消费贷款 1573.88 亿元,汽车抵押贷款 1296.68 亿元,微小企业贷款 787.50 亿元。上述三项合计达到 3658.06 亿元,占比达 37.11%。数量上,信托公司参与的项目主要是互联网消费贷款、不良资产重组、应收账款。其中,涉及互联网消费贷款产品 216 款,不良资产类产品 130 款,应收账款 66 款。上述三项合计达到 412 款,占比达 39.42%(见图 3-3)。

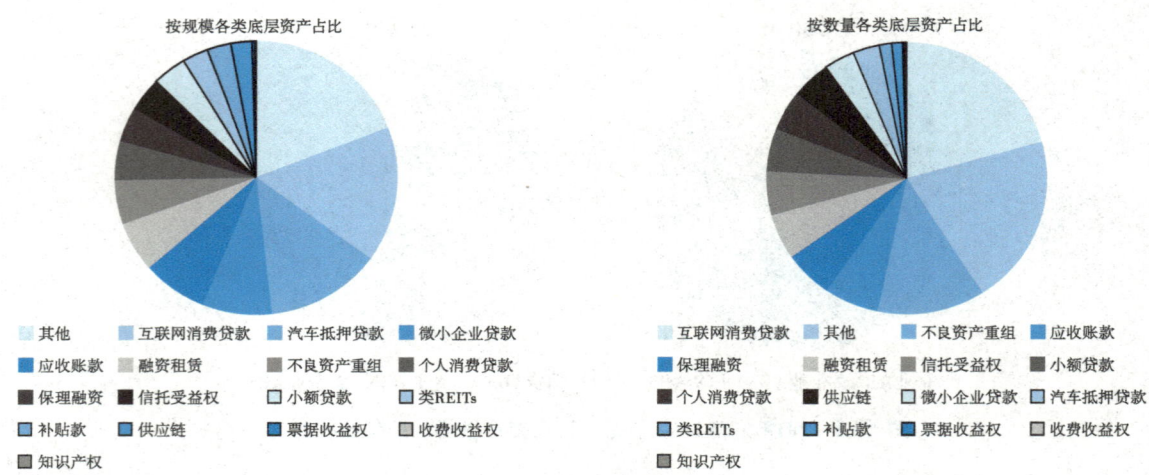

图 3-3　信托公司资产证券化底层资产类型

三、参与风险处置服务信托业务模式更加丰富

风险处置服务信托因受托规模大、周期长、收入回报稳定，成为信托公司快速提升信托资产规模的重要业务板块。据不完全统计，2024 年，中信信托、建信信托、外贸信托、中诚信托、重庆信托、华宸信托、云南信托、昆仑信托、国民信托近 20 家公司开展了风险处置服务信托。

信托公司开展风险处置服务信托主要有以下模式：一是信托公司作为企业破产服务信托的受托人，利用信托制度的财产独立与风险隔离优势，为企业的破产重整提供专业的财产受托服务。信托公司主要承担受托管理和事务管理工作，角色定位较为单一，业务收费议价空间十分有限。二是信托公司作为受托人，通过设立企业市场化重组服务信托，为面临债务危机、拟进行债务重组或股权重组的企业提供受托服务，助力企业盘活存量资产。比如，2023 年，在上海董家渡项目中，中信信托作为参与方之一，通过设立企业市场化重组服务信托，促使该地产项目快速重整盘活。再如，2023 年 10 月，建信信托成立"彩虹 7 号信托计划"。这种模式需要信托公司建立可行的业务流程和工作机制，对目标企业的市场化重组价值作出正确判断。三是通过共益债或者作为重整投资人参与破产重整项目，为项目注入流动性，化解项目风险，并从中获得较高的投资收益。这种模式对信托公司专业性和股东背景要求较高。

2024 年，信托公司参与企业破产重整项目的主要业务模式是成立企业破产服务信托与共益债投资。

（一）为破产重整企业/项目提供财产受托服务

1. "存续式重整+企业破产服务信托"

2024年6月，新光控股管理人提交重整计划（草案），在该计划中，一部分由管理人继续处置，依法及时分配；另一部分通过时间换空间，由重庆信托作为受托人，设立"重庆信托·新光控股企业破产服务信托计划"，新光控股等35家企业作为委托人，将35家企业资产及SPV公司100%股权作为信托财产委托信托公司设立信托计划，债权人作为受益人，通过受托人及聘请的资产管理服务机构的管理和运营实现资产价值最大化，提高债权清偿率。

比如，在祥光铜业等19家公司的重整案例中，云南信托与昆仑信托组成的联合体被法院裁定为信托受托人。为执行重整计划，新凤祥集团100%股权被登记在云南信托名下，设立了"祥光铜业1号重整服务信托"；重整后的新祥光铜业33%的股权被作为信托底层资产，间接由昆仑信托持有，设立"祥光铜业2号重整服务信托"。

表3-3汇总了其他存续式重整+企业破产服务信托项目。

表3-3 存续式重整+企业破产服务信托其他项目

信托公司	业务内容
国民信托	成立"凤凰13号""凤凰16号"，前期以重整标的拟剥离资产为底层资产成立信托计划，使企业轻装上阵，快速恢复正常的生产活动
中诚信托	设立服信1号。债务人以其部分资产作为信托财产设立信托计划，以信托受益权的获得定向向特定债权人偿付债务
金谷信托	以市场化方式中标湖南泰富重装集团等6家关联企业破产重整服务信托，信托底层财产为湖南泰富重装集团等6家关联企业的应收账款、现金资产，信托目的为以信托份额向债权人进行补充清偿
华宸信托	成立华宸信托·高悦商贸（内蒙古电建）破产服务信托

2. "出售式重整+企业破产服务信托"

2024年12月，东方园林与中信信托、外贸信托等签署信托合同、股权转让协议等文件。中信信托和外贸信托共同作为东方园林破产重整受托人，参与东方园林破产重整。在重整方案中，东方园林将新设一家平台公司，通过资产重组，将非保留资产直接或间接地交付至平台公司，并由东方园林作为委托人，以持有的平台公司100%股权及对平台公司的债权作为信托财产，设立一号信托。中信信托代表一号信托再以持有的平台公司20%股权及对平台公司的债权设立二号信托。其中，中信信托代表一号信托负责信托受益权登记及管理、分配信托利益、向受益人进行信息披露等工作；外贸信托代表二号信托根据信托合同的约定负责对平台公司处置底层企业及底层资产进行监督。

比如，2024年12月傲农生物发布破产重整计划。根据计划，因待处置资产构成情况复杂，短期内处置变现难度较大，为避免偿债资产因快速变现而价值贬损，傲农生物拟剥离资产委托设立信托计划。根据重整计划，中诚信托被选为抵债信托的受托人，成立中诚信托服信二号服务信托。

3. "破产清算+企业破产服务信托"

2024年5月，昆仑信托成立"昆仑信托·华信证券固有服务信托"和"昆仑信托·华信证券资管服务信托"，协助清算组加速推进华信证券清算工作。两个信托成立后，委托人将华信资本公司100%股权和法院判决债权委托昆仑信托持有，华信证券名下再无任何资产和负债，可以予以注销，实现法院裁定的强制清算目标。华信证券清算组继续存在，实际承担资产管理的职责。华信证券的股东和华信证券资管计划的委托人分别成为两个信托的受益人。

4. "债转股+企业破产服务信托"

2024年12月，国民信托作为受托人成立了"国民信托·凤凰15号国安化工重整信托计划"，为中信国安化工等11家公司提供了合并重整服务。根据重整方案，债权人普通债权金额超过20万元的部分将注入信托计划，实现等额转股，通过信托计划下设的持股平台公司间接持有中信国安化工股权，并享有重整主体的运营收益。国民信托作为受托人通过持股平台行使中信国安化工的股东权利。

（二）作为共益债投资人或重整投资人为项目提供流动性

除了传统模式的非核心资产受托管理，2024年，风险处置服务信托业务中"重整+共益债投资"等新模式也越来越多。作为一种享有法定优先权、风险相对可控的新型投资方式，共益债投资备受信托公司的青睐，但是这类模式对专业性和股东背景要求较高。

例如，爱建信托作为共益债投资人和受托人参与重整计划。一方面，引入"爱建信托－重塑9号资产管理信托计划"作为共益债投资人，通过"预重整+重整"方式助力"佳源华府"项目重新复工；另一方面，通过设立服务信托，将部分难以处置的资产剥离出来，以时间换空间为这部分资产争取更多的增值空间，并实现风险隔离，以最大限度保障债权人的利益。

再如，2024年9月，外贸信托被选为傲农集团重整投资人之一。根据傲农生物重整计划，偿债现金一方面来源于傲农生物经营收入，另一方面来源于重整投资人受让转增股票所支付的现金对价（傲农生物10.05亿股转增股票将以1.70元/股由重整投资人有条件受让）。

表3-4列举了信托公司作为"重整投资人+共益债投资人"的其他项目。

表3-4 信托公司作为"重整投资人+共益债投资人"的其他项目

	信托公司	业务内容
共益债投资人	中信信托	设立"中信信托·信瑞6号企业破产服务信托项目"，通过信托计划向重整企业发放共益债贷款，资金专项用于南宁市核心商业地标信和广场的续建与开业保障，成功救助了五象航洋城购物中心
	中信信托	面对"中信阳光城溪山悦信托"14.7亿元项目延期的情况，中信信托动用固有资金，向地产项目公司发放了不超过1.5亿元的纾困贷款，专项用于"梵悦108"项目装修改造工程，期限不超过12个月（自发放之日起算），年利率为6.2%（利随本清）
	中信信托	中国中信金融资产广东分公司联动中信信托设立企业破产服务信托，通过"共益债+重整投资"的纾困方案，对某大型石化集团实施纾困盘活
	建信信托	联合中国东方运用"重整投资+信托"助力项目风险化解，中国东方作为共益债出资人，建信信托在重整计划中作为受托人
	浙金信托	浙金信托设立一单房地产共益债，项目纾困对象为重庆江津鹭湖长岛项目二期。该项目通过浙金信托与国企施工方成立联合体，国企施工方作为总包方，浙金信托以共益债形式提供后续开发建设资金，使项目逐步实现正常化运营
重整投资人	外贸信托	设立"外贸信托-玄武16号-中化现代农业产业投资集合资金信托计划"认购步步高股份根据重整计划转增的部分股票
	外贸信托	作为傲农生物重整投资人，指定"玄武13号""傲创致和1号""雅温春芽"作为投资主体，认购傲农生物通过资本公积金转增的股本
	重庆信托	金科股份与5家财务投资人签署重整投资协议。重庆信托作为重整投资人之一，成立"重信·开阳24015·煜泰9号集合资金信托计划"参与投资

鉴于风险处置服务信托的参与门槛相对较低，且能迅速扩大信托公司的资产管理规模，同时该业务模式具有高度的可复制性，信托公司将其视为转型的关键着力点。据统计，2024年云南信托已成功开展了超过7项破产重整服务信托，国民信托管理的重整服务信托资产规模接近1000亿元，而交银国信目前存续的破产重整服务信托项目有3个，存续规模超过600亿元。外贸信托为上市公司重整重组领域提供综合信托服务的规模达400亿元。

不过，信托公司不应盲目跟风，是否适合开展该业务，还要看自身的公司战略、组织架构、人才配置、信息技术等能力禀赋。例如，那些长期致力于服务类业务、已建立完备运营清算体系的信托公司，能够为受益端、信托端和资产端提供卓越的运营质量和效率保障。此外，在竞标过程中，管理人高度关注信托公司的过往经验，那些拥有丰富经验的头部信托公司在竞标中往往具有显著优势，进一步加剧了市场分化，使强者越发强大。

四、行政管理服务信托创新业务多点开花

（一）预付类资金服务信托服务场景扩围

在信托业务新分类的政策指引下，2024年信托公司积极探索预付类资金服务信托。

在房地产交易以及物业管理和服务领域，8月，华润信托落地首单聚焦物业服务领域的预付类资金服务信托。10月，中粮信托落地首单物业服务信托；五矿信托落地"五矿信托——五好家庭社区账户服务信托"，为社区业主客户提供社区周边商户日常消费及预付类消费的服务及权益保障。中航信托落地智慧停车楼行政管理服务信托，作为独立第三方为智慧停车楼的建设、运营及退出提供资金端的运营托管、账户管理、交易执行、份额登记、会计估值、资金清算、执行监督、信息披露等行政管理服务；针对二手房交易资金的监管，推出"双受托制房屋交易保障服务信托"，由买方作为委托人，将交易资金（如定金、首付款、保证金等）委托至服务信托进行交易资金的监管。中原信托落地装修行业预付类资金服务信托，装修款通过中原信托"豫付通"，进行免费的预付资金监管，后续按照合同约定的施工进度节点，如装修开工、水电完工、泥工完工、油漆完工、装修竣工等，逐笔核销划付至装修公司。

其他领域，天津信托围绕老年人群体的切身需求，成功落地颐养天和系列预付款养老服务信托，系天津地区首单养老保障功能的预付类资金服务信托。

交银国信落地全国首单高速公路 ETC 预付类资金服务信托。

目前，预付资金服务信托应用场景已经从单一校外培训机构扩展到体育健身、商超预售、美容美发、智慧停车楼、物业管理、差旅管理、养老保障、房屋交易、房屋装修、高速公路 ETC 等多个服务场景。目前，山东、天津、南京、苏州、无锡等地均在积极探索和布局信托模式下的线上预付式消费管理服务平台系统，以实现预付资金监管"一网通"，保障消费者权益。不过，配套政策支持仍需进一步完善。

（二）担保品服务信托为企业融资提供便利

2024 年 6 月，昆仑信托设立"昆仑电力绿能 2 号行政管理服务信托"，昆仑信托作为受托人为委托人寻找绿证卖家，经项目组充分市场调研，最终促成委托人与绿证卖家顺利完成绿证交割。

7 月，外贸信托落地首单担保品服务信托。信托公司作为受托人可按照交易文件约定提供担保物的管理，将信托公司在资产管理信托中沉淀的另类资产管理能力嫁接到服务信托中，更好地发挥融资主体和债权人之间的沟通纽带作用，有效增强金融机构对中小企业等"弱主体"的"强资产"的融资信心。

9 月，百瑞信托协助五凌电力以其合法持有的知识产权在特定期间所产生的现金流作为基础资产，设立公司首单担保品服务信托。

10 月，农业银行深圳分行选择深圳本地一家科技创新企业作为合作方，由华润信托担任受托人，协助企业以优质资产设立担保品服务信托，助力企业在农业银行获得融资。

（三）其他行政管理服务信托取得突破

2024 年 1 月，中航信托成立"天岚 23A007 号中小水电站服务信托"，由水电站股东作为委托人，某金融机构作为受益人，中航信托作为受托人。公司受托管理的信托财产为目标公司 100% 股权，按约定提供行政服务，以此达到将目标公司股权与租赁物资产及权益进行风险隔离的目的。

7 月，北方信托以天津科技大学的 36 项专利权作为基础资产，设立天津科技大学——生物菌株及生产工艺知识产权服务信托。2024 年，北方信托设立了业内首个专注于知识产权信托的业务部门，已开发并落地 2 单知识产权服务信托。除北方信托外，年内还有多家信托公司在知识产权信托方面有新的动向。例如，华润信托以知识产权信托为抓手，助力科技创新企业发展新质生产力，截至 2023 年末，公司已参与发行的知识产权资产证券化产品规模合计 22.61 亿元。截至 2024 年上半年末，中诚信托已落地 4 单知识产权服务信托业务。

11 月，苏州信托首单数据信托"苏信服务·数信 1 号数据信托"正式设立，这是全国范围内首单物流板块的数据信托。在此项目中，苏州得尔达国际物流有限公司在建设"得尔达跨境贸易全链路协同中心"项目期间形成的数据，通过"苏信服务·数信 1 号数据信托"，实现了由数据要素向数据资产的蝶变。

第二节 资产管理信托业务结构优化调整

2024 年，国内经济面临外部环境变化和内部经济结构调整的双重压力。对外，全球经济复苏乏力，单边主义和国际贸易保护主义盛行，地缘政治不确定性增加。对内，国内人口老龄化加剧，居民消费意愿不强，政府债务水平高企，房地产市场持续调整，抑制市场主体投资意愿；新动能、新业态、新经济尚处于培育期，难以弥补传统经济的下滑态势，中国经济的韧性备受考验。

2024 年，全行业发行资产管理信托 32649 只，较 2023 年有所下滑；发行规模 14922 亿元，较 2023 年回升。资产管理信托市场呈现以下变化趋势：一是资产管理信托处于"非标转标"的过渡时期，信托公司对非标依赖程度依旧较高，但标准化资产管理信托占比持续提升。二是房地产行业处于深度调整期，信托公司对于地产项目保持审慎，仅有部分信托公司对房地产项目纾困、安置房建设等政策导向较为明确的方向进行展业，房地产资产管理信托规模持续下行。三是地方化债加码以及城投"退平台"持续推进，基础产业信托的展业难度逐渐加大。四是在信贷资产收益权转让业务和消费金融业务的带动下，金融类资产管理信托成立规模增加。五是在政策利率下调、社融成本下行的大背景下，信托投资者调低收益预期，非标资产管理信托预期收益率持续走低。

一、资产管理信托产品[①]规模触底反弹

（一）资产管理信托产品发行成立情况

从信托产品供给角度来看，2024年有58家信托公司发行资产管理信托产品32649只，发行信托规模共计14922亿元，平均每只信托产品规模为0.46亿元，平均期限约为1.45年，平均年化预期收益率约为5.72%。从产品需求角度来看，2024年有53家信托公司成立资产管理信托产品25791只，成立信托产品规模共计9436亿元，平均每只信托产品规模为0.37亿元，平均期限约为1.44年，平均年化预期收益率约为5.79%。详见图3-4。

与2023年相比，2024年资产管理信托产品发行和成立规模增长，发行和成立数量减少，预期收益率呈下降态势，单只产品平均募集规模大幅增长，产品期限变化不大。具体来看，2024年，资产管理信托产品发行和成立数量同比增速分别为-3.71%和-7.24%，发行和成立规模同比增速分别为27.94%和24.22%，单只信托产品的平均规模增速为32.77%，发行产品平均年化预期收益率较2023年末下降0.81个百分点。

从近5年数据来看，资产管理信托产品发行和成立规模在2024年触底回升，产品发行和成立数量低于2021年与2023年，产品收益率持续下滑。一是因为房地产行业处于深度调整期，房地产企业风险频发，信托公司对于地产项目保持审慎，房地产领域信托产品发行数量和规模持续下行。二是地方债以旧换新，以及监管层持续推动城投"退平台"，城投对非标融资需求降低，基础产业信托的展业难度逐渐加大。但是，由于债券牛市以及10月股市反弹，投资者信心增强，资本市场活跃度提升，信托公司积极布局标品信托，信贷资产收益权转让业务和消费金融业务带动金融资产管理信托大幅增加。

如图3-5所示，从各月信托产品发行情况来看，2024年各月资产管理信托产品发行数量均在2000只以上。由于6月监管层要求全面暂停第三方代销业务，除2月受春节假日等因素影响外，上半年发行数量明显多于下半年。12月，因年末冲量，资产管理信托产品发行数量反弹，非标信托产品的平均预期收益出现翘尾行情。

[①] 资产管理信托分为标准化资产管理信托和非标准化资产管理信托。本报告标准化资产管理信托规模是指投向于证券领域的信托规模。

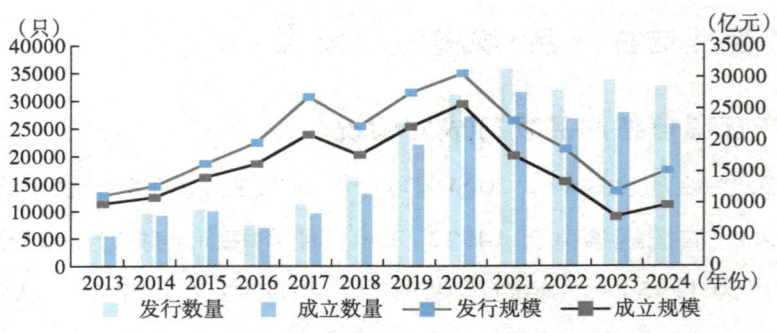

图 3-4 2013—2024 年国内资产管理信托产品发行及成立情况

全年资产管理信托产品发行规模波动较大，与 2020 年走势较为相近，但走势背后的主导因素各不相同。2024 年 2 月、10 月包含节假日，工作日减少，所以发行规模不足 1000 亿元，但是春节过后，3 月发行规模大增至 1641 亿元，为年内高点。其他月份资产管理信托产品发行规模均超过 1000 亿元。从细分业务来看，下半年因地方化债提速，监管名单之内的城投公司债务只减不增，高息非标融资严格管控，基础产业类信托资金募集大幅下滑，房地产信托受宏观政策、行业监管和市场环境等因素的约束较为明显。但是，证券投资和金融类资产管理信托发行规模显著增加，同时带动总规模触底回升。

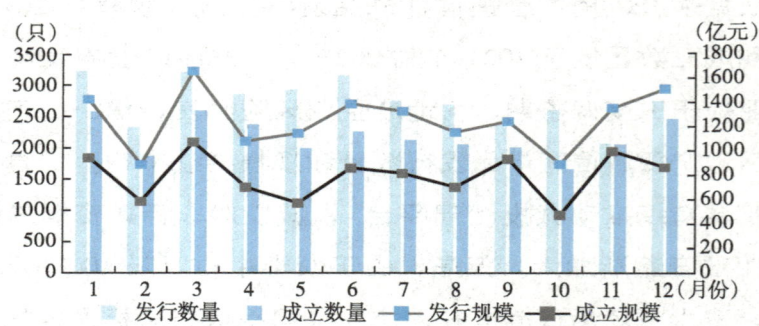

图 3-5 2024 年 1—12 月资产管理信托产品发行及成立情况

（二）资产管理信托产品资金运用以权益投资为主

针对业务分类改革，监管部门于 2023 年下发《关于〈关于规范信托公司信托业务分类的通知〉实施后行业集中反映问题的指导口径（一）》，明确提出，"信托公司开展资产管理信托业务时，要审慎开展非标准化债权类资产和未上市企业股权投资业务，要严格履行投资者适当性管理、尽职调查、风险管理、净值化管理、信息披露等资产管理受托职责，确保资产管理信托产品符合投资者风险偏好，确保投资者清晰知晓且有能力承担投资风险。资产管理信托原则上应当以组合投资方式分散风险，监管部门将完善相关配套制度，明确组合投资相关要求"。

2024年中，监管部门再度召集部分信托公司，传达包括非标信托需进行组合投资、新增固定收益类（债券投资）信托产品需用市值法估值等在内的要求。

在此背景下，越来越多的信托公司开始探索"非标+标"组合投资模式。同花顺IFIND统计数据显示，2024年1—11月，新增资产管理信托中贷款运用方式信托资金为1624.30亿元，占比为18%；证券投资运用方式信托资金为2661.97亿元，占比为30%；股权投资运用方式信托资金为93.41亿元，占比为1%；权益投资运用方式信托资金为4091.30亿元，占比为46%；组合运用方式信托资金为397.45亿元，占比为5%。以贷款、权益投资、证券投资为主要的运用方式，合计占比达94%，如图3-6所示。与2023年相比，2024年1—11月贷款、权益投资、股权投资运用方式占比有所下降，而证券投资、组合运用方式占比上升，分别升高13个百分点和3个百分点。

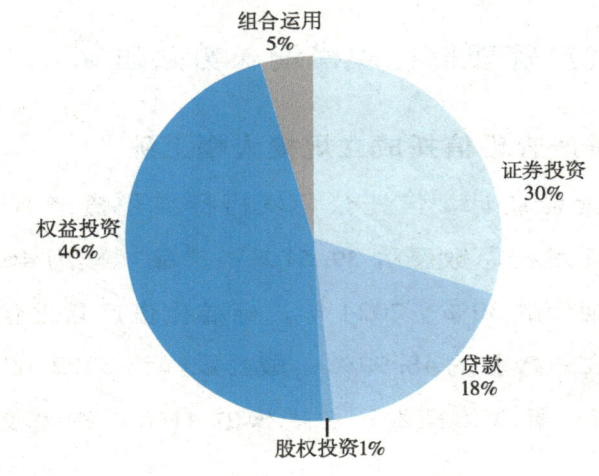

图3-6 2024年1—11月不同资金运用方式的资金募集规模占比

（三）资产管理信托产品资金主要投向金融领域

2024年，新增资产管理信托中投向基础产业的资金规模为3040.28亿元，占比为31%；投向房地产领域的资金规模为44.25亿元，占比为1%；投向金融领域（包括标品证券投资和非标消费金融等）的资金规模为5901.11亿元，占比为59%；投向工商企业的资金规模为693.91亿元，占比为7%；投向其他领域的资金规模为42.93亿元，占比为2%（见图3-7）。相比2023年，2024年投向基础产业的资产管理信托规模占比上升势头显著，上升1个百分点。投向工商企业、金融领域、房地产领域的资产管理信托规模占比小幅下滑，分别下降0.25个百分点、0.62个百分点、0.03个百分点，这与资本市场震荡、相关业务监管政策收紧和产业风险上升等有很大关系。

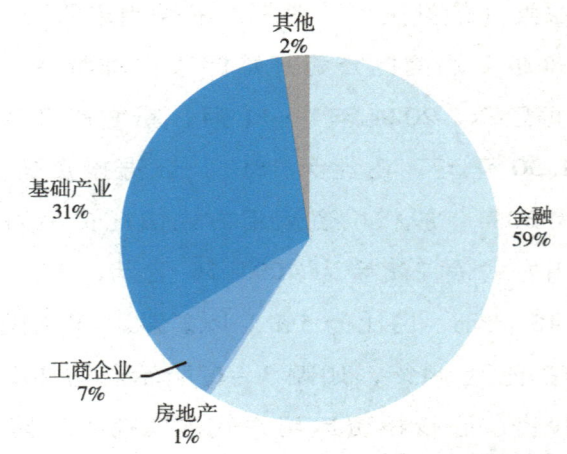

图3-7　2024年不同资金投向的信托产品资金募集规模占比

二、标准化资产管理信托规模增长势头迅猛

（一）标准化资产管理信托成立规模大幅上涨

2023年，据不完全统计，信托公司发行标准化资产管理信托产品12899只，占资产管理信托发行总数量的39.51%；产品规模为4656.71亿元，占资产管理信托发行总规模的30%。2024年，标准化资产管理信托成立12630只，占资产管理信托成立总数量的48.97%；成立规模为3322.69亿元，较2023年增长31.15%，占资产管理信托发行总规模的41%，占比较2023年有所提升（见图3-8）。

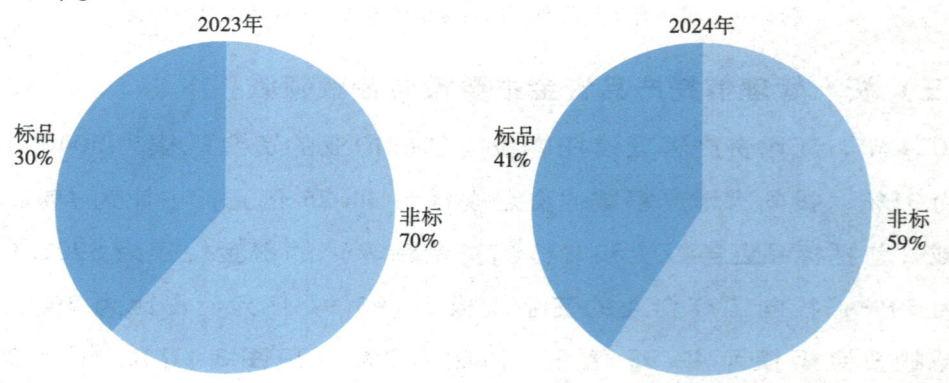

图3-8　2023年和2024年标准化资产管理信托产品规模占比

如图3-9所示，从2024年各月成立情况来看，2月、10月受节假日影响，成立规模处于年内较低水平，11月受益于10月股市反弹，投资者信心增强，资本市场活跃度提升，成立规模增长显著。其他月份成立规模比较平稳，尤其是第二季度。

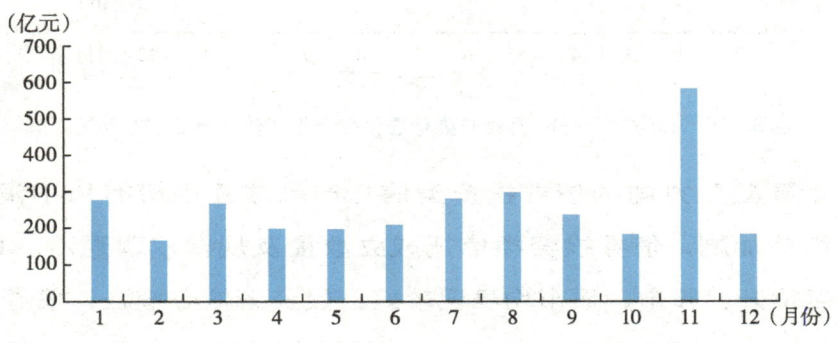

图3-9 2024年1—12月标准化资产管理信托产品成立情况

普益标准数据显示，截至2024年11月末，共有64家信托公司存续36872款标品信托产品，存续数量环比减少262款，降幅为0.71%。

其中，外贸信托存续9332款，排名第一；华润信托存续5748款，排名第二；五矿信托存续2161款，排名第三。

（二）固定收益类标品信托产品规模和数量占比90%以上

受限于投研能力不足、缺乏资本市场人才以及业务资质不全，标准化资产管理信托产品仍以固定收益类为主，固定收益类成立规模和数量占比均超90%。

1. 底层资产以债券为核心

如图3-10所示，2024年前两个月，债市持续维持牛市行情，债券类信托产品成立规模占比处于高位；3月、4月债券市场行情波动加剧，尤其是4月末央行对长债的表态冲击了市场情绪，债券类信托产品成立规模下降。5月，随着地产政策优化调整特别是国债发行计划出台等利空因素的出尽，债券投资类产品资金募集相对稳健。6月，随着权益市场大幅回调，"股债跷跷板"效应明显，债市呈现出与股市完全不同的火热场景，信用债、利率债收益率的下行幅度惊人，债牛行情持续。7月，债牛行情再度上演，带动债券投资类信托产品成立规模明显上升。8月，尽管大型银行开始集中抛售债券，债市行情出现明显调整，但是权益市场表现低迷，市场优质资产较少，债类资产仍然是目前较为优质的投资标的，债券投资类信托产品成立规模平稳。9月，在央行多次出手和"股债跷跷板"效应的背景下，债市行情承压下行，以债券等固定收

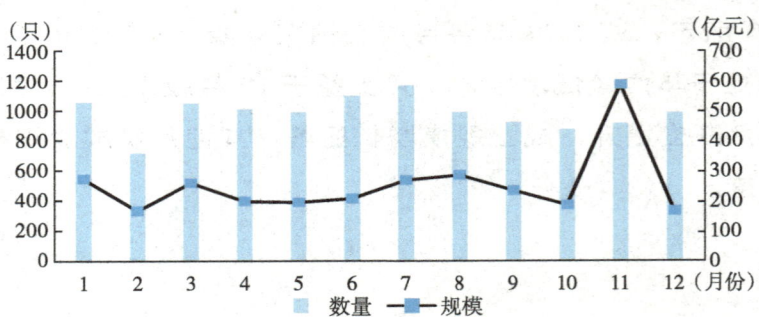

图 3-10 2024年1—12月债券类标准化资产管理信托产品成立情况

益类资产为主要配置方向的债券投资类信托产品成立规模有所下滑。10月，债市收益率震荡加剧，债券投资类信托成立数量及规模双双遇冷。11月，资本市场活跃度提升，股市、债市均表现较好，投资者信心增强，债券投资类信托成立规模环比大涨217.39%。但是，11月成立规模大涨更多是因为建信信托若干款规模巨大的债券投资类产品落地，具有较大的偶然性。12月，因当前债券到期收益率处于低位，上升压力较大，债券投资类产品成立规模与10月相当。

据不完全统计，全年共成立债券类标品信托11921只，占标品信托总数量的94.38%以上；成立规模超3000亿元，占标品信托总规模比重超96%。另普益标准数据显示，截至2024年末，存续且披露了类别的26228款标品信托产品中，固定收益类产品19233款，占比为73.33%。

2. 受限于投研能力，股票投资类和混合类成立规模较小

3月，股票市场在经济政策持续祭出、地产利好频出的情形下出现明显回暖的迹象，上证综指冲上3100点，股票投资类及混合类产品成立规模有明显增加，成立的股票型和混合型标品信托规模合计为13.04亿元，仅次于7月和8月。

6月，伴随持续低位的两市成交量，市场情绪大幅减弱，权益市场大幅回调，全月三大指数大幅收跌。7月，随着党的二十届三中全会的胜利召开，在经济基本面复苏、政策托底经济的预期加码等背景下，多数机构对资本市场的长期趋势看好。7月、8月成立的股票型和混合型标品信托规模合计分别为19.67亿元和19.24亿元，处于年内高位。随着9月和10月股市行情大幅上涨后再到11月、12月波动式回落，成立的股票型和混合型标品信托规模走低。全年股票型标品信托成立规模占标品信托总规模的比重不足1.5%，混合型标品信托成立规模占标品信托总规模的比重在2.5%左右。

普益标准数据显示，截至 2024 年 11 月末，存续且披露了类别的 26228 款标品信托产品中，权益类产品 5218 款，占比为 19.89%；混合类产品 1497 款，占比为 5.71%；商品及金融衍生品类产品 280 款，占比为 1.07%。

（三）标品信托产品收益率较年初提升

截至 2024 年 11 月末，固定收益类产品近 6 个月年化收益率均值为 2.81%，环比上升 0.39 个百分点；权益类产品近 6 个月年化收益率均值为 10.85%，环比下降 3.70 个百分点；混合类产品近 6 个月年化收益率均值为 9.81%，环比下降 5.38 个百分点；商品及金融衍生品类产品近 6 个月年化收益率均值为 19.67，环比上升 1.73 个百分点。详见图 3-11。

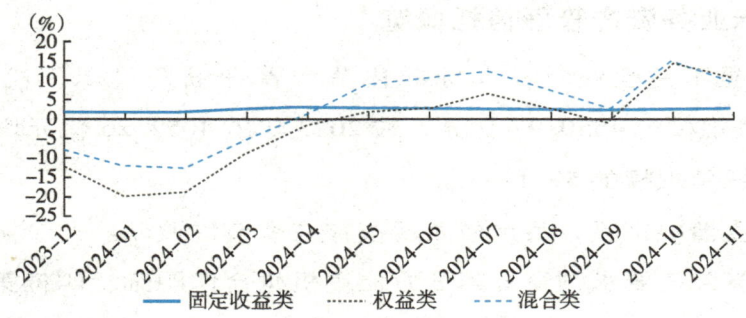

图 3-11 2023 年 12 月至 2024 年 11 月标品信托产品近 6 个月年化收益率
资料来源：普益标准。

其中，固定收益类标品信托产品近 3 个月年化收益率均值为 4.22%，环比上升 1.71 个百分点；近 6 个月年化收益率均值为 2.81%，环比上升 0.39 个百分点；近 1 年年化收益率均值为 3.29%，环比上升 0.26 个百分点；成立以来年化收益率均值为 3.31%，环比上升 0.13 个百分点。详见图 3-12。

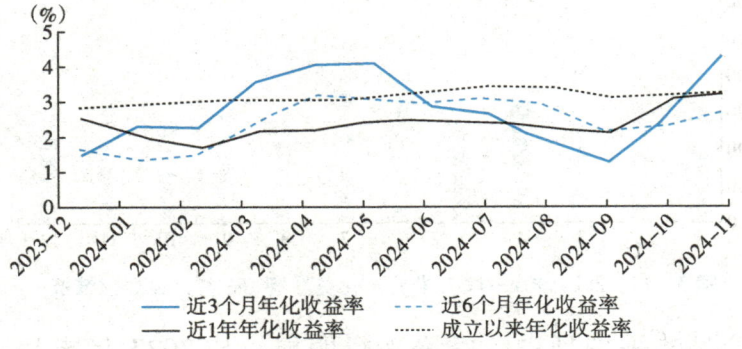

图 3-12 2023 年 12 月至 2024 年 11 月固定收益类标品信托年化收益率
资料来源：普益标准。

（四）持续完善标品产品体系建设

信托公司积极构建和完善主动管理类资产管理信托产品体系。在组织架构方面，部分信托公司形成了组织架构健全、投研及前中后台人员分工明确、运营流程完善的管理体系。还有部分信托公司不断完善和丰富其产品线，如有针对性地推出复合策略TOF类、债券投资类、股票投资类等产品，产品策略覆盖现金管理类、固收纯债及固收+策略、大类资产配置、股票多头、市场中性、指数增强等，以满足不同投资者的风险偏好和目标收益率。

三、非标准化资产管理信托仍占一席之地

（一）非标业务资产管理信托概览

2024年，据不完全统计，非标准化资产管理信托（以下简称"非标信托"）产品成立规模为4550.97亿元，较2023年的4052.26亿元增长12.31%，占资产管理信托总规模的59.11%。

从各月成立情况来看，每月成立规模存在季节性波动。一个明显的特征是下半年随着监管部门要求彻查与第三方代销机构合作明细、叫停第三方代销业务，以及要求非标信托需进行组合投资，并设定了单只资产管理信托计划中单一资产占比不得超过25%的限制，7—10月非标信托成立规模下滑明显。年末冲量，非标信托成立规模回升，与2023年同期相比增长26.63%，尤其是投向金融领域相关产品的成立规模环比增长99.34%；投向基础产业产品的成立规模环比增长66.80%至348.28亿元。详见图3-13。

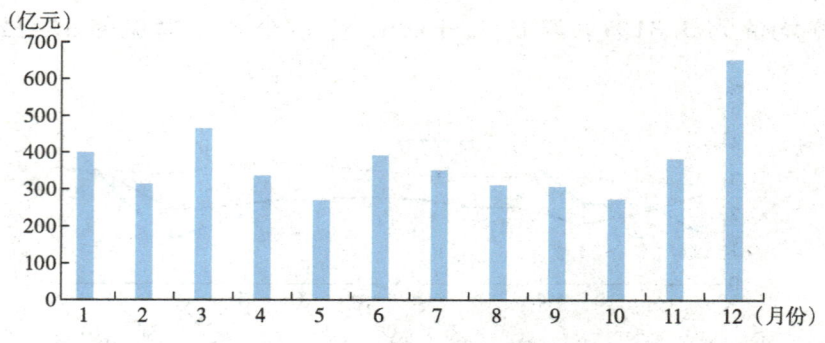

图3-13 2024年1—12月非标准化资产管理信托产品成立情况

非标信托产品的平均预期收益率下行明显。与2023年末相比，1年期以下、1~2年期和2年期以上年化收益率分别下行1.25个百分点、1.30个百分点和1.50个百分点。从信托投向来看，金融类、房地产类、工商企业和基础

产业信托较2023年第四季度分别下行1.16个百分点、1.32个百分点、0.86个百分点和1.08个百分点。详见图3-14。

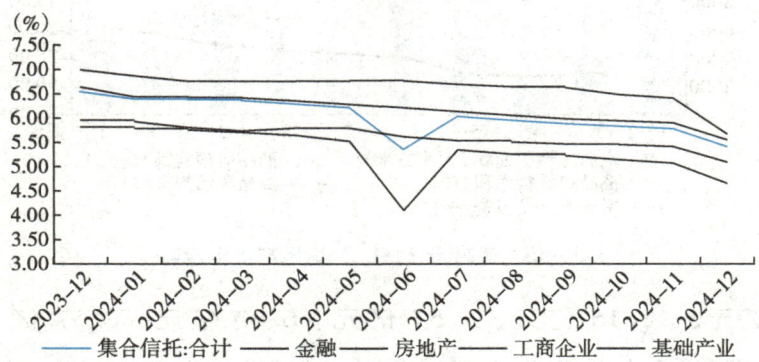

图3-14 2023年12月至2024年12月各月非标准化资产管理信托预期收益率走势

总体来看，降息降准接连落地，货币政策宽松，对市场流动性的支持明显，10年期国债收益率代表的无风险收益率不断下探。在市场利率下行的大背景下，非标信托产品的平均预期收益率预计在较长一段时间保持下行。

（二）房地产信托产品成立规模继续减少

2024年初，国家金融监督管理总局要求对房地产"白名单"项目的合理融资需求"应满尽满"，政策对房地产行业扶持继续强化。5月17日，中国人民银行发布《关于调整商业性个人住房贷款利率政策的通知》和《关于下调个人住房公积金贷款利率的通知》；9月24日，中国人民银行与国家金融监督管理总局联合发布《关于调整个人住房贷款最低首付款比例政策的通知》。针对房地产行业发布政策"组合拳"，在扩大"保交房"救助范围的同时，下调全国最低首付比例以及公积金贷款利率，取消住房商贷利率下限。

在一系列政策发布后，部分城市房地产市场出现结构性回暖迹象，房企融资环境逐步改善，负面舆情和风险有所缓和，但房地产市场前景仍难以预测，房地产销售以及房地产投资短期内没有太好的改善，房地产存量信托项目违约时有发生，房地产业的外溢性风险仍存。详见图3-15。

多数信托公司对于地产项目保持审慎，或者已经暂停房地产类信托业务，仅有部分信托公司对房地产项目纾困、安置房建设等政策导向较为明确的方向进行展业。在房地产行业前景仍不明朗的环境下，信托资金对进入房地产领域的积极性不高。

2024年上半年，非标房地产信托成立规模总体不高。1—6月，成立规模

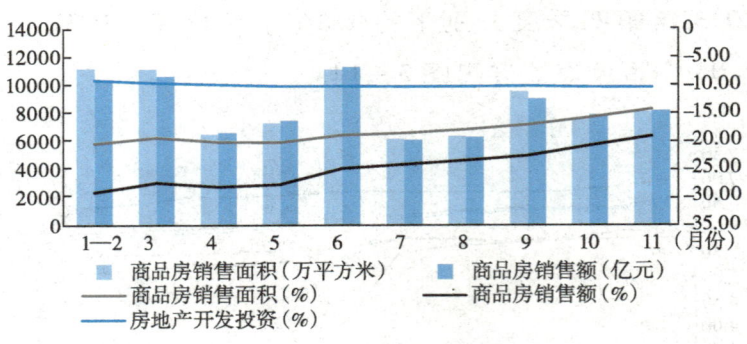

图 3-15 2024 年 1—12 月房地产市场走势

分别为 4.68 亿元、18.15 亿元、1.57 亿元、6.43 亿元、0.57 亿元和 2.23 亿元，占当月非标信托总规模的比重分别为 1.15%、5.66%、0.33%、1.87%、0.21% 和 0.56%。

2024 年下半年，房地产信托受宏观政策、行业监管和市场环境等因素的约束较为明显，虽然房地产市场政策环境持续优化，但市场供求关系并没有明显改善，房地产市场仍面临着调整压力。叠加存量业务的风险处置较为困难，7 月、8 月房地产信托仍在底部运行。

7 月，中国人民银行、国家金融监督管理总局发布通知，开发贷款、信托贷款等存量融资合理展期政策的适用期限延长至 2026 年 12 月 31 日。9 月，中央政治局会议明确提出"要促进房地产市场止跌回稳"，并通过调整住房限购政策、降低存量房贷利率、延长部分房地产金融政策期限等措施支持房地产市场健康发展。10 月，财政部部长蓝佛安在国新办新闻发布会上宣布将推出四大财政增量政策。其中之一就是"叠加运用地方政府专项债券、专项资金、税收政策等工具，支持推动房地产市场止跌回稳"。

尽管监管层持续出台优化房地产的相关政策，但房地产市场并没有发生根本性的转变，房地产企业在流动性资金方面仍捉襟见肘，房地产信托业务违约风险仍在蔓延。据公开资料不完全统计，7—10 月，非标房地产类信托产品成立规模分别为 3.36 亿元、0.60 亿元、1.62 亿元和 0.09 亿元，占当月成立非标信托总规模的比重分别为 0.93%、0.19%、0.52% 和 0.03%。

11 月，自然资源部发布通知，允许运用地方政府专项债券资金收回收购存量闲置土地；财政部、国家税务总局、住房和城乡建设部联合发文，优化房地产税收政策，将享受 1% 低税率优惠的面积标准从 90 平方米提高到 140 平方米，明确与取消普通住宅和非普通住宅标准相衔接的增值税、土地增值税优惠政策；中国人民银行和中国银行保险监督管理委员会联合发布《关于做好当前金融支持房地产市场平稳健康发展工作的通知》，要求保持信托等资管产品融资稳定，鼓励信托等资管产品支持房地产合理融资需求。11月，房地产类信托成立规模及占比均有所上升。截至12月5日，11月房地产类信托产品的成立规模为0.91亿元，占比为5.55%；12月成立规模为1.12亿元，占比再次下降至0.17%（见图3－16）。

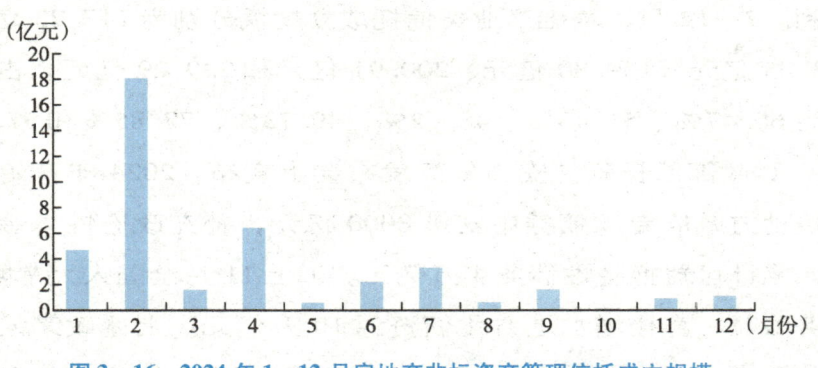

图3－16　2024年1—12月房地产非标资产管理信托成立规模

（三）基础产业信托产品成非标主流

2024年，监管层发布"14号文"以及"226号文"，推进重点省份融资平台存量债务化解。5月，监管部门向信托公司进行窗口指导，内容包括严格落实"35号文"等。6月，机构需通过融资平台查询系统查询确认相关平台是否列入监管名单，若在名单之内，不管作为融资主体还是担保主体，相关债务只减不增，降低高息非标融资。此外，基础产业类信托的融资主体必须"还旧再可借新"，且必须压缩自然人投资者的投资比重。7月，财政部、住房和城乡建设部等六部门联合印发《市政基础设施资产管理办法（试行）》，明确规定，"严禁为没有收益或收益不足的市政基础设施资产违法违规举债，不得增加隐性债务"，进一步压缩政信类项目的业务空间。

2024年上半年，在房地产信托日渐式微的背景下，基础产业类信托成为非标信托业务中仅存的主要产品，新增业务规模占比有明显的增长。一方面，基础产业类信托业务中隐含的政府信用、中央对基础设施的大力投入产生的政策红利仍是支持信托公司展业的重要因素之一；另一方面，随着地方政府化债的推进，部分低资质地区风险或逐渐下行，展业空间有所增加。1—6月，基础产业类信托成立规模分别为333.62亿元、230.45亿元、316.78亿元、246.40亿元、200.91亿元和229.29亿元，占非标信托的比重分别为82.11%、

71.92%、66.81%、71.65%、72.85%和57.36%。

2024年下半年，随着城投平台新增融资受到严格限制，部分涉及隐性债务的政信类项目被迫调整或取消，导致基础产业类信托的底层资产供给减少；城投公司"退平台"后不再享受政府隐性担保和兜底预期，使信托公司可选择的融资主体数量减少。而城投债受到各类金融机构的追捧，发行利率整体走低，优质底层资产日益稀缺，城投领域"资产荒"愈演愈烈，对基础产业类信托业务相对不利。7—12月，基础产业类信托成立规模分别为217.73亿元、179.90亿元、153.05亿元、139.80亿元、200.91亿元和229.29亿元，占非标信托的比重分别为60.47%、56.43%、48.62%、49.73%、72.85%和57.36%。

11月，财政部部长蓝佛安在新闻发布会上宣布，2024年开始，连续5年每年从新增地方政府专项债券中安排8000亿元，补充政府性基金财力，专门用于化债，累计可置换隐性债务4万亿元。加上11月全国人大常委会批准的6万亿元债务限额，直接增加地方化债资源10万亿元。上述政策强化了机构对城投平台的预期，投向基础产业领域的信托资金规模大增。11月，基础产业类信托成立规模为208.79亿元；12月为348.28亿元，创年内新高。

（四）金融类信托产品以消费金融为主

随着稳经济政策效果的逐步显现，消费金融市场有所回暖，个人及小微企业的融资规模逐渐扩大。信托业作为金融业的重要组成部分，发展普惠金融业务、服务实体经济是顺应政策和市场的重要方向之一。

从2023年1—12月成立趋势来看，非标金融类信托成立规模总体呈现增长趋势。得益于信贷资产收益权转让业务的增加，下半年成立规模明显高于上半年。1—6月，投向金融领域的非标金融产品规模分别为28.23亿元、46.75亿元、92.70亿元、45.50亿元、49.52亿元和62.25亿元，占非标信托总规模的比重分别为6.95%、14.59%、19.55%、13.23%、17.96%和15.82%。

7—10月，投向金融领域的非标金融产品规模分别为36.45亿元、100.44亿元、117.72亿元、94.42亿元，占非标信托总规模的比重分别为10.12%、31.50%、37.39%、33.58%。年底冲量，11月、12月投向金融领域的非标金融产品规模分别为137.09亿元和273.27亿元（见图3-17）。

其中，在扩大内需、提振消费的政策导向之下，消费金融类信托业务成为部分信托公司转型的主要业务之一。4月，消费金融类信托产品成立规模达到38.59亿元，占非标金融类信托产品规模的84.81%；5月，消费金融类信托产

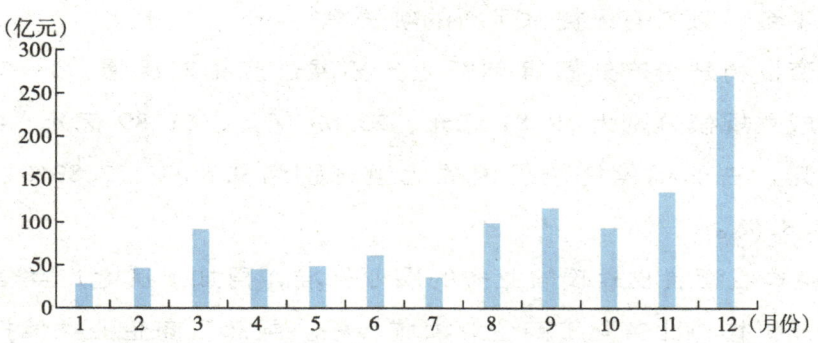

图 3-17 2023 年 1—12 月成立的非标金融类资产管理信托规模

品成立规模达到 38.49 亿元，规模占比达到 77.73%；6 月，消费金融类信托产品成立规模达到 55.73 亿元，规模占比达到 88.11%；7—10 月，消费金融类信托产品成立规模分别为 31.93 亿元、84.18 亿元、105.11 亿元和 88.63 亿元，规模占比分别为 87.60%、83.81%、89.29% 和 93.87%。

消费金融领域的展业主要是资产证券化和信贷投放两大领域。其中，信贷资产收益权转让业务在盘活信贷存量、拓宽融资渠道上具备一定的优势，在监管部门的引导和规范下，此类信托业务愈加规范化和透明化，信托公司参与机会增加，成为部分信托公司在金融领域展业的重要方式。

（五）工商企业类信托向股权投资转型

2024 年开年，信托公司在工商企业领域的展业机会有限，主要集中在资产盘活、化解风险方面。一方面，国内经济复苏不及预期，实体企业经营压力增大，融资需求不振；另一方面，信托业处于业务转型的关键时期，受限于优质项目稀缺以及融资需求不足，传统的融资类业务持续萎缩。

但是，随着业务转型的推进，服务实体经济成为信托公司业务转型的重要导向，多家信托公司参与成立股权投资合伙企业，以参股的形式选择相关行业进行股权投资，如产业基金投资、产业股权投资以及 S 基金投资等。比如，国投泰康信托完成对江苏天兵航天科技有限公司以及北京元航硬科技基金的投资；建信信托通过旗下股权投资专业子公司领投北京云道智造科技有限公司新一轮战略融资；建信信托、中航信托、重庆信托、山东信托、云南信托、国投泰康信托、交银国信等 10 余家信托公司参与发起设立 S 基金。

中信信托与浙江省股权交易中心、浙商银行成功合作设立"中信信托·涌赢 7 号固定收益类信托计划"，落地桐庐科技创新产业发展投资有限公司基金份额质押融资业务，是"股权投资和创业投资份额转让试点工作"的创新实践，为私募基金份额持有人提供了新的融资途径。

股权投资、特殊资产处置等创新业务拓展进度相对缓慢。1—5月，工商企业类信托成立规模分别为39.81亿元、25.09亿元、61.89亿元、43.24亿元和24.36亿元，占非标信托总规模的比重分别为9.80%、7.83%、13.05%、12.57%和8.83%。

6月，随着监管层收紧政信业务的展业标准，再加上房地产类信托业务萎靡，部分信托机构将业务向工商企业领域转移。虽然工商企业类信托仍以贷款类项目为主，但部分公司组合投资类项目表现亮眼。6月、7月工商企业类信托成立规模分别为100.08亿元和95.37亿元，分别占非标信托总规模的25.04%和26.49%。

8月，经济增速放缓、实体企业经营景气度不高。9月，央行采取降准降息等措施，但社会预期偏弱等制约性因素依然存在，再加上市场流动性增加，对信托资金有一定的挤出效应。信托公司对工商企业类信托的风险偏好降低，导致成立规模下滑。8月、9月工商企业类信托成立规模分别为36.88亿元和35.72亿元，分别占非标信托总规模的11.57%和11.35%。

10月，降息落地，企业和居民贷款利率大幅下调，带动实体经济融资成本进一步稳中有降，激发信贷需求，部分信托公司开始将非标业务投向工商企业信托。10月、11月工商企业类信托成立规模分别为44.73亿元、42.20亿元，12月下降为38.74亿元。

第三节　慈善信托业务创新发展

自2016年我国推出首单慈善信托以来，慈善信托备案数量与规模持续稳步增长。2021年，慈善信托新增备案达到了245单，备案规模总计6.47亿元；2022年，新增备案292单，备案规模为11.40亿元；2023年，新增备案跃升至454单，备案规模达12.77亿元。

2024年，随着新修订的《中华人民共和国慈善法》正式实施，慈善信托备案数量和规模创历史新高。根据慈善中国网的数据，截至2024年末，我国慈善信托的累计备案数量已高达2238单，累计备案规模达84.81亿元。

然而，在快速发展的同时，慈善信托存在地域分布不平衡和向头部信托公司集中的现象。2024年，慈善信托备案地区累计覆盖25个省份，但主要集中于北京、广东和浙江等少数省市，地区间的发展差异显著。

一、慈善信托新增备案规模创新高

（一）新增备案规模继续提升

根据慈善中国网的数据，2024年慈善信托新增备案583单，与2023年相比增加了129单；新增备案规模19.61亿元，较2023年增加了6.84亿元。

据不完全统计，2024年备案的慈善信托以10万元至50万元为主，为217单；其次是100万元至500万元，共117单。另有4单备案规模超过1亿元。详见图3-18。

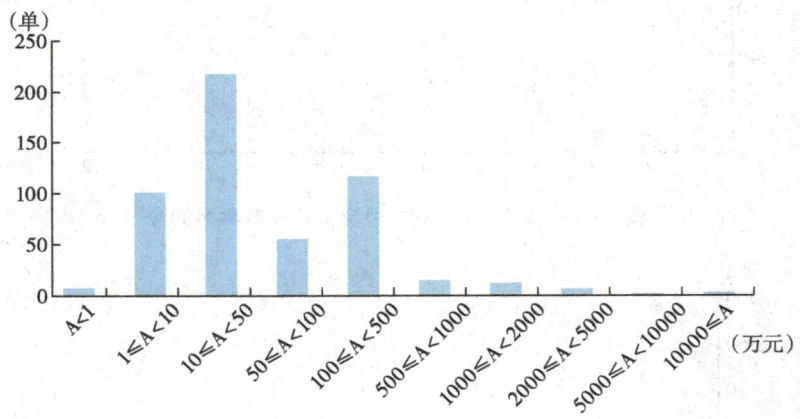

图3-18 2024年慈善信托备案规模分布

从慈善信托的备案期限来看，近六成为永久存续或者无具体期限的慈善信托。1年、3年、5年也比较多，分别为69单、49单和49单。详见图3-19。

从慈善信托的备案时间来看，后4个月慈善信托备案数量明显增加。一方面，修订后的《中华人民共和国慈善法》于9月开始实施，为慈善信托发展提供了利好；另一方面，信托公司有年末冲量的迹象。12月备案的慈善信托达到108单，9月备案69单，10月备案也超过50单。详见图3-20。

从慈善信托的地区分布来看，2024年，慈善信托备案累计覆盖25个省份，但主要集中于浙江、广东和北京等少数省市，地区间的发展差异显著。据不完全统计，浙江省备案数量超190单，遥遥领先。广东省、北京市紧随其后，备案数量分别为52单和50单。详见图3-21。

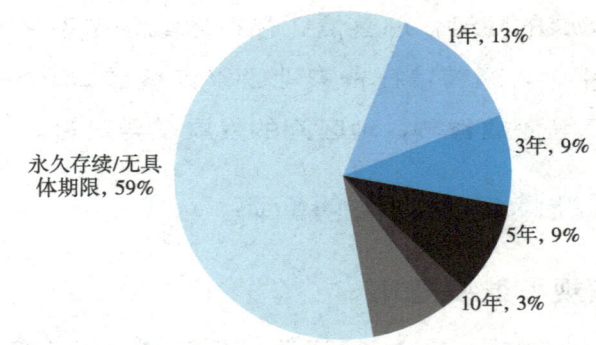

图3-19 2024年慈善信托期限分布

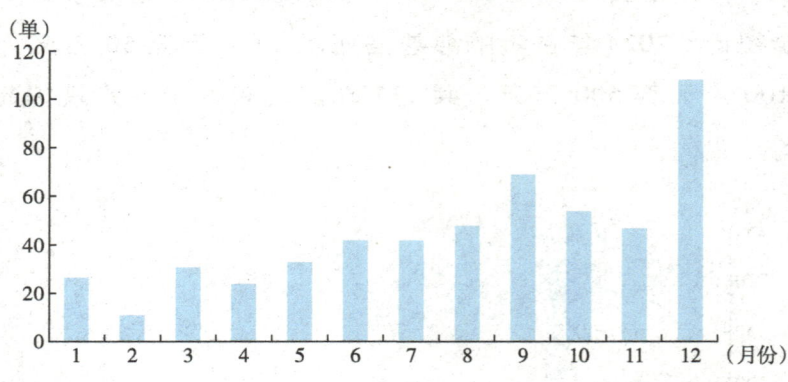

图3-20 2024年1—12月慈善信托备案时间分布

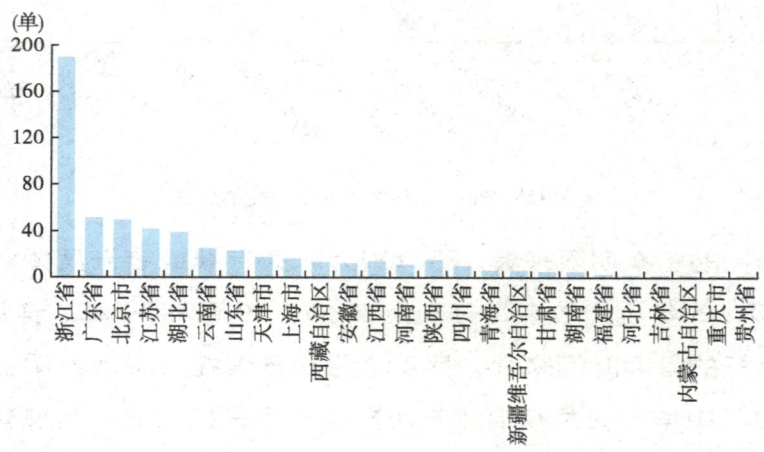

图3-21 2024年各地区慈善信托备案数量

在慈善信托的备案规模方面，北京市、广东省、浙江省、陕西省备案规模超1亿元，在全国领先。其中，北京市、广东省备案规模超过3亿元。就单笔平均规模而言，浙江省备案数量多，但是单笔规模小；北京和广东虽然备案数量较少，但单笔平均规模大。其中，广东有两单备案规模为1亿元，北京除了一单备案规模为 1 亿元，还有一单为 5600 万元。详见图 3-22。

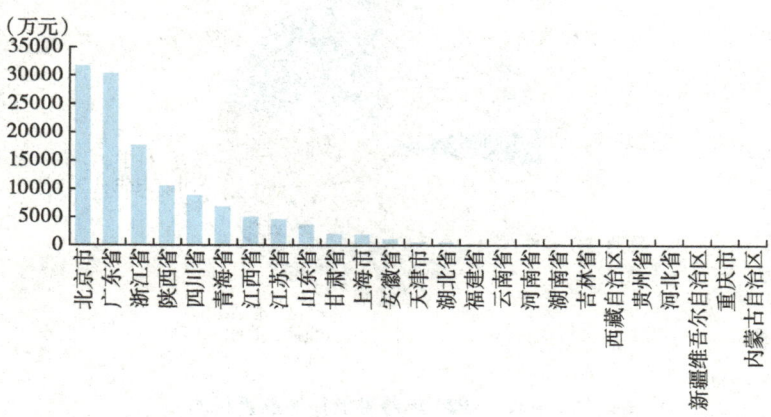

图 3-22 2024 年分地区慈善信托备案规模

（二）慈善目的以"扶贫济困"等为主

2024 年 9 月实施的《中华人民共和国慈善法》第三条明确，慈善活动，是指自然人、法人和非法人组织以捐赠财产或者提供服务等方式，自愿开展的下列公益活动：

（1）扶贫、济困；

（2）扶老、救孤、恤病、助残、优抚；

（3）救助自然灾害、事故灾难和公共卫生事件等突发事件造成的损害；

（4）促进教育、科学、文化、卫生、体育等事业的发展；

（5）防治污染和其他公害，保护和改善生态环境；

（6）符合本法规定的其他公益活动。

2024 年，备案的慈善信托的慈善目的主要是扶贫济困、扶老救孤、科教文卫、生态保护、应急救援等。此外，乡村振兴、社区发展治理也备受关注。还有部分致力于关爱妇女儿童等社会弱势群体，关注青少年的健康成长，关爱边防军人和退役老兵，支持特定产业发展、特殊病症研发、特定病患群体（孤独症、心智障碍、唐氏综合征、先天性疾病儿童）的医疗救助，表彰见义勇为，以及非物质文化遗产的保护与文化传承。详见图 3-23。

还有一些个性化的案例，具体如下。

"华润信托·盛和塾商业向善慈善信托"：该信托的目的是推动稻盛经营哲学的研究、传播、培训和实践活动；提高中国企业家的社会责任感，促进企业健康发展，实现商业向善；推动中国企业实现员工物心幸福，培养优秀人才，

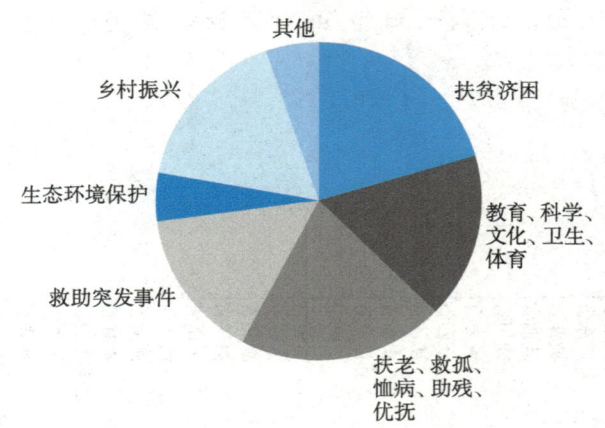

图 3-23 2024 年慈善信托的慈善目的

为商业文明进步保驾护航。

"中原信托·华萌教育发展基金慈善信托"：该信托的目的是资助拟出国留学的学生，为国家培养经济学研究的明日之才，以促进教育事业发展。

"苏信慈善·善举 G2401（明法至善司法救助）慈善信托"：该信托的目的是对生活面临急迫困难的刑事案件被害人或近亲属等进行司法救助。

"苏信弘善·善育慈善信托"：该信托的目的是聚焦服务 0～3 岁婴幼儿家庭，通过"善育园"社区婴幼儿家庭服务驿站，开展多元化公益服务，一站式解决婴幼儿家庭 0～3 岁生育周期的照护、发展需求。

（三）备案规模向头部信托公司集中

目前，国内慈善信托主要集中于头部机构。从存量来看，排名前 5 的信托公司分别是万向信托、中信信托、光大信托、中航信托和五矿信托。据不完全统计，2024 年末，万向信托慈善信托累计备案规模超 15.43 亿元，中信信托为 12.73 亿元，光大信托超过 9.01 亿元，中航信托超 2.85 亿元，五矿信托超 2.37 亿元。

就 2024 年而言，有 52 家信托公司作为受托人备案慈善信托。其中，浙金信托、昆仑信托、交银国信在备案数量方面排名前 3，分别备案 70 单、45 单和 28 单；中信信托、中诚信托和长安国信在备案规模方面排名前 3，规模均超 1 亿元，分别为 2.20 亿元、1.41 亿元和 1.05 亿元。详见图 3-24 和图 3-25。

值得注意的是，继 2023 年中航信托、工银私人银行、中华慈善总会联合发布国内首个基于捐赠人建议基金模式（DAF）的慈善信托——2.0 版本"君子伙伴慈善信托"，2024 年 8 月，华润信托成立"华润信托·益起童行捐赠人

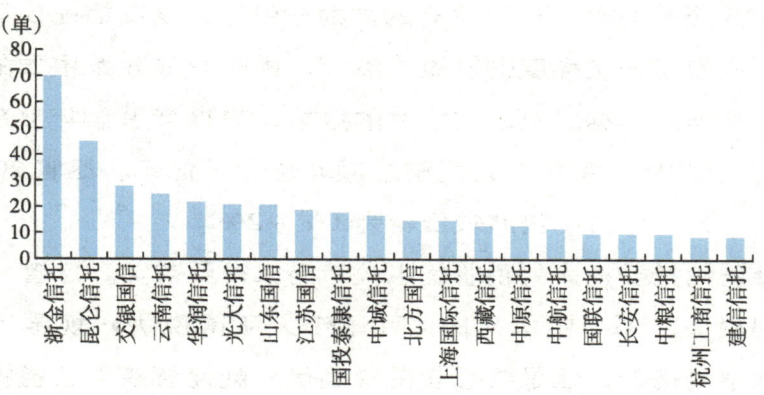

图 3-24　2024 年信托公司慈善信托备案数量 TOP20

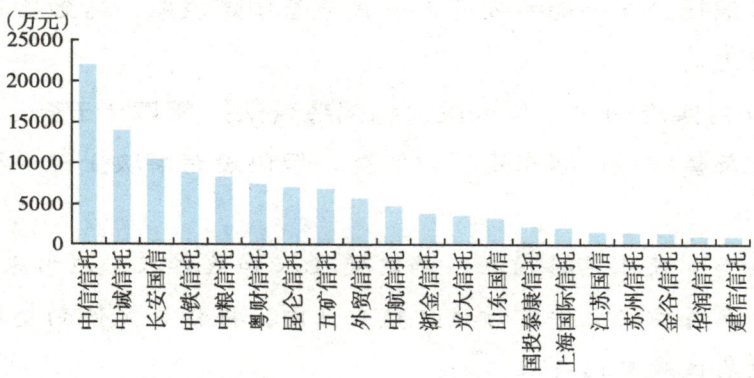

图 3-25　2024 年信托公司慈善信托备案规模 TOP20

建议基金慈善信托",该信托将资金捐赠至委托人深圳市众志公益基金会,由委托人根据捐赠人意向,将资金统一交付至慈善信托。该信托的捐赠基金主要来源于 11 个爱心家庭,信托财产将用于环境保护和可持续发展、教育、科学、关爱救助、社区慈善等领域公益项目。2024 年 12 月,山东国信成功设立上市公司捐赠人建议基金模式慈善信托,该方案覆盖慈善项目的筛选、执行和监督等关键环节,并且通过与私人银行财务顾问团队紧密协作,确保了善款的稳健保值和合理使用。

二、慈善信托业务配套政策尚待完善

与传统慈善捐赠相比,慈善信托设有独立的资金账户,可以实现专款专用,且信托机构作为具备资产管理能力的金融机构,可以实现信托资产保值增值。与基金会相比,慈善信托具有成立门槛低、营运灵活、运营成本低、更便利、更透明等特点。近年来,在《中华人民共和国慈善法》和《关于规范信托公司信托业务分类的通知》等政策的鼓励与引导，以及信托公司的积极推动下，慈善信托取得了一定程度的发展。然而，由于存在政策层面的制约，慈善信托的发展仍不理想。据民政部门相关的数据，2023年我国年度慈善捐赠总额达2000亿元。近几年，每年慈善捐赠总额均超过千亿元。尽管2024年新增备案规模19.61亿元，但占比仍然较低，为1%~2%。

首先，慈善信托委托人的税收优惠政策尚未得到落实。尽管《中华人民共和国企业所得税法》和《中华人民共和国个人所得税法》规定了慈善捐赠可以享受税收优惠的情形，但是要想获得税收优惠就需要获得公益性社会团体或县级以上人民政府及其部门开具的公益性捐赠发票，而信托公司不属于上述范围，因此大多信托公司不能给委托人开具慈善捐赠发票，导致委托人享受不到相应的税收优惠。

2024年9月实施的《中华人民共和国慈善法》第四十五条、第八十八条、第九十条规定慈善信托可以享受税收优惠，但仍没有解决受托人给委托人的开票问题。

第四十五条　设立慈善信托、确定受托人和监察人，应当采取书面形式。受托人应当在慈善信托文件签订之日起七日内，将相关文件向受托人所在地县级以上人民政府民政部门备案。

未按照前款规定将相关文件报民政部门备案的，不享受税收优惠。

第八十八条　自然人、法人和非法人组织设立慈善信托开展慈善活动的，依法享受税收优惠。

第九十条　慈善组织、捐赠人、受益人依法享受税收优惠的，有关部门应当及时办理相关手续。

在实践中，为了解决发票开具的问题，需要在慈善信托架构中嵌入慈善基金会，或者和慈善基金会作为共同的受托人。比如，2024年，光大信托在莫高窟文物保护捐赠中，通过"基金会+慈善信托"组合拳的方式，解决了信托公司无法开具捐赠发票用于税前抵扣的难题。这在一定程度上增加了慈善信托的运营成本。

信托税收制度的缺失，限制了慈善信托财产类型的多元化。通过非货币资金设立慈善信托仍需按交易过户纳税，从而导致国内慈善信托的信托财产仍以货币资金和金融资产为主。2023年，我国在非货币财产慈善信托方面才取得突破性进展，落地全国首单不动产慈善信托，并完成首单不动产慈善信托财产登记以及首个以著作权收益权作为信托财产的慈善信托。

其次，慈善信托属于私募性质。与慈善基金相比，慈善信托通常是由单一委托人发起设立，属于私募性质，不能进行公开募集，导致慈善信托的知名度和影响力相对较小，难以吸引更多的关注和支持。

慈善信托作为一种独特的慈善方式，在促进公益事业、实现社会财富再分配等方面发挥着重要作用。若要使慈善信托成为慈善捐赠的主流模式，需要持续完善相关政策，以及监管机构和从业机构的共同努力。在制度建设方面，需要给予慈善信托更多支持，如税收激励、非货币财产设立慈善信托的便利化等。就从业机构而言，信托公司需要不断提升专业受托能力，创新慈善信托产品，满足委托人多样化的慈善需求，保障慈善信托的公信力，并打造有影响力的慈善信托品牌。

中国信托业发展报告
（2025）

第四章

2024年泛资管市场发展回顾与展望

近年来，中国资管市场展现出强劲的增长势头，成为全球经济中不可忽视的重要力量。随着居民财富的不断积累和投资意识的提升，资管需求日益多元化和个性化。在 2023 年 10 月举行的中央金融工作会议上，习近平总书记发表重要讲话，明确了加快建设金融强国的目标，并提出了要做好科技金融、绿色金融、普惠金融、养老金融、数字金融"五篇大文章"，为中国资管行业指明了发展方向和重点。银行、信托、基金、保险等各类金融机构纷纷加大在资管领域的投入，积极应对市场变化。在政策层面，加强监管力度，为资管市场的健康发展提供了有力保障。整体来看，中国资管市场为投资者提供了更加丰富的选择和更好的投资体验。

第一节 银行资管市场规范发展

中国银行业协会于 2023 年 11 月 21 日发布了《理财产品过往业绩展示行为准则》，对银行理财的业绩展示及信息披露、风险揭示作出要求。国家金融监督管理总局在 2024 年 5 月 9 日发布《关于银行业保险业做好金融"五篇大文章"的指导意见》，围绕发展新质生产力，切实把"五篇大文章"落地落细，提高金融服务实体经济的质量和水平，并给出了指导意见。因此，2024 年是银行资管市场回归调整、规范发展的关键一年。

一、银行资管产品持续调整

（一）产品发行规模与业绩基准回归调整

普益标准监测数据显示，2024 年前三个季度，银行理财市场新发行产品数量分别为 7377 款、7186 款、6758 款，同比增速分别为 6.16%、0.22%、-5.57%。总体来看，2023 年第四季度以来，新发行理财产品数量逐季下降。

从月度数据来看，2024年以来，新发行理财产品数量呈现缓慢的下行趋势。2024年9月，银行理财市场新发行产品数量为2277款，较1月的年度高点下降18.24%，与2023年同期相比下降3.84%；从环比来看，第三季度的理财产品发行量较第二季度减少428款，大幅下降5.96%。

从新发行理财产品类型来看，固定收益类产品在新发行理财产品中占据绝对主体地位，且2024年以来占比呈上升趋势。2024年前三季度，固定收益类产品在新发行理财产品中的占比分别达到94.09%、94.89%、96.27%，产品业绩比较基准分别为3.26%、3.04%、2.84%；混合类产品分别新发49款、114款、91款，产品业绩比较基准分别为3.59%、3.45%、2.87%；权益类产品分别新发37款、114款、14款，产品业绩比较基准分别为4.50%、3.74%、3.83%。总体来看，权益类、混合类产品的业绩基准明显高于固定收益类产品，这表明配置权益资产将有助于提升理财产品的投资收益。从业绩基准的变化来看，2024年前三季度，固定收益类、权益类、混合类产品的业绩基准均有下滑，且混合类产品的业绩基准下滑更为明显。

（二）理财子公司发行占比持续提升

普益标准监测数据显示，2024年前三季度，"固收+"产品发行量持续增长，新发行产品数量分别为8486款、9514款、10333款，同比增速分别为36.98%、34.78%、29.07%。首先，理财子公司发行的"固收+"产品数量最多，2024年第三季度为8189款，占比为79.25%，且发行量仍在持续增长；其次是城市商业银行和农村金融机构2024年第三季度分别发行1327款和816款"固收+"产品，占比分别为12.84%和7.90%。从不同机构类型来看，理财子公司的"固收+"产品发行量远高于城市商业银行和农村金融机构，并于2024年9月占比首次超过80%，达到82.15%。

（三）理财收益率震荡下行

一方面，现金管理收益下降。2024年以来，全国银行理财市场精选50款现金管理产品7日年化收益率逐月下滑，其中2024年9月的收益率月均值降至1.75%。与年初的收益率月均值2.27%相比，2024年9月的现金管理类产品收益率大幅下滑了0.52个百分点，创历史新低。

另一方面，短期投资收益下降。从6个月投资周期产品的收益率来看，2024年以来，全国银行理财市场精选50款6个月投资周期产品收益率呈现下行趋势。截至 2024 年 9 月，过去 3 个月投资收益率相比年初下滑 61 个百分点，过去 6 个月投资收益率相比 3 月下滑 70 个百分点。从 1 年投资周期产品的收益率来看，2024 年以来，全国银行理财市场精选 50 款 1 年投资周期产品 3 个月收益率呈现震荡下行趋势。截至 2024 年 9 月，过去 3 个月投资收益率相比年初下滑 0.64 个百分点，1 年投资周期产品过去 6 个月的投资收益率相较于 2024 年 5 月下滑 0.69 个百分点。

二、银行资管市场发展展望

2018 年，随着《关于规范金融机构资产管理业务的指导意见》的正式颁布，银行理财进入净值化转型的崭新阶段，过去 6 年在资管生态和客户需求中寻求新定位，整体上是以规范促转型，以转型促发展，实现了回归本源、结构优化、提质增效良好的改革效果。2025 年，随着统一监管、分级分类等政策的持续推进，银行理财将迎来市场规模加速增长、竞争格局全面重塑的高质量发展新纪元。为此，银行理财牢记服务实体经济的初心使命，始终把保护投资者利益放在首位，在产品布局、客户服务、投研能力、流动性风险管理等方面不断提升。

（一）积极布局产品体系建设

银行理财行业担负着新时代赋予的新使命。2024 年以来，科技金融、绿色金融、普惠金融、养老金融、数字金融"五篇大文章"正式写入政府工作报告，新"国九条"鼓励银行理财积极参与资本市场，加大对权益型、混合型理财产品的设计创新。在新发展格局下，银行理财行业扎实走过规范化整改的转型期，发展不断取得新成效，步入高质量发展的新阶段。各家理财公司根据自身的发展策略，积极布局产品体系建设，丰富创新产品线。在此背景下，2025 年银行理财应在产品体系端加大发力，依托自身资源禀赋和客户群需求特点，打造差异化行业定位，逐步形成多元产品布局。

（二）强化客户服务能力

适当性管理是客户服务的根本，就是客户把自己的风险偏好，通过银行渠道传递给理财公司，理财公司有针对性地做好产品和策略匹配，这是理财行业服务的根本要求。但是，实际上经常处于好募不好管、好管不好募的状态，逆周期的特征明显，所以银行理财机构应努力把理财作为链接点，打通财富、资管、投行的价值循环链，不断提高理财产品的差异性和适配性，动态地匹配客户的需求和市场的变化，也就是顺周期的时候创造价值、逆周期的时候布局产品，这样可以更好为客户实现更高水平的价值创造。

（三）提升投研能力

理财公司投研能力的提升要从"做广、做新、做细"上发力。"做广"就是要继续拓展多资产，拓宽"固收＋投研"的能力圈，在不同的市场环境下，灵活选择优势资产，通过低相关性的分散化对冲，降低产品的净值波动，如持续关注海外的权益、商品市场、A股红利、REITs等资产；"做新"就是不断研发新策略，在国内债市挖掘空间不足、权益市场赚钱效应有限的背景下，积极开发信用债、多因子、国债期货平稳套利等策略；"做细"就是继续挖掘细分领域的投资机会，如信用债的比价、熊猫债等新的机会，通过积极交易和逆向投资，在低利率时代实现精耕细作。

（四）突出流动性风险管理

流动性风险与信用风险、市场风险和操作风险相比，形成的原因更加复杂和广泛，通常被视为一种综合性风险。流动性风险的产生除因为银行理财机构的流动性计划可能不完善之外，信用、市场、操作等风险领域的管理缺陷同样会导致商业银行的流动性不足，甚至引发风险扩散，造成整个银行理财行业出现流动性困难。因此，对于理财行业来说，流动性管理是行业的生命线，要不断地做广、做深，在流动性管理方面进一步增强弹性。

第二节 保险资管市场调整优化

一、保险资管行业政策环境日益完善

（一）推进普惠保险高质量发展

国家金融监督管理总局于2024年5月印发《关于推进普惠保险高质量发展的指导意见》（以下简称《指导意见》），逐步建立中国特色的普惠保险高质量发展体系，更好地满足人民群众和实体经济普惠性的保险需求，进一步推进

普惠保险高质量发展。《指导意见》主要提出了四个方面的工作举措。

一是丰富普惠保险产品服务。健全农村保险服务体系，加大对国家乡村振兴重点帮扶县群众的保险保障力度。引导保险公司积极发展面向各类风险群体的商业医疗保险。扩大企业财产保险、知识产权保险等供给和服务，分散企业运营风险。推动农业保险"扩面、增品、提标"，稳步拓宽大宗农产品保险等覆盖面，鼓励发展地方优势特色农产品保险和养殖业保险。针对社会保险保障不足、商业保险供给缺失的领域，支持保险公司在风险可控的前提下，面向特定风险群体或特定风险领域提供专属普惠保险产品和服务。

二是提升普惠保险服务质效。鼓励健康保险公司、养老保险公司、农业保险公司发挥专业优势，提供特色产品和服务。加强普惠保险内控管理，确保经营行为依法合规、业务财务数据真实，及时识别和防控相关风险。提高普惠保险服务的数字化、智能化水平，提高线上承保理赔能力。保险公司通过保险中介机构代理普惠保险业务的，要建立相对稳定的合作关系，确保服务的可及性和便利性。

三是优化普惠保险发展环境。相关司局和各监管局要高度重视普惠保险发展，各负其责、协同配合，建立完善推进普惠保险发展的工作机制。在确保信息安全的前提下，依托银行保险金融基础设施，实现行业内普惠保险信息共享。积极协调争取各方支持，深入开展普惠保险教育，深化普惠保险发展规律研究。

四是加强普惠保险监管。建立健全包含产品种类、覆盖范围、保障情况、服务质量等在内的多维度的普惠保险指标体系。研究将普惠保险纳入保险公司监管评价体系，进行差异化监管。监管部门要强化普惠保险消费者权益保护监督检查，及时查处侵害消费者合法权益的行为。

（二）贯彻落实新"国十条"

国务院于2024年9月11日印发《关于加强监管防范风险推动保险业高质量发展的若干意见》（以下简称《若干意见》），被视为保险业新"国十条"。新"国十条"对未来我国保险业高质量发展作出了全面系统的部署和规划，对于充分发挥保险业的经济减震器和社会稳定器功能，大力提升保险保障能力和服务水平，推进金融强国建设，服务中国式现代化大局都具有重要意义。《若干意见》主要提出了九个方面的工作举措。

一是严把保险市场准入关。依法从严审批新设保险机构，健全保险机构董事、监事、高级管理人员任职资格审查机制，严格审查股东资质，健全保险公司股权管理规则。

二是严格保险机构持续监管。强化公司治理监管，健全内控合规和风险管理体系，健全保险机构监管评级制度，强化评级结果运用，强化保险消费者权益保护。

三是严肃整治保险违法违规行为。加大稽查检查力度，坚决打击严重破坏市场秩序、严重损害保险消费者合法权益、造成恶劣社会影响的关键事、关键人、关键行为。依法严厉打击股东或实际控制人违规持股、非自有资金出资、违规干预公司经营管理活动、违规占用资金等行为。

四是有力有序有效防范化解保险业风险。建立以风险监管为本的制度体系，完善保险资产风险分类制度。持续防范化解苗头性、倾向性风险隐患。拓宽风险处置资金来源，支持符合条件的企业参与保险机构改革化险，健全市场退出机制。

五是提升保险业服务民生保障水平。坚持政府推动、市场运作原则，探索建立多渠道、多层次巨灾保险保障机制。大力发展商业保险年金，满足人民群众多样化养老保障和跨期财务规划需求，依法合规促进保险业与养老服务业协同发展。提升健康保险服务保障水平，健全普惠保险体系。

六是提升保险业服务实体经济质效。积极对接高质量共建"一带一路"等国家重点领域和薄弱环节的风险保障与融资需求。健全覆盖科技企业全生命周期的保险产品和服务体系。发挥保险资金长期投资优势。

七是深化保险业改革开放。支持大型保险机构做优做强，引导中小保险公司特色化、专业化经营发展。支持优质境外保险机构来华设立法人机构及分支机构。支持合格境外机构投资入股境内保险机构。

八是增强保险业可持续发展能力。加快数字化转型，加大资源投入，提升经营管理效率。建立健全保险数据指标体系，加强专业人才队伍建设。

九是强化推动保险业高质量发展政策协同。建立金融监管部门与地方金融管理部门定期通报、信息共享和重大事项会商等制度。强化宏观政策协同，深化部际协调联动。

二、保险资产支持计划规模与投向同时调整

（一）数量增加，规模缩水

作为我国四大资产证券化业务之一，资产支持计划又称"保险系 ABS"，是保险资管公司等专业管理机构作为受托人设立支持计划、以基础资产产生的现金流为偿付支持、面向保险机构等合格投资者发行受益凭证的业务。

相关统计显示，截至 2024 年 12 月 30 日，共有 19 家保险资管公司登记资产支持计划 102 只，合计规模为 4166.82 亿元。整体来看，与 2023 年同期 94 只相比，登记数量增加 24 只，但较 2023 年 4645.74 亿元规模缩水 478.92 亿元，同比下滑 10.31%。

2024 年，保险资产支持计划登记规模减小主要受第一季度、第三季度拖累。2024 年第一季度，9 家保险资管公司登记资产支持计划规模为 304.34 亿元，较 2023 年同期减少 340.66 亿元，同比下滑 52.82%。第二季度，14 家保险资管公司登记资产支持计划规模为 927.93 亿元，与 2023 年同期 948 亿元基本持平。从第三季度来看，保险资产支持计划规模为 963.47 亿元，同比下降 19.24%；第四季度保险资产支持计划规模为 1971.08 亿元，同比增长 6%。

具体来看，民生通惠资产登记产品数量最多，资产支持计划达 15 只；国寿投资、光大永明资产、大家资产登记数量分别为 14 只、13 只、12 只；招商信诺资产、泰康资产各 9 只，平安资管与百年保险资管均为 5 只；其他 11 家保险资管机构登记数量均低于 5 只。

在规模上，登记资产支持计划超过 500 亿元的保险资管公司仅有 4 家。其中，光大永明资产登记规模最大，为 730 亿元；大家资产、民生通惠资产、国寿投资登记规模分别为 660 亿元、572.71 亿元、547.92 亿元。

值得注意的是，与 2023 年同期相比，2024 年保险资产支持计划呈现小额、多只的特点。2023 年，登记规模超 100 亿元的保险资产支持计划有 6 只，而 2024 年登记产品规模均低于 100 亿元。

（二）基础资产投资转向消费金融、小微贷款

作为一种新型融资工具，资产证券化天然具有盘活存量资产的优势，有助于企业改善流动性、降低融资成本。目前，存量资产支持计划主要涉及债权、收（受）益权及权益类三类基础资产。其中，债权包含金融及融资租赁债权、

消费金融债权、企业应收账款债权、不良资产重组债权、保单质押贷款债权等；收（受）益权包含高速公路、供水、供电等未来经营收益权、租金收益权、信托受益权、私募基金份额收益权等；权益类包含未上市公司股权。

从 2024 年数据来看，随着业务结构和模式的不断创新，越来越多的基础资产被纳入资产证券化的资产池。在 19 家保险资管公司登记的 102 只资产支持计划中，基础资产主要为消费金融及小微贷款、供应链资产、融资租赁、基金份额、重组债权等资产。其中，消费金融及小微贷款类资产仍为占比最高的资产类型，供应链资产及融资租赁次之。而此前登记的保险资产支持计划基础资产多为租赁金融、供应链融资等方面资产，但近年来逐渐转向消费金融、小微贷款等基础资产。

三、保险资管行业发展创新

（一）做好"养老金融"大文章

2023 年 10 月召开的中央金融工作会议将"养老金融"列入国家金融重点工作的"五篇大文章"之一，战略意义重大。人口老龄化是今后较长一段时期我国的基本国情，给经济社会发展带来了机遇和挑战。发展高质量养老金融，做好养老筹资、养老投资和养老服务，是应对人口老龄化的重要举措。保险资产管理机构是我国保险资金的主要投资管理人，在长期管理自有保险资金的过程中形成了鲜明的投资风格与能力特点。平衡短期收益与长期收益、兼顾相对收益与绝对收益的要求决定了保险资金在实践中采取"固收+"的资产配置模式，进而形成均衡稳健的投资风格、明确的绝对收益意识、以固收为专长的多元品种投资能力和独树一帜的大类资产配置与解决方案能力。近年来，我国保险行业在探索"保险+服务"的转型模式上已取得了积极进展。"保险+服务"模式将保险产品的支付功能与机构养老、健康管理等服务场景打通，形成闭环的商业模式，是对保险工具风险保障功能的自然延伸，具有极强的逻辑自洽性和现实可行性。

（二）全面提升保险资管水平

随着保险行业规模的扩大和险资运用余额的持续提升，投资管理能力对保险企业的生存和发展起着至关重要的作用。保险公司投资管理能力包括信用风险管理、股票投资、股权投资、不动产投资和衍生品运用管理 5 项，拥有投资管理能力越多，也就意味着保险公司投资范围越广。然而，在当前市场竞争激烈的环境下，很多保险企业在投资管理方面暴露出一些问题，如风险管理不当、投资策略僵化、团队专业能力不足等。由此可见，提升投资管理能力不仅是保险企业的内在要求，还是应对市场挑战、实现可持续发展的必然选择。未来，强化风险管理、创新投资策略、优化团队结构、加强信息科技建设以及持续改进和优化流程都是保险企业在提升投资管理能力过程中必须重视的关键环节。

第三节 券商资管业绩韧性凸显

一、券商资管业务稳定增长

中国证券业协会的数据显示，2024年上半年，147家证券公司资产管理业务净收入为119.08亿元，同比增长8.62%，相较于整体下滑9.44%的营业收入，业绩韧性凸显。2024年券商资管行业经营亮点凸显。

（一）主动管理转型显成效

2024年，券商私募资管的规模及数量保持着增长趋势。中国证券投资基金业协会的数据显示，截至2024年11月底，证券公司及其资管子公司的存续私募产品规模为5.47万亿元，产品数量为19868只，相比2023年底的5.3万亿元、18752只，增幅分别为3.21%和5.95%。

需要重点强调的是，2024年2月，券商私募资管的集合资产管理计划规模达到2.67万亿元，首次超过单一资产管理计划，并连续保持了10个月的领先优势，规模差距亦逐渐拉大。这表明，在资管新规之后，券商资管近年来持续发力主动管理，已经取得了明显的阶段性成果。

综观券商私募资管产品备案情况，2019年至今，新设产品中集合资产管理计划规模长期超过单一资产管理计划。中基协数据显示，2023年，券商资管共备案私募资管规模为3024.48亿元，其中集合资产管理计划约占70%。2024年的3月、10月，这一比例更是分别高达85%、86%。

（二）权益型公募产品规模猛增

据Wind统计，截至2024年12月31日，券商及其资管子公司管理的公募产品（含参公大集合产品）规模共计 1.11 万亿元，同比增长 10.47%。尽管其中有相当一部分是现金管理类产品带来的增量，但总体而言，券商资管的非货管理规模仍实现了 3.48% 的同比增长，达到 6938 亿元。

进一步来看，作为券商资管的传统强项，券商公募产品中，债券型基金规模为 4953 亿元，同比增长 7.05%；股票型基金、指数型基金和 FOF 由于基数较低，规模分别为 137 亿元、289 亿元和 128 亿元，同比分别增长 50.02%、52.24% 和 45.96%；但混合型基金同比减少 10.98%，规模为 1588 亿元。

在券商公募资管产品中，股票型产品以主动管理为主，被动型产品发展略显不足。这主要是由于券商被动股票资管产品以场外产品为主，产品吸引力不强。同时，相关产品的数量较少，覆盖的宽基指数、行业主题指数种类较少，难以完全满足不同投资者的需要；此外缺乏爆款产品，使产品知名度不足，投资者关注度不高。

（三）公募牌照审核收紧

Wind 数据显示，截至 2024 年 12 月 31 日，公募资管非货管理规模排名前 10 的券商分别为东方红资管、中银国际证券、财通资管、国泰君安资管、中泰资管、浙商资管、中信资管、东证融汇资管、华泰资管、山西证券。

其中，仅东方红资管、中银国际证券、财通资管 3 家的非货管理规模超过千亿元，分别为 1509 亿元、1224 亿元和 1133 亿元。排名前 10 的券商中，除中信资管和东证融汇资管外，其余均为公募持牌机构。

与此同时，临近年底，不少券商参公大集合产品的 3 年存续期满，但由于管理人尚未加入持牌名单，最终不得不选择以延长存续期的方式"打补丁"，甚至也有券商干脆将产品转给旗下公募基金，直接清盘。可见，获批牌照仍是券商资管转型公募的重要前提。

然而，自 2023 年 11 月兴证资管获批开展公募管理业务之后，整个 2024 年再无一张公募牌照花落券商。证监会信息显示，截至 2024 年 12 月 27 日，广发证券资管、光大证券资管、国金证券资管 3 家券商资管提交的公募业务申请审批进度也均在 2023 年止步于补正环节。

（四）私募资管集中度下降

近年来，证券公司私募资管业务行业集中度呈现下降趋势。根据中基协 2024 年 12 月 10 日发布的《中国证券投资基金业年报（2024）》（以下简称

"年报2024"），截至2023年末，排名前5的公司管理规模合计占37.04%，前10占比为54.33%，前20占比为72.95%，前30达到82.24%。

截至2024年11月底，券商私募资管产品规模平均值为570.19亿元，中位数为201.60亿元。需要注意的是，资管新规之后，这组数据近年来保持下降趋势。

根据"年报2024"，2023年末，券商私募资管产品规模平均值为552.56亿元、中位数为219.27亿元，相比2019年末的平均值（1076.59亿元）、中位数（553.4亿元），均有所下滑。

（五）配债仍是私募资管的核心

债权类资产包括境内债券（利率债、信用债、资产支持证券及其他）、境内债权（同业存单、其他债权），各类产品包括私募资管产品、私募基金、银行理财、信托计划、保险资管等，现金类资产主要为银行存款，股权类资产包括境内未上市股权、股票，收益权类资产包括各类资产收益权、买入返售资产、股票质押融资等。"年报2024"中提到，证券公司私募资管计划主要配置债权类资产，近年来债权类资产配置比例连续提升，截至2023年末，债权类资产占比达71.57%；股权类资产与收益权类资产配置比例均有所下降，截至2023年末分别为6.89%、5.30%。

二、提升券商资管发展能力

（一）创新业务能力

在业绩整体承压的背景下，券商资管业务展现出较强的韧性，2024年上半年有25家上市券商资管业务收入实现同比正增长。资管业务的稳健发展，对于熨平券商整体业绩波动发挥着一定的作用。一方面，资管规模的增长是业绩提升的主要驱动力；另一方面，不仅是私募资管规模，公募产品、企业ABS等业务规模均在不同程度上实现正增长，形成了多元化、全方位的业务布局。此外，从业务布局角度来看，"公募+私募"双轮驱动的发展模式已成为券商资管业务转型的共识，并为持续提升主动管理能力蓄力。券商资管可通过持续提升产品创新能力、细化投资策略、推动资管业务规模稳中有增、巩固和拓宽代销渠道、优化服务模式、探索和机构的多种合作模式等，满足投资者持续多样化的财富管理需求，提升居民财富收入和获得感。

（二）加速转型发展

随着金融市场结构调整与监管政策导向的深化，国内券商资管业务正经历着深刻变革。虽然私募资管计划规模面临着压降压力，但公募基金管理规模逆势增长，体现了券商资管业务向主动管理与公募业务转型的坚定决心。然而，券商资管业务亦面临多重挑战，包括公募牌照缺失、渠道合作黏性不足、固定收益类产品依赖度高等问题。在主动管理转型的浪潮中，如何灵活调整资管业务的策略布局，以有效应对市场的快速变化，已成为当前各家券商深入探索的核心议题。在金融助力高质量发展的背景下，券商资管业务应该回归本源，强化主动管理能力，加大投研团队建设力度，提升投研人员专业素养和实战经验；积极优化产品谱系，继续发挥券商资管业务在债券投资和信用风险管理方面的优势，为客户提供稳健增值的理财类产品，同时利用多资产和多元策略的优势，开发绝对收益策略产品，满足市场需求和投资者偏好，并积极探索"固收＋"衍生品，为投资者提供更多元化的投资选择。

（三）提升投研与科技化水平

一方面，应持续提升投研水平。2024年，券商资管投研能力提高，加大投入、建立团队和体系，在市场研究、策略制定、风控等方面成果显著，如1625只债券型产品2024年1—11月收益均值为3.94%，中位数为3.89%。投研是主动管理关键，未来应加强建设，提升决策科学性和准确性。

另一方面，应持续提升科技化水平。2024年，券商资管利用大数据、人工智能等技术优化业务流程提效、控险、优服务，如大数据帮助了解客户、人工智能管投资组合和预警风险。未来应加大科技投入，加速平台化，实现数字化、智能化转型。

第四节 其他机构资管市场分析

一、公募基金资产管理规模上升业绩分化

（一）公募基金规模首次突破30万亿元

2024年以来，公募基金规模稳步提升。4月，我国公募基金资产净值首次

突破30万亿元，达到30.78万亿元。截至8月末，我国公募基金资产净值达到30.90万亿元，相比2023年末的27.60万亿元增加3.30万亿元。其中，封闭式基金资产净值为3.84万亿元，相比2023年末的3.80万亿元增加0.04万亿元；开放式基金资产净值为27.07万亿元，相比2023年末的23.80万亿元增加3.27万亿元。

（二）公募基金资管市场业绩分化

1. 债券基金增长明显，混合基金出现下滑

中国证券投资基金业协会数据显示，2024年8月，受国内外诸多因素的影响，公募基金资产净值出现明显下滑，其中债券基金和混合基金相比7月分别下滑0.45万亿元和0.15万亿元。从开放式基金来看，截至2024年8月末，货币型基金和债券型基金的资产净值分别为13.39万亿元和6.55万亿元，相比2023年末分别增长2.12万亿元和1.24万亿元；股票型基金和混合型基金的资产净值分别为3.29万亿元和3.30万亿元，相比2023年末分别增长0.46万亿元和下滑0.65万亿元。

2. 货币基金收益大幅下滑，权益基金表现不佳

普益标准监测数据显示，2024年以来，货币型公募基金7日年化收益率出现大幅下滑。截至2024年9月，货币型公募基金7日年化收益率月均值为1.57%，较年初下降0.58个百分点，较上月上升0.03个百分点；债券型公募基金过去6个月收益率为2.05%，过去3个月收益率为0.97%，分别环比下降0.24个百分点和0.30个百分点，分别同比下降0.09个百分点和0.02个百分点；混合型公募基金过去6个月涨幅为1.51%，过去3个月涨幅为-0.24%，区间收益表现较上月双双下滑，分别下降0.76个百分点和3.12个百分点；股票型公募基金过去6个月涨幅为0.17%，过去3个月涨幅为-0.83%，区间收益表现较上月双双大幅下滑，分别下降1.56个百分点和3.44个百分点。

（三）构建以"投资者"为核心的公募基金资管体系

1. 注重以投资者为主体

新"国九条"指出，要以习近平新时代中国特色社会主义思想为指导，全面贯彻党的二十大和二十届二中全会精神，紧紧围绕打造安全、规范、透明、开放、有活力、有韧性的资本市场，以强监管、防风险、促高质量发展为主线，更好地发挥资本市场功能作用，推进金融强国建设，服务中国式现代化大局。

新"国九条"对公募基金行业的投资能力、产品创新能力及客户服务能力提出了更高的要求。具体包含以下四个方面内容。一是加强证券基金机构监管，推动行业回归本源、做优做强。推动证券基金机构高质量发展，引导行业机构树立正确的经营理念，处理好功能性和盈利性的关系。二是大力发展权益类公募基金，大幅提升权益类基金占比。新"国九条"对大力发展权益类公募基金导向明确，对于投资者而言，有助于公募基金行业提升权益类基金的丰富程度，给予投资者更多选择，提高市场流动性。三是推动债券和REITs市场高质量发展。REITs在新"国九条"中多次出现，显示出政策层面对REITs市场制度建设的重视，有利于提高投融资两端参与方的积极性。四是全面加强基金公司投研能力建设，丰富公募基金可投资资产类别和投资组合，由规模导向向投资者回报导向转变。新"国九条"更加注重"以投资者为本"，对资管机构的投研能力和产品创新服务能力提出了更高的要求。

2. 保护基金持有人合法权益

2024年4月19日，《公开募集证券投资基金证券交易费用管理规定》（以下简称《规定》）正式发布，进一步加强了公募基金交易费用管理，明确了公募基金管理人证券交易佣金及分配管理，有利于保护基金份额持有人合法权益，提升证券公司机构投资者服务能力。

《规定》主要包含四个方面内容。一是明确证券交易佣金费率水平。合理调降公募基金的证券交易佣金费率，明确平均佣金费率水平的发布机制。二是降低证券交易佣金分配比例上限。对权益类基金管理规模超过10亿元的管理人，将佣金分配比例上限从30%调降至15%；明确券商交易模式和租用交易单元模式并存情形下交易佣金分配比例要求。三是强化基金管理人、证券公司内部制度要求。要求基金管理人建立健全证券公司选择、协议签订、服务评价、交易佣金分配等管理制度，强化证券公司研究能力建设，优化证券公司基金销售业务考核激励机制，压实基金托管人职责，强化外部监督制约。四是明确基金管理人层面信息披露的内容和要求。新增基金管理人层面整体交易佣金费率水平和分配情况披露要求。

《规定》的发布实施，将进一步优化基金证券交易佣金制度，降低基金投资者交易成本，有利于引导公募基金管理人进一步端正经营理念，专注提升投资者长期收益，提供更加优质的交易、研究和投资服务，促进形成良好的行业发展生态。

二、私募基金资产管理回归本源

（一）私募基金新增产品备案与复合策略显现

1. 私募基金新增产品备案持稳

中国证券投资基金业协会数据显示，截至 2024 年 8 月末，我国私募基金证券管理人共有 8109 家，股权、创业管理人共有 12177 家，其他管理人共有 211 家，配置类管理人共有 8 家。从结构上看，股权、创业管理人和证券管理人占据主体地位，二者共计 20286 家，合计占比为 98.93%。2024 年以来，私募基金管理人数出现了明显下滑，其中证券管理人较 2023 年末减少 360 家，股权、创业管理人较 2023 年末减少 716 家。

从私募基金管理规模来看，2018 年以来，私募基金管理规模总体上保持增长趋势。截至 2024 年 8 月末，私募基金管理规模达到 19.65 万亿元。其中，证券管理规模为 5.03 万亿元，股权、创业管理规模为 14.21 万亿元，其他管理规模为 4051.68 亿元，配置类管理规模为 51.50 亿元。从结构上看，股权、创业管理规模和证券管理规模占据主体地位，二者合计达到 19.24 万亿元，占比为 97.91%。2024 年以来，私募基金管理规模较 2023 年有所回落。

2. 复合策略表现亮眼

普益标准监测数据显示，2024 年 8 月，复合策略私募基金近 6 个月收益为 3.12%，近 3 个月涨幅为 2.02 个百分点，过去 6 个月和过去 3 个月区间收益表现较上月环比下降。股票策略私募基金近 6 个月收益为 1.26%，近 3 个月收益为 0.28%，过去 6 个月和过去 3 个月区间收益表现较上月环比下滑。

（二）私募基金资产管理市场发展趋势研判

1. 严格监管成为必然

在服务实体经济的各类金融力量中，私募基金行业的功能日益凸显。当前，私募基金行业在发展中尚存一些问题和风险，如一些"伪私募"让投资者无法看清投资"暗坑"，从而遭受损失。过去 10 年，私募基金管理人呈井喷式增长，这也导致私募基金行业存在多而不精、大而不强、鱼龙混杂等情况，涉及利用私募基金非法集资的"伪私募"更是引发关注。2023 年 11 月，证监会党委传达学习贯彻中央金融工作会议精神时强调，防控风险是金融工作的永恒主题，要加强监管协同，严厉打击"伪私募""伪金交所"等非法金融活动。

近年来，监管部门妥善有序推动"伪私募"出清，对"带病"私募机构从未放松关注，并频繁"亮剑"，最大限度地保护投资者合法权益。根据中国证券投资基金业协会官网数据，2023年全年全市场已注销私募基金管理人合计2537家，远超往年水平，创下历史新高，其中七成公司是因异常经营或被协会采取纪律处分措施后，由协会注销。各类"伪私募""乱私募"正在进一步出清，行业生态逐步净化。另外，2023年底最高人民检察院、最高人民法院联合发布了依法从严打击私募基金犯罪典型案例，提高投资者识别"伪私募"的能力。

2. 全球化资产配置成为趋势

在全球市场周期错配以及外资对中国资产兴趣日益浓厚的大背景下，越来越多的私募基金选择出海，通过全球化资产配置来分散风险并拓宽收益来源。另外，随着国内私募基金行业的洗牌加剧，出海也成为国内私募机构寻求生存与发展的重要途径。香港特别行政区作为紧邻内地的国际金融中心，成为众多内地私募机构出海的首选平台，而取得香港金融9号牌照则成为这一过程中最主流的方式之一。私募基金将视野转向海外市场有多个方面原因：一是私募希望通过全球化资产配置来分散风险，以寻求更高的回报；二是海外融资成本更低，境外衍生品工具和金融工具也更加丰富，能够为开发策略提供更好的基础环境；三是出海有助于私募吸引主权基金、养老金和FOF等长线资金，这些资金大多持有周期较长，更符合私募的策略风格；四是随着国内市场竞争的加剧，私募寻求通过出海来拓展新的增长空间。

3. 更加突出行业自律

2024年4月30日，中国证券投资基金业协会发布《私募证券投资基金运作指引》（以下简称《运作指引》），自2024年8月1日起正式施行，施行之日后完成备案的私募证券投资基金应当符合《运作指引》规定。近年来，私募证券基金行业发展迅速，在服务实体经济、满足居民财富管理需求、壮大机构投资者队伍、提高市场定价效率、增强资本市场韧性等方面发挥了积极作用。《运作指引》的颁布有利于加强私募证券投资基金自律管理，规范私募证券投资基金业务，保护投资者合法权益，促进私募基金行业健康发展，维护证券期货市场秩序，未来证券私募行业也将进入更规范化、更专业化的高质量发展新阶段。《运作指引》规范要点如下。

第一，对基金的投资与运作规则进行了调整。在基金规模方面，一是将最低存续规模由1000万元降低至500万元；二是在触发停止申购后、进入清算程序之前，增加了缓冲期；三是将长期低于500万元的起算时间定为2025年1月1日，给予了一定过渡期。在申赎管理、锁定期安排方面，《运作指引》将申赎开放频率由"至多每月开放一次"放宽为"至多每周开放一次"，并将6个月锁定期要求放宽至3个月，同时允许私募证券基金通过设置短期赎回费的方式替代强制锁定期安排，有利于产品运作的流动性安排。此外，对于《运作指引》发布前已备案私募证券基金的申赎及锁定期安排不作强制整改要求。

第二，对基金的投资运作进行了规范。要求私募基金管理人应当严格按照《运作指引》要求合理规范基金运作，规定基金的投资范围、投资方向以及其他禁止性行为，对私募证券投资基金应当采用资产组合的方式进行投资以及不受"单只私募证券投资基金投资于同一资产的资金，不得超过该基金净资产的25%"条件限制的情形进行详细规定；规定私募基金管理人不得为金融机构、其他私募基金管理人等提供规避投资范围、杠杆约束、投资者门槛等监管要求的通道服务；明确私募证券投资基金开展场外衍生品交易的条件；私募证券基金投资单一债券实行"双10%"限制，对私募证券基金投资于同一发行人及其关联方的债券实行"双25%"限制；对开展程序化交易的私募证券投资基金提出八点规定要求；明确开放式私募证券投资基金的基金合同应当规定具体要求。

第三，对私募基金管理人的合规要点进行了明确。私募基金管理人应当加强内控管理，规范业务操作，防范市场操纵、内幕交易等违法违规行为；应当在风险可测、可控、可承受的前提下开展自有资金投资，建立风控机制和应急管理制度，制定风险应急预案，确保私募证券投资基金在运作过程中能够有效识别、评估、监控和应对各类风险，保障基金资产的安全和投资者的利益。

三、期货资产管理蓄势待发

（一）期货资产管理总体发展趋势良好

根据中国证券投资基金业协会发布的数据，截至2024年11月，期货行业私募资管产品存量2091只，规模共计3242.11亿元。据统计，期货资管规模从2024年4月开始出现明显增长，3月底至8月底实现连续增长，产品规模由3月底的2706.93亿元增长至8月底的3535.72亿元，到11月底略有回落，但总体较2023年底实现了18.09%的规模增长。其中，期货和衍生品类产品规模

在6月底至11月底实现5个月连续增长,11月底为291.35亿元,较2023年底增长28.15%。具体而言:

截至2024年10月底,期货公司及其子公司资管产品存续规模为3225.34亿元,较上月环比增长-6.27%。另外,从投资类型来看,期货和衍生品类产品存续规模为992亿元,较上月环比增长-1.84%,较上月突破千亿元规模之后有所回落。

截至2024年10月底,期货公司及其子公司资管产品当月备案数量为22只,设立规模6.64亿元,分别较上月环比增长-53.19%、-87.94%,产品平均规模约为3018万元,总规模以及单只规模较上月出现明显下降。

截至2024年10月底,期货和衍生品类产品当月备案数量为22只,设立规模34.68亿元,分别较上月环比增长-37.14%、235.72%,产品平均规模约为1.58亿元,总规模以及单只规模较上月出现明显增长。

2024年1月1日至2024年10月31日,84家期货公司及其子公司共成立315只集合资产管理计划,其中期货公司成立产品数量6只以上的合计14家,共161只,占比为51.11%。

(二)加快期货资产管理市场发展的思考

1. 创新发展场外衍生品业务

期货场外衍生品业务作为金融市场的重要组成部分,具有独特的优势和潜力,其灵活多样的结构和功能,能为实体经济提供个性化的风险管理工具,帮助企业稳定经营、优化资源配置、提升竞争力,从而助力产业高质量发展。近年来,期货行业不断创新场外衍生工具的应用模式,新的交易结构、业务模式不断涌现,有效地服务了实体客户全流程的风险管理需求,实体客户的参与度也在不断提升。一方面,场外衍生品业务的发展可以与场内衍生品形成有效互补,从多维度促进价格发现功能的实现,引导资源优化配置。通过场外衍生工具的运用,期货行业积极在乡村振兴、"保险+期货"、大宗商品稳产保供等风险管理方面探索实践,创设特色的、产品化的风险管理服务模式,为实体经济高质量发展提供了期货力量。另一方面,场外衍生品在国民经济中的应用领域仍十分广阔,可以在服务宏观调控、重要产业链供应、优势新兴产业、高水平对外开放等方面发挥更重要的作用。

随着政策的不断完善和市场的日益成熟,期货场外衍生品市场的规范性、透明度和流动性有望得到进一步提升。不过,鉴于场外衍生品业务的非标性和个性化特点，其也对期货经营机构本身发展提出了更高的要求。期货公司应不断加大对期货及场外衍生品的模式创新、服务创新、路径创新，并将其成果在服务实体经济中应用和转化，从而使场外衍生品创新成为我国经济高质量发展的重要推动力之一。具体可从四个方面着力：一是提升研究水平，为实体企业提供多维度的场外衍生品策略建议；二是充分运用大数据平台，建立起期现货、场内外、境内外产业和宏观的综合分析体系，为宏观管理部门进行价格决策提供专业数据；三是各家期货公司可依据自身的优势力量，对重要产业链进行重点攻克，锻造对不同产业链提供针对性服务的能力，最终实现期货对全社会产业链的全覆盖；四是重视国际业务布局，向全球提供中国衍生品方案。

2. 积极拓展国际化业务

期货公司的国际化业务主要包括跨境期货交易、国际期货合约上市，以及与国际市场的合作和交流等。2024年，随着期货市场对外开放的持续深化，期货公司的国际化业务取得显著进展。多家期货公司积极拓展境外市场，国际化业务成为营业收入新的增长点。例如，2024年中粮期货国际化业务取得了良好成绩，营业收入、净利润及ROE持续增长，成为公司营业收入和利润的重要贡献板块之一；浙商国际1—10月完成营业收入8035.11万港元，已完成年度指标，年度累计盈利1774.94万港元；南华期货在中国香港以及美国、新加坡、英国等地都设立了分支机构，并获得了当地金融市场的业务牌照，可为客户提供期货、证券、外汇、资产管理等多元化金融服务，并拥有包括CME、LME在内的14家主流交易所的会员资格，以及11个清算席位，最大限度地降低了境外清算过程中的风险，保障了客户的资金安全。

"走出去"与"引进来"的国际化业务需求，对期货公司提出了高质量、高标准要求，也是期货公司转型升级的必由之路。对于期货公司自身发展来说，国际化业务的发展，一方面优化了业务结构，分散了公司在单一市场的经营风险，拓展了业务收入来源；另一方面通过国际业务的拓展以及与国际机构的合作，提升了公司的品牌知名度、专业水平以及全球竞争力。期货公司应该积极把握境外业务发展机遇期，持续完善国际化业务布局，打造差异化竞争优势。

3. 满足各类市场资产配置需求

多年来，国内期货公司不只专注做单一的交易平台，而是充分发挥自身优势，积极拓展资产管理业务，更好地满足居民财富管理的需求。新"国九条"

提出，引导期货公司聚焦期货和衍生品领域开展资产管理业务，切实履行主动管理职责，推动实现客户资产实质性独立托管，为期货资管业务的未来发展指明了方向。

期货资管不仅是期货公司专业能力的综合体现，还是期货公司实现高质量发展的重要业务，期货公司在开展资管业务上有诸多优势。期货市场的发现价格、管理风险及配置资源三大功能，是期货公司开展差异化资产管理业务，进而探索具有期货特色资管业务模式的根本遵循，也是期货资管区别于其他资管机构的核心竞争力，更是期货资管服务居民财富管理、充分发挥期货公司功能性、做好居民财富"管理者"的关键所在。同时，期货公司在期货、期权等衍生品领域有着多年的专业积累和风险管理经验，有着较为深厚的市场及研究积累，沉淀了一大批专业投研人才，依托自身传统特长，加上对衍生品市场波动及宏观对冲配置的天然敏感性，具有先发优势。期货资管可充分发挥在大宗商品、期现套利、量化对冲、CTA 策略等领域的独特优势，满足市场对期货和衍生品类资产配置的需求。

因此，展望新阶段资管的发展方向，期货资管不应只局限于期货市场交易，而应站在居民财富管理的大格局中，充分利用多空和期现联动的思维，充分发挥期货市场三大功能，做好期货资管产品。对于期货公司来说，其应意识到期货资管所肩负的特殊使命，充分发挥行业积淀，打造特色且专业的资管模式，提升专业服务水准；强化科技投入，提升资管软实力；打造高质量的资管团队，形成"投资有特色、规模有增长、团队有扩充"的良性循环。

与此同时，期货资管业务要想有更大的发展，应重视合规运营。期货公司必须坚持以严格防范风险、合规展业为前提，要主动加强风险管理，提升风险管控的专业能力。通过建立健全全面风险管理体系，对资管业务实现全流程管理，从产品设计、投资交易、风险控制和运营管理等方面建立起完整的运营体系，优化更新各类风险管控措施，强化制度约束力和执行力。在严控风险管理的前提下，通过投资运作，捕捉市场交易机会，赚取合理的利润，实现客户资产的保值增值。

中国信托业发展报告
（2025）

第五章

2024 年法律法规评述

2024年，在信托法律法规层面上有三个重要事件。

第一是中国人民银行、国家金融监督管理总局、国家发展改革委、民政部、财政部、人力资源和社会保障部、国家卫生健康委、中国证监会、国家医保局等九部门联合印发《关于金融支持中国式养老事业 服务银发经济高质量发展的指导意见》（以下简称《意见》）。《意见》以习近平新时代中国特色社会主义思想为指导，坚持以人民为中心的发展思想，牢牢把握健全体系、增进福祉的总要求，界定养老金融内涵和外延，明确2028年和2035年养老金融发展的阶段性目标，从支持不同人群养老金融需求、拓宽银发经济融资渠道、健全金融保障体系、夯实金融服务基础、构建长效机制五个方面提出16项重点举措。另外，人力资源和社会保障部、财政部、国家税务总局、国家金融监督管理总局、中国证监会在2024年12月10日发布了《关于全面实施个人养老金制度的通知》[①]，全面铺开个人养老金制度。

第二是三分类新规所确立的信托业务三分类中的法律问题继续发酵。

第三是国家金融监督管理总局北京监管局与北京市规划和自然资源委员会联合发布《关于做好不动产信托财产登记工作的通知（试行）》[②]，落地信托财产登记制度。这是完善信托法实施的基础设施过程中非常重要的进展。

本年度的法律法规评述主要围绕以上三个大问题展开。

第一节　中国特色养老金信托制度构建中的核心法律问题

随着个人养老金制度的初步建立，我国的养老金信托制度框架已经初步搭

---

① 人社部发〔2024〕87号。
② 京金发〔2024〕337号。

建起来（见表5-1）。但是，很多人包括政策制定者自动把养老金和保险联系起来，忽视了养老金管理在各国普遍采取信托制度这种普遍做法。这里首先对具有中国特色的养老金信托法规做一个简单的梳理。

表5-1 中国特色养老金信托法规

大类	小类	自愿或者强制加入	主要规范依据
基本养老金	企业基本养老金	强制	《中华人民共和国社会保险法》《基本养老保险基金投资管理办法》
	事业单位基本养老金	强制	《中华人民共和国社会保险法》《国务院关于机关事业单位工作人员养老保险制度改革的决定》
	机关基本养老金	强制	《中华人民共和国社会保险法》《国务院关于机关事业单位工作人员养老保险制度改革的决定》
	其他城乡居民基本养老金	政府主导和居民自愿相结合	《人力资源社会保障部 财政部关于提高全国城乡居民基本养老保险基础养老金最低标准的通知》
	社保基金		《中华人民共和国社会保险法》、《全国社会保障基金投资管理暂行办法》、《全国社会保障基金信托贷款投资管理暂行办法》（2016年）和《全国社会保障基金条例》
狭义的年金（职业年金）	企业年金	自愿	《企业年金办法》（2017年）、《企业年金基金管理办法》（2011年）
	事业单位年金	自愿	《国务院关于机关事业单位工作人员养老保险制度改革的决定》《机关事业单位职业年金办法》《职业年金基金管理暂行办法》
	机关年金	自愿	《国务院关于机关事业单位工作人员养老保险制度改革的决定》《机关事业单位职业年金办法》《职业年金基金管理暂行办法》

续表

大类	小类	自愿或者强制加入	主要规范依据
个人养老金（年金）	个人年金	自愿	《关于推动个人养老金发展的意见》、《关于全面实施个人养老金制度的通知》、《中华人民共和国民法典》（合同编）、《中华人民共和国信托法》和《中华人民共和国保险法》等

归纳起来，我国的养老金制度包括以下三种。

第一，基本养老金。这是作为社会保障制度之重要一环、根据《中华人民共和国社会保险法》确立的强制性的养老金制度。在过去很长的一段时间，基本养老保险仅包括针对企业员工的养老保险，"并轨"之后，事业单位和机关单位也开始适用基本养老金。除针对有固定"单位"的人的基本养老保险之外，还有覆盖广大城乡居民的基本养老保险。

第二，职业年金。包括企业年金、事业年金和机关年金等。职业年金是基本养老金的有益补充。

我国最早被称为"年金"信托制度的是根据《企业年金试行办法》和《企业年金基金管理试行办法》实施的企业年金制度。而根据《国务院关于机关事业单位工作人员养老保险制度改革的决定》等相关的规定，国务院办公厅在2015年4月6日发行《机关事业单位职业年金办法》，将适用职业年金的对象扩大到机关和事业单位的成员。

而在此之前，某些信托公司已经开始推出灵活的、可普遍适用于各类企事业单位的职业年金和员工福利产品，也体现出信托的制度创新有稀释严格监管的功能。年金制度的广泛适用对社会保障制度是有益的补充。

第三，个人年金。是完全由个人选择加入的年金计划。《关于推动个人养老金发展的意见》的出台为该制度奠定了基础。

整体来看，养老金大致可以和年金的概念等同。在我国，广义的年金除包括我国的企业年金之外，其他的单位年金、基本养老保险金和个人年金均应被包括在内。我国养老金的制度体系和规范体系已经逐渐成形。

一、基本养老金信托

作为社会保障制度之重要一环，《中华人民共和国社会保险法》确立了强制性的基本养老金制度。在过去很长的一段时间，基本养老保险仅包括针对企业员工的养老保险，"并轨"之后，事业单位和机关单位也开始适用基本养老金。除了针对有固定"职业"的人的基本养老保险，还有覆盖广大城乡居民的基本养老保险。

2014年6月16日，全国社会保障基金理事会实施了《全国社会保障基金信托贷款投资管理暂行办法》（以下简称《办法》），允许社保基金以信托贷款的方式进行投资，承认了社保基金的运用体制中可以包括信托。2015年4月，国务院决定适当扩大全国社保基金投资范围，发布四项重要举措，包括将基金的信托贷款投资比例上限从5%提高到10%，以加大对保障性住房、城市基础设施等项目的参与力度。2016年对《办法》进行了最新的修改，修订之后的版本扩大了社保基金信托贷款项目担保方的主体范围，明确大型企业也可以为项目提供连带责任担保，同时适当降低了社保基金信托贷款项目的准入条件。

2015年8月17日，国务院印发《基本养老保险基金投资管理办法》，其中第一条规定："为了规范基本养老保险基金投资管理行为，保护基金委托人及相关当事人的合法权益，根据社会保险法、劳动法、证券投资基金法、信托法、合同法等法律法规和国务院有关规定，制定本办法"，明确了我国的基本养老金投资管理体制为信托制。

总之，基本养老金的归集和使用在法律上采取保险机制，但是在基金管理方面，应当以信托原理对各方参与机制进行整理。

二、职业年金信托

（一）职业年金制度的沿革

在我国，职业年金包括企业年金、事业年金和机关年金三种类型。职业年金是基本养老金的有益补充，与个人年金（养老金）共同构成了我国的年金体系三支柱。

在最早《企业年金试行办法》和《企业年金基金管理试行办法》实施的企业年金制度中，委托人被限制为符合一定条件的企业及其员工，而对受托人方面则实行极其严格的许可制度，因此不利于其广泛地适用。

《企业年金基金管理试行办法》在2011年2月进行了修订[①]，正式更名为

---

① 该办法在2015年又进行了修订。

《企业年金基金管理办法》，确定了企业年金基金的信托财产地位和信托运行管理体制，对企业年金基金的信托管理和运营作出了比较详细的规定①。《企业年金基金管理办法》第一条规定："根据劳动法、信托法"等法律制定，明确了该办法是信托法的特别法。

根据《国务院关于机关事业单位工作人员养老保险制度改革的决定》等相关的规定，国务院办公厅于 2015 年发行《机关事业单位职业年金办法》，将适用职业年金的对象扩大到机关和事业单位的成员。2016 年 9 月 28 日，人力资源和社会保障部与财政部印发《职业年金基金管理暂行办法》，该办法第一条明确规定："为规范职业年金基金管理，维护各方当事人的合法权益，根据信托法、合同法、证券投资基金法等法律及有关规定，制定本办法"，明确了职业年金基金属于信托。该办法第八条还规定："职业年金基金财产独立于机关事业单位、各级社会保险经办机构、受托人、托管人、投资管理人和其他为职业年金基金管理提供服务的自然人、法人或者其他组织的固有财产及其管理的其他财产。"这确定了类似信托财产独立性的规则。

另外，中国银保监会《关于规范信托公司信托业务分类的通知》也把"企业/职业年金服务信托"作为行政管理服务信托的一种类型并作了规定。

（二）企业年金相关规范所展现的信托法理

企业年金是企业及其职工在依法参加基本养老保险的基础上，自愿建立的补充养老保险制度②。一般认为，直到 2004 年通过的《企业年金试行办法》（2018 年修订为《企业年金办法》，以下简称《年金办法》）和《企业年金基金管理试行办法》（2011 年 2 月进行了修订③，正式更名为《企业年金基金管理办法》，以下简称《基金管理办法》），才确定了企业年金基金的信托财产地位和信托运行管理体制，对企业年金基金的信托管理和运营作出比较详细的规定④。但是有趣的是，在《企业年金试行办法》中，根本就没有出现"信托"

---

① 美国《雇员退休收入保障法》（*Employee Retirement Income Security Act*, ERISA）第 403 条规定，以劳动者作为对象的给付制度中，资产应全部采取信托的方式加以保有，只在例外的场合允许采用保险合同的方式，原因即在于信托机制因其财产的独立性和管理的专业性所带来的安全与效率。

② 在我国"年金"的概念比较狭窄，实际上，基本养老保险基金也应归入年金的范围之内，只不过应归属"公的年金"制度。除此之外，笔者一直主张用信托法理去规范包括养老金基金、社保基金理事会所管理的基金、住房公积金基金、公共维修基金等"社会性基金"的管理体制。

③ 该办法在 2015 年 4 月 30 日又进行了修正。

④ 美国 ERISA 第四百零三条规定，以劳动者作为对象的给付制度中，资产应全部采取信托的方式加以保有，只在例外的场合允许采用保险合同的方式，原因即在于信托机制因其财产的独立性和管理的专业性所带来的安全与效率。

这一词汇，只是在2018年修订的《年金办法》中明确增加了该办法的制订依据之一是《中华人民共和国信托法》。而《基金管理办法》在最初的版本中就明确规定本办法"根据劳动法、信托法"等法律制定（同办法第一条）。可以说，企业年金法就是企业年金信托法，关于企业年金的两个办法都属于信托法的特别法。

第一，《年金办法》第五条规定："企业和职工建立企业年金，应当确定企业年金受托人，由企业代表委托人与受托人签订受托管理合同。受托人可以是符合国家规定的法人受托机构，也可以是企业按照国家有关规定成立的企业年金理事会。"《年金办法》第二十八条第一款规定："企业年金基金应当与委托人、受托人、账户管理人、投资管理人、托管人和其他为企业年金基金管理提供服务的自然人、法人或者其他组织的自有资产或者其他资产分开管理，不得挪作其他用途。"据此，中国企业年金基金不能由企业或职工自己管理，而是必须由企业和职工作为委托人将企业年金基金财产委托给受托人管理运作，这种"委托"行为是一种信托行为。

《年金办法》第二十八条、《基金管理办法》第五条至第十一条和第三十八条重申了和《中华人民共和国信托法》同样的确保年金基金财产独立性的规则，这种规定把企业年金基金与企业自身的经营风险和管理机构的风险隔离起来，相当于使信托财产独立于委托人和受托人的财产，这有利于确保企业年金财产的安全性，确保企业年金各方当事人的权益，尤其是受益人的权益能够得到比较有效的保护。

第二，《基金管理办法》按照信托法的原理明确了参与企业年金基金管理各方管理人的诚信义务、谨慎义务和勤勉义务与职责（同办法第十二条），特别是明确了受托人在企业年金基金管理中应当承担的义务、职责及法律责任（同办法第二十三条等）。

第三，引入了独立托管制度等风险控制机制。《基金管理办法》对上述当事人之间的制衡关系作了比较详细的规定。比如，要求同一企业年金计划中，受托人与托管人、托管人与投资管理人不得为同一人；建立企业年金计划的企业成立企业年金理事会作为受托人的，该企业与托管人不得为同一人；受托人与托管人、托管人与投资管理人、投资管理人与其他投资管理人的总经理和企业年金从业人员不得相互兼任（同办法第六条）。另外，对每个当事人规定了一些很具体的限制性条款，如报告制度和信息披露制度（同办法第九章）等，并对每一个当事人的义务、责任和权利作了具体的规定，任何一个当事人违规，其他当事人都有权监督并质疑甚至拒绝执行。如果托管人发现投资管理人依据交易程序尚未成立的投资指令违反法律、行政法规、其他有关规定或者合同约定的，应当拒绝执行，立即通知投资管理人，并及时向受托人和有关监管部门报告。托管人发现投资管理人依据交易程序已经成立的投资指令违反法律、行政法规、其他有关规定或者合同约定的，应当立即通知投资管理人，并及时向受托人和有关监管部门报告（同办法第三十五条）。

《年金办法》和《基金管理办法》中的相关规定，与信托法的相关规定几乎一致。

作为参考，日本规定企业年金制度的是作为信托特别法的《确定给付企业年金法》（平成13年—2001年）。这是为了企业的雇员而设立的私的年金制度。年金最初的出资（本金）由企业的雇员以及雇主共同缴纳，由企业作为委托人委托给信托银行，企业职员成为受益人（年金受给人）。信托公司一般会从和委托人签订合同的投资顾问公司那里得到指示，对信托财产进行运用。年金管理运用需要遵循安全稳健的方针进行，但是信托财产也难免因投资失败而有所减少，使受益人遭受损失。但是由于企业年金信托是以长期运用为前提的信托，信托财产的减少并不直接导致受益人给付额的减少。

信托满足了年金制度对财产独立性和安全性的需求。即使缴纳年金的企业破产，企业年金财产也不构成该企业的破产财团；即使受托人破产，企业年金资金的安全性依然能得到保障。而且，企业年金信托具有社会保障性质，应能享受一定的税收优待，这些特点对保障退休职工的权益是非常有利的[1]。

（三）职业年金制度发展中的问题

目前，对企业年金制度有相对较多的规定，但针对机关和事业单位年金制度仅有《基金管理办法》，具体的操作细则仍然需要不断完善，需要经过实践的检验。这里列举需要注意的主要问题。

1. 年金信托主要是法定信托

单位年金信托制度都是根据部门规章和其他规范性文件建立的，虽然有当

---

[1] 包括企业年金信托在内的其他年金信托具有社会保障的属性，但是又不属于严格意义上的公益信托，为此，能见善久教授提出"社会性信托"这一概念，以涵盖包括公益信托、年金信托在内的宽泛的信托类型。能见善久：《信託の現代的機能と信託法理》．ジュリスト（No. 1164），1999.10.1，第12页。

事人自愿的因素，但是，各参与主体（委托人、受托人、投资管理人、托管人、受益人等），特别是委托人几乎没有机会参与完全自主的磋商（企业代表委托人与受托人签订合同）。所以，这种信托有着意定信托和法定信托混合的属性，且法定信托的属性更强一些。

2. 受益人的特殊性

职业年金受益人的权利和普通信托相比具有特殊性。年金信托的受益人原则上是单位的成员，加入单位，就可能成为受益人，退出单位，就可能丧失受益人的身份。当然，受益人是按照信托文件的约定发生增减的，这并不会影响受益人的确定性。但是，由于职业年金的受益人人数众多，在行使权利方面会有很多特殊的地方，有待未来研究。

3. 信托公司作为受托人的资格问题

既然年金属于信托制度，作为全牌照受托人的信托公司理论上应有比较多的参与机会。但是，由于路径依赖等，信托公司在管理年金事务的过程中几乎没有发言权。根据人力资源和社会保障部官网公布的截至2021年10月的企业年金基金管理机构名单，信托公司方面只有中信信托获得法人受托机构资格、华宝信托获得账户管理机构资格，尚未有信托公司取得投资管理机构资格。

在只有企业年金基金管理制度时，企业年金管理体制采取严格的牌照制，而机关年金和事业单位年金的管理体制没有建立起来，信托公司似乎还有机会通过实践的探索为自己争取更大的制度空间。

但是，根据《职业年金基金管理暂行办法》（人社部发〔2016〕92号）第三条第二款的规定，断绝了这种可能性："职业年金基金受托、托管和投资管理机构在具有相应企业年金基金管理资格的机构中选择。"即新的职业年金的管理体制仍然和企业年金的管理体制保持一致。对于信托公司而言，要想在职业年金领域发挥更大的作用，只能去争取这个领域的牌照。

未来，在完善关于机关和事业单位年金的具体管理规范时，不能路径依赖，不能完全参考企业年金的管理规范，而应尊重市场主体的尝试，尊重年金制度属于信托制度的实质，给信托公司在内的其他市场主体以参与机会。

三、私人养老金信托

（一）制度的建立及发展

国务院办公厅2022年发布的《关于推动个人养老金发展的意见》规定，个人养老金实行个人账户制度，缴费完全由参加人个人承担，实行完全积累，参加人每年缴纳个人养老金的上限为12000元。这也基本上确立了养老金账户的类似信托账户的地位。

人力资源和社会保障部、财政部、国家税务总局、国家金融监督管理总局、中国证监会在2024年12月10日发布了《关于全面实施个人养老金制度的通知》[1]，全面铺开个人养老金制度。根据该通知，自2024年12月15日起，在中国境内参加城镇职工基本养老保险或者城乡居民基本养老保险的劳动者，均可以参加个人养老金制度。参加人可以通过国家社会保险公共服务平台、电子社保卡、掌上12333 App等全国统一线上服务入口或者符合规定的商业银行开立个人养老金账户，并在商业银行开立个人养老金资金账户。参加人每年可以两次变更个人养老金资金账户的开户银行。该通知还扩大税收优惠政策实施范围。个人养老金税收优惠政策的实施范围从先行城市（地区）同步扩大到全国。各相关部门要密切配合，落实落细税收优惠政策，充分发挥政策激励作用。

（二）个人养老金制度的核心法理是信托法理而非保险法理

《关于推动个人养老金发展的意见》中申明，个人养老金制度是"根据《中华人民共和国社会保险法》《中华人民共和国银行业监督管理法》《中华人民共和国保险法》《中华人民共和国证券投资基金法》等法律法规"制定的，将《中华人民共和国证券投资基金法》作为依据，是因为其属于《中华人民共和国信托法》的特别法，如此规定显然是一个巨大的进步；但为正本清源之计，应明确《中华人民共和国信托法》作为制度之依据。

根据该意见的规定，个人养老金制度的核心是个人养老金账户。该账户通过个人养老金信息管理服务平台建立，具有唯一性。该账户"可以由参加人在符合规定的商业银行指定或者开立，也可以通过其他符合规定的金融产品销售机构指定"。即该账户的管理人不仅可以是保险公司，也可以是商业银行，还

---

[1] 人社部发〔2024〕87号。

可以是信托公司、基金公司等其他金融产品销售机构。

很明显，这些受托机构处在信托受托人的位置，应当担当起受托人的职责。对于这些机构，不能主张仅以自己是委托人的代理人而存在。

而且，"个人养老金资金账户实行封闭运行，其权益为参加人所有，除另有规定外不得提前支取"。个人养老金账户上的资金是以养老为目的的独立财产，即信托财产。该账户的财产能否被个人的债权人强制执行，值得探讨。本报告认为，该财产当然不能被管理人的债权人强制执行。该财产由个人缴纳的资金和未来的投资收益构成，不具有商业保险的大数法则分散风险功能，更不具有社会保险的相互保障功能，解释为独立的信托财产是最为简洁的。

因此，把个人养老金账户理解为具有一定社会保障目的的社会信托账户是恰当的。

第二节　三分类背景下，特需信托核心法律问题

一、重视信托机制在保护特需人群方面的重要功能

信托制度有四个方面的功能，同保护特需人群的需求高度契合。

（一）长久存续：身后照顾功能

特需人群需要长期受到照顾。而信托正是长期的财产管理制度，委托人、受托人、某一个受益人任何一方死亡、不存在、丧失能力都不影响信托的存续。

即使委托人死亡或者丧失能力，特需信托依然正常按照委托人的意愿运作；受托人破产或者丧失能力，可以更换受托人继续履行职责。

（二）安全管理：破产隔离功能

委托人、受托人、受益人任何一方的债权人都不能对信托财产强制执行。第一，委托人设立信托之后，即使负债，其债权人也不能追及信托财产。特需人士的父母拿出财产设立信托，即使后来有负债甚至破产，信托财产仍然被用于特需人士的保护。第二，受托人在管理信托事务的过程中即使死亡、破产、

终止，信托财产依然独立存在，用于特需人群的照顾。第三，特需人士自身的债权人也不能对信托财产强制执行。

（三）高效管理：专业管理功能

财产由专业的受托机构管理，由专业的服务机构使用。专业的受托人可以使用金融手段，确保财产的增值保值，使用于特需人士保护的财产蛋糕做大。

（四）灵活机动：提供机制、平台和接口

特需信托成为特需人群照顾的发动机。信托有着灵活的对接遗嘱、保险、监护、慈善等制度或机制的接口。

特需信托可以灵活筹资，汇集家庭（私人）财产、社会财产（慈善财产）和政府资金，解决特需信托最核心的"粮草先行"问题。也可以鼓励设立特需信托支持慈善信托，为特需信托的发展提供支持；在特需信托终止后，鼓励财产转入公益慈善用途，形成特需人士关爱的生态闭环。特需信托财产最终流向养老、监护、教育、医疗、就业等服务机构，并与这些机构做好衔接。信托制度内在的制衡体制和安全保障功能可以分流政府监督压力，解决委托人与服务供应商之间的信任矛盾。

总之，信托不能仅被看作一种理财产品，而是一种法律结构和机制。特需信托不能解决所有的问题，但是可以为所有问题的解决提供财产基础和机制平台。有了特需信托制度，特需人士的照顾、教育、医疗和康复等系统工程问题就找到了解决问题的纲，纲举则目张。

二、特需信托事业发展的两大瓶颈问题亟须解决

（一）信托财产登记问题：将房产等"装入"信托

在调研中我们发现，目前，特需人群家庭中不少拥有房产，如果能将房产纳入特需信托，将极大扩展用于保护特需人士的财产范围。

但是，信托登记制度的缺位严重制约了我国信托事业的发展。《中华人民共和国信托法》第十条确立了信托登记制度，第四条授权国务院制定信托业的规范。但是，这些期待中的细则长达20年没有出台，导致在我国很难用资金以外的其他财产设立信托。可喜的是，2024年底，北京市出台了《不动产信托财产登记办法（试行）》，为破冰之举，但是因相关税制存在不确定性，该办法的实施效果存在不确定性，待观察。

目前，除直接将房产变卖以资金形式装入信托之外，可以采取的变通做法如下。

其一，委托人死后处分的方法：①委托人在设立特需信托之后留下遗嘱，在其死后由遗产管理人将房产直接装入信托（期待在委托人身后有不动产信托登记办法和相关税收制度出台）；②将房产变卖为现金倾倒（pour-over）入信托。

无论采取哪一种方式，都极其严重地依赖遗产管理人制度，而目前的遗产管理人制度的主要功能是归集财产并分配，尚不足以应对信托设立这样的复杂事态。

其二，委托人生前处置的方法：若委托人想保留自己或/和受益人在信托存续期间中的很长时间在房产中居住的权利，可以生前将房产装入SPV公司，以公司股权作为信托财产装入信托；或者生前将房产卖给（零对价或象征对价）信托（受托人名义），但委托人可以保留居住权。

但以上方式仍然会带来严重的税负问题，应尽快建立信托财产登记制度和信托税制。

（二）信托税制问题：鼓励特需信托发展，确立合理的特需信托税制

首先要澄清的是，委托人设立特需信托并不减少国家税收收入（财政收入）的存量。目前突出的问题是，信托财产在委托人、受托人和受益人之间要进行多次转移，若按多次交易处理会产生多重征税，非常不合理，特需信托有权获得和财产继承类似的公平的税收待遇。

特需信托作为自助解决社会问题的制度设置，目前不仅不存在明确的税收优惠措施，连公平的对待也不存在，这极大地束缚了特需信托的发展。

1. 设立阶段

特需信托和普通的家事信托一样，希望取得公平的税收待遇而非"优惠待遇"。

目前，由于不存在关于信托特别是家事信托（特需信托是一种特别的家事信托）的税收制度，所有家事信托（营业型的家族信托、家庭信托、个人财富服务信托、非营业型的家事信托）的设立，如果存在不动产、股权等非资金财产，都可能按照交易过户被征缴不公平、不合理的税。家事信托存在三个环节：信托设立、信托存续期间受托人对信托财产进行管理和处分、分配信托利益给受益人。若每个环节的财产转让都按照交易征税，则税负是当事人无法承

担的。

如果这一部分家庭财富按照民法典中的继承制度和合同法的赠与处理，则属于亲属之间的财产转移，政府不应按买卖交易对其课税。直系亲属之间的赠与免征个人所得税和增值税，只需缴纳印花税、公证费和登记费等（印花税率为房屋评估价格的 0.05%，公证费为房屋评估价值的 2%，登记费为 80 元）。继承场景下，由于我国不存在继承税或者遗产税，继承人仅需缴纳类似赠与场景下的有限税费。

而设立特需信托，只是一种在更长时间轴上，以受托人（目前主要是信托公司）为中介，向特需人士的转移或者结构化的赠与（structured gift），对信托不按交易课税，并没有授予信托当事人任何税收特权或者优惠，政府财政收入也不会因此减少。相反，信托财产在存续期间仍然在市场上参与财富的创造，政府可以在信托存续期间征收增值税等。由此可见，设立信托不仅不会减少反而可以增加政府的税源。

在比较法上，根据信托导管原则和实质征税原则，在信托设立环节，一般是不予征税的。

以增值税（或所得税）为例，根据《日本地方税法》第七十三条之七都道府县针对以下各项不动产的取得不得课以不动产取得税。

一、因继承（包括遗赠以及从被继承人向继承人的遗赠）而取得的不动产；

二～二之四（略）；

三、在委托人向受托人移转财产的场合中取得的不动产（该信托财产的移转属于第 73 条第 2 项本文规定的场合而取得不动产的场合除外）；

四、仅有委托人是信托财产的本金受益人的信托中，受托人向本金的受益人转移信托财产的场合所取得的不动产；

五、信托的受托人进行了更迭的场合中新的受托人取得的不动产。

中国台湾地区"土地税法"第二十八条之三规定，土地为信托财产者，于下列各款信托关系人间移转所有权，不课征土地增值税：（1）因信托行为成立，委托人与受托人间。(2) 信托关系存续中受托人变更时，原受托人与新受托人间。(3) 信托契约明定信托财产之受益人为委托人者，信托关系消灭时，受托人与受益人间。(4) 因遗嘱成立之信托，于信托关系消灭时，受托人与受益人间。(5) 因信托行为不成立、无效、解除或撤销，委托人与受托人间。

再以契税为例，中国台湾地区"契税条例"第十四条之一规定，不动产为信托财产者，于下列各款信托关系人间移转所有权，不课征契税：（1）因信托行为成立，委托人与受托人间。（2）信托关系存续中受托人变更时，原受托人与新受托人间。（3）信托契约明定信托财产之受益人为委托人者，信托关系消灭时，受托人与受益人间。（4）因遗嘱成立之信托，于信托关系消灭时，受托人与受益人间。（5）因信托行为不成立、无效、解除或撤销，委托人与受托人间。

需要强调的是，国家财税部门几乎不会因为当事人设立信托而减少税收或者让渡一定特权给信托的设立者，更谈不上税收优惠，健全的信托税制只是避免对信托当事人的不当征税而已。信托的设立者需要公平的税收制度而非特殊的优待。

2. 信托财产分配阶段

特需信托的受益人应能取得税收优惠待遇。

因特需信托受益人的特殊性，特需信托具备很明显的社会功能。助残本身就是政府的公共服务功能之一，而特需信托主要由各个家庭用家庭私有财产设立解决原本应由政府承担的部分功能问题。因此，特需信托虽然构不成慈善信托，但是其社会性明显。例如，在日本，立法会为特需信托提供一定的税收优惠待遇。例如，对残疾人保护的信托，免征赠与税。[①] 当然，我国原本并不存在财富转移税意义上的赠与税。[②] 如果对信托受益人特别是特需信托受益人课征比较严厉的个人所得税，特需信托的目的也会受挫。

值得注意的是，《中华人民共和国个人所得税法》第五条规定："有下列情形之一的，可以减征个人所得税，具体幅度和期限，由省、自治区、直辖市人民政府规定，并报同级人民代表大会常务委员会备案：（一）残疾、孤老人员和烈属的所得；（二）因自然灾害遭受重大损失的。国务院可以规定其他减税情形，报全国人民代表大会常务委员会备案。"

至少按照这个规定，受益人从特需信托中取得财产作为受益人之所得，应

[①] "所谓特定赠与信托，在税法上被称为特别残疾人抚养信托（继承税法21条之4），是为了保障残疾人生活的安定，以残疾人为受益人的信托。例如，父母打算为有残疾的子女设立信托的时候采用的制度。由于是他益信托（委托人和受益人不是一人的信托），对原本无偿地取得利益的受益人要课以赠与税，不过若能满足继承税法所定的要件，就免除其赠与税。"能见善久：《现代信托法》，赵廉慧译，中国法制出版社，2011年版第2页。

[②] 财产（富）转移税的代表是继承税和遗产税。为了避免生前将财产赠与家人规避继承税或遗产税，税制中都应当有赠与税作为配合。我国不存在继承税和遗产税，也不存在替代意义上的赠与税。

当减征个人所得税。

当然信托制度灵活复杂，信托税制环节多、内容复杂，对税收部门的能力提出了比较高的要求。

国务院相关部门应当对业界最关注的信托登记问题和信托税制问题作出回应，如明确不动产、股权等特殊信托财产登记机构，明确信托税制的基本原则，如"形式转移不课税、实质受益者负税"和"特需信托设立享有税收优惠"等。

三、监管部门亟须制定特需信托的业务标准和监管办法

根据中国银保监会发布的《关于规范信托公司信托业务分类的通知》及其相关的《信托公司信托业务新分类简表》和《信托公司信托业务具体分类要求》（以下简称"三分类办法"），特需信托属于资产服务信托大类中的财富管理服务信托小类，明显和资产管理业务不同，不涉及向投资者募集资金的行为，不适用规范资产管理业务的《关于规范金融机构资产管理业务的指导意见》（以下简称《资管新规》）。依此，特需信托并不需要符合作为资管信托基本监管规则的《信托公司集合资金信托计划管理办法》和《资管新规》。但是，监管部门至今仍然没有出台特需信托的业务标准和监管办法，导致信托公司缺乏业务指引，无所适从。

对此，具体解释说明如下：

第一，特需信托的委托人不是一般意义上的金融投资者，不需要满足合格投资者的要求。集合资金信托计划作为一种商事信托计划，要求其参与者是具有风险识别和承担能力的合格投资者。而"三分类办法"则把特需信托作为一种典型的服务信托，即使特需信托会涉及一定的金融管理的内容，但该信托类型的主要信托目的也并非投资获利，而是为特需人士提供生活所需，所以其委托人并不是一般意义上的投资者。而且，特需信托的委托人可以是特需人士本身（非监护人，而是被监护人），并不具备完全的行为能力，一律按合格投资者对其提出要求是不合适的。

当然，监管者和信托公司从业务可行性的角度，对特需信托设置一定的标准似乎是合理的，这不等于对委托人提出了"合格投资者"的要求。

第二，特需信托原则上不是自益信托。《信托公司集合资金信托计划管理办法》要求，"参与信托计划的委托人为唯一受益人"（第五条），即集合资金

信托必须是自益信托。而在特需信托中，委托人虽然可以是特需人士自身（如在后面的案例中，特需人士继承了大笔遗产），但更多的是特需人士的监护人（如父母），所以特需信托原则上不是自益信托。

第三，特需信托不存在可以灵活转让的信托受益权。在《信托公司集合资金信托计划管理办法》中，受益权体现为一种可转让的、标准化的投资权益（第五条第六项、第二十九条等）。而特需信托的目的是为特需人士的照顾、保护提供资金支持，信托受益权原则上不需要转让，也不能进行市场化转让。

第四，特需信托不需要满足私募的要求，可以进行公开的宣传。集合资金信托计划被定位为私募投资，所以《信托公司集合资金信托计划管理办法》要求不得进行公开宣传和营销，且对一个信托计划投资者的人数有特别的限制。但特需信托是具有民生目的的非典型金融产品，一般不涉及向任何人募集资金的问题，进行公开宣传甚至是应当被鼓励的。

第五，未来特需信托需要将委托人的不动产及其他财产设立信托，这种信托并非资金信托。而《信托公司集合资金信托计划管理办法》调整的仅是资金信托。[①]

相应地，《信托公司集合资金信托计划管理办法》的很多其他规范，以及其他很多因资管信托产生的登记措施和审查条件也不应自动适用于特需信托，需要重新进行审视。

《信托公司集合资金信托计划管理办法》是特定历史时期的产物，主要考虑的是对作为金融产品的集合资金信托加以规范，该办法制定时并没有预料到特需信托、家族信托等的产生。在特需信托、家族信托等逐渐产生之后，监管部门并没有出台具有针对性的监管规范，信托公司等实践者参照《信托公司集合资金信托计划管理办法》探索业务规则的尝试也是可以理解的。但是，新规范不出台，各种矛盾会层出不穷，新的困难也将接踵而至。这将极大地限制特需信托事业的发展。为此，金融监管部门需要制定关于特需信托的监管办法。

可以说将特需信托按照之前的资管信托规定进行监管的思路是行不通了，目前特需信托的审查程序严重地阻碍了特需信托的设立，监管部门应当尽快出台针对特需信托的监管规则。

---

① 虽然《信托公司集合资金信托计划管理办法》第五十三条规定"动产信托、不动产信托以及其他财产和财产权信托进行受益权拆分转让的，应当遵守本办法的相关规定"，但是该条规范的仍然是类似资产证券化的商事信托项目，仍然以募集资金为目的。特需信托不需要募集资金。

四、安全感和信任机制的建立

设立信托的关键是解决信任问题。民众对信托制度不了解，对信托公司不信任，再加上特需信托的特殊性质，在构建特需信托制度的过程中，要着力解决信任问题。

信托公司本身不能承诺兑付，而且由于特需信托整体上不属于自益信托、金融资管信托，不存在管理信托财产实现特定的收益并返回委托人的问题，即不存在所谓的"兑付"问题，当事人所关注的重点是信托财产能否满足特需人士养护的需求。

当然，在市场乱象频出的今天，特需信托委托人对信托财产安全性的诉求是具有合理性的。虽然不能通过信托公司承诺"刚兑"的方式实现，但可以通过一些其他制度和措施实现。

公众对信托制度和信托公司信任问题的解决，不是简单地靠政府加大监管，不能认为政府管得越严就对制度发展越有利。

（一）了解信托公司，选择值得信赖的信托公司做受托人

1. 了解信托公司

根据中国信托业协会2023年发布的信息，按照信托公司控股股东或第一大股东的类型进行分类，信托公司的股东类型可分为金融机构控股、央企控股、地方政府和国企控股、民营企业控股、中外合资五类。在现有的68家信托公司中，具有金融机构股东背景的公司有13家，具有央企背景的公司有15家，具有地方政府和国企背景的公司有27家，具有民营企业背景的公司有13家。此外，有7家公司具有外资股东背景。在各类控股股东中，地方国资、金融集团、央企均带有显著的国有资本背景，而非国有资本背景的信托公司仅占约13%。

当然，不能因过去民营信托公司的不良表现就对民营信托公司失去信任。目前有12家民营控股的信托公司，除少数违规经营的公司极大地损害了信托公司声誉之外，大多数民营控股的信托公司能遵守法律和监管规则，也是值得信赖的。

2. 参照行业监管评级，确立白名单

2023年11月7日，国家金融监督管理总局印发《信托公司监管评级与分

级分类监管暂行办法》，其中第九条规定："信托公司的监管评级结果分为1～6级，数值越大反映机构风险越大，需要越高程度的监管关注。其中，监管评级最终得分在90分（含）以上为1级，80分（含）～90分为2级；70分（含）～80分为3级，60分（含）～70分为4级；40分（含）～60分为5级；40分以下为6级。监管评级结果3级（含）以上为良好。"

监管机关可以为从事特需信托的公司设置建议标准（非强制标准），根据监管评级的结果，允许监管评级结果在3级以上的信托公司从事特需信托业务，或者将信誉良好的信托公司列入特需信托业务受托人白名单。

信托公司接受国家金融监督管理总局及其派出机构的严格监管，经过遴选的信托公司是值得信任的。

（二）"兜底""刚兑"的替代机制

有委托人提出，特需信托关系民生，信托公司应当兜底或者刚兑。

《信托公司管理办法》第三十四条规定："信托公司开展信托业务，不得有下列行为：……（三）承诺信托财产不受损失或者保证最低收益……"即信托公司不能承诺刚兑。

不能认为只有信托公司承诺刚兑信托财产才是安全的。信托法及相关法律和监管规则提供了很多确保信托财产安全性的制度。

第一，信托财产独立性的规定和相关司法判例。信托法有大量的信托财产独立性的规范，确保信托财产不被委托人、受托人甚至受益人的债权人强制执行，这里不再重复。目前我国法院的司法判例也大多尊重信托财产的独立性。[①]

需要强调的是，目前某些陷入困境的信托公司在资产处理实务中，存在一些严重侵害信托投资者利益的做法，即未将信托项目的信托财产做特别处理，而是仅作为信托公司的普通债权人受偿。这种做法极大地损害了信托制度和信托公司的声誉，需要马上改正。一个不公处理的案例会给信托制度造成巨大的伤害。

真实案例：

X信托公司2013年向A公司发放信托贷款2.5亿元，约定了利率还款期限，信托计划载明的最长期限为2年。后X信托公司与B公司签订债权转让协议，将部分信托贷款债权转让给B公司，B公司向X信托公司支付9500万元

[①] 赵廉慧：《中国信托法》，高等教育出版社，2024年版第三章。

债权转让款，后经法院审理判决解除合同，返还债权转让款。此后，A公司与X信托公司均破产，X信托管理人向A公司管理人申报信托贷款债券，经核算后确认A公司需向X信托公司返还9000万元。

现B公司起诉A公司与X信托公司，要求A公司直接向其支付9000万元分配款，X信托公司请求驳回该诉讼请求，将9000万元分配款支付至X信托公司，由管理人在破产程序中处理。一审支持了A公司的诉讼请求，X信托公司不服提起上诉。

简析：

一是在解除的情况下，受让人显然不能直接向债务人主张债权，但是可以代位向债务人主张。前提是信托受托人不积极主张对债务人的债权。

二是这里的关键问题是，信托公司对债务人的债权并非固有债权，而是属于信托债权，取得的清偿属于信托财产。受让人对信托公司的债权也属于针对其受托信托的债权，其责任财产主要是信托财产，信托公司的固有财产也是其偿债担保。

三是在信托公司破产的情况下，投资者（委托人＝受益人）对信托公司持有的信托财产有优先受偿的权利，其损害赔偿请求权对信托财产的固有财产可以作为一般债权受偿。

第二，信托财产专户托管。《信托公司集合资金信托计划管理办法》第十九条规定："信托计划的资金实行保管制。对非现金类的信托财产，信托当事人可约定实行第三方保管，但中国银行业监督管理委员会另有规定的，从其规定。信托计划存续期间，信托公司应当选择经营稳健的商业银行担任保管人。信托财产的保管账户和信托财产专户应当为同一账户。信托公司依信托计划文件约定需要运用信托资金时，应当向保管人书面提供信托合同复印件及资金用途说明。"

虽然特需信托的设立不需要遵守《信托公司集合资金信托计划管理办法》，但是信托公司一般会参照该办法，强化信托财产的安全性。未经信托文件的授权，作为受托人的信托公司也无法挪用或者侵占信托财产。

第三，信托赔偿准备金。《信托公司管理办法》第四十九条规定："信托公司每年应当从税后利润中提取5%作为信托赔偿准备金，但该赔偿准备金累计总额达到公司注册资本的20%时，可不再提取。信托公司的赔偿准备金应存放于经营稳健、具有一定实力的境内商业银行，或者用于购买国债等低风险高流动性证券品种。"截至2020年第2季度末，信托赔偿准备金达296.01亿元。

第四，信托公司净资产。根据中国信托业协会发布的数据，截至2023年第四季度末，信托公司所有者权益总额达到7485.15亿元，较第三季度增加23.38亿元，环比增长0.3%。公司平均净资产为111.7亿元。当信托公司因过错给信托财产带来损害时，信托公司有充足的责任财产。

第五，信托保障基金。中国信托业保障基金有限责任公司是经国务院同意，国家金融监督管理部门批准设立的银行业金融机构。公司注册资本115亿元人民币，为国家金融监督管理总局直管单位，参控股中国信托登记公司、建元信托、兴宝信托等多家金融机构。公司作为中国信托业保障基金的管理人，负责保障基金的筹集、管理和使用，并依据监管部门核准的经营范围开展金融业务。公司的主要任务和目标是按照市场化原则，预防、化解和处置信托业风险，促进信托业持续健康发展。也可以探讨在信托保障基金中建立特需信托保障专项基金。

第六，政府财政资金或相关社保基金、专项基金对符合条件的特需信托提供兜底。

第七，可以设立为特需信托注入兜底财产的慈善信托。

第八，其他保障措施。例如，保险公司可以设计为特需信托的信托财产的安全性提供保障的普惠保险产品，在特定项目无法足额给付受益人的场合，保险金给付。

（三）基于信托法及监管规范的内部分工和制衡机制

1. 委托人对受托人有法定和约定的监督权

根据《中华人民共和国信托法》第二十条至第二十三条等的规定，委托人对受托人有法定的监督权。委托人也可以在信托文件中对信托受托人的行为提出具体的要求。

根据信托法的规定和信托文件的约定，受益人也可以行使类似的监督权。在特需信托中，由于受益人本身无法行使这些监督权能，可以由监护人行使。

2. 保护人、监察人或指令权人等

根据信托文件的约定，委托人可以选择自己信任的个人或机构担任保护人、监察人或指令权人，代表委托人的意愿和受益人的利益，在信托财产的管理、分配等方面享有一定的权利，制衡受托人。

3. 多个受托人相互监督

根据信托法理，特需信托存在多个受托人的场合，如信托公司和特需服务机构做共同受托人的时候，受托人之间要相互监督和制衡。

4. 保管人

原则上，特需信托的信托财产需要托管于值得信任的金融机构。托管机构根据信托文件的约定划拨信托财产，构成了对受托人的约束。

（四）严格的受托人信义义务

根据信托法的规定，受托人对受益人、委托人负有法定的信义义务。这种信义义务超越了合同法和侵权法，对受托人提出了较高的要求。

首要的是受托人的忠实义务。根据这一义务，受托人应将受益人的利益放在第一位。受托人不能做和受益人利益冲突的事情。例如，不能从事自我交易、双方代理、收取回扣，利用信托机会为自己谋取利益等。忠实义务是严格责任，只要从事了法律禁止的行为，就不需要受益人证明受托人从事该行为过程中存在过错，受托人需要自证清白。而且，受托人的行为没有给信托财产带来损害的，受托人只要从事该行为为自己谋取了利益，都有义务将所得利益归入信托财产。在理论上，违背忠实义务的行为是一种极其严重的违法行为，在国外往往有刑罚做伴。

另外一个重要义务是谨慎管理义务。受托人应当达到一个处在类似位置上的专业的受托人类似管理信托财产的水平，否则可能就违反了谨慎管理义务。当然，受托人管理信托事务比较复杂，需要作商业决策，为了避免动辄得咎，受托人的谨慎义务违反是过错责任，在投资决策方面受托人可以享有类似公司董事所享有的经营判断规则的抗辩权利。只要受托人管理信托事务没有过错，即使信托财产存在损失，受托人的义务违反就不成立，就不应当为此承担责任。

目前，信托公司比较严重的违反义务的情形是违背第一种类型的义务——忠实义务。此疾不改，信托公司难以赢得委托人信任。

（五）设置安全的投资策略

最重要的是特需信托原则上需要设置安全的投资策略。

和资管信托不同，特需信托更尊重委托人的意愿，并不以投资收益最大化为目标。所以，委托人可以在特需信托中选择比较安全的投资策略和投资方式，确保特需信托财产的安全性。

委托人应改变"要求受托人提供高收益"的投资理财观念。

受托人也应改变资管信托中商业融资计划设计者的心理，尽量满足委托人对特需信托的需求。

若尊重委托人的信托财产管理方法，很多可能冒犯委托人的风险和免责声明可能是不必要的。

五、政府在特需信托中的积极角色

特需信托事关社会公共利益，具有社会性。特需信托事业在发展的过程中，存在信托制度、信托公司、社会机构不被委托人信任的问题，政府部门适当地介入是必要的。

（一）案例分析

案例简析：无锡首单特需信托落地[①]

信托公司的宣传文案称：特殊需要信托是解决特殊需要人群余生托付的重要工具，其中具有公信力、可长期履行职责的监护人是信托得以行稳致远的关键，由此才能形成"信托管钱、监护人管事"的相互约束机制。无锡市民政局以市救助管理站做"兜底监护人"的创新做法，既是《中华人民共和国民法典》赋予民政职责落到实处的有力之举，也是践行"民政为民、民政爱民"初心使命的具体体现，更是让特殊需要信托可信、可行的关键所在。

本案例中，政府部门的介入主要体现在以下三个方面：

其一，作为"兜底监护人"。

"设立特殊需要信托时，委托人可根据自身情况指定其亲属担任监护人，当没有亲属可担任监护人，或信托存续期间指定的监护人不能履行监护职责时，由无锡市民政局指定救助管理站担任监护人。无锡市救助管理站是市民政局直属事业单位，其相较于各地成立的从事监护服务的民非组织在监护可持续性、公信力方面具有明显优势。"

《中华人民共和国民法典》第三十一条规定，监护人缺位或有争议的，由居民委员会、村民委员会或民政部门指定监护人，在缺位期间民政部门是兜底

[①] 《无锡首单特殊需要信托落地｜首创"信托架桥、民政兜底"监护机制解决特殊需要信托监护人缺位》，国联信托微信公众号，2024年11月1日。

的监护人，也是民政部门履行法定职责的一种方式。

其二，帮助建立监护服务白名单机制，孵化社会监护组织。

"市民政局会同相关部门，摸排遴选各类优质医疗、养老、康复机构和第三方服务机构，建立监护服务白名单机制。后期通过培育孵化专业监护社会组织，不断更新充实监护服务白名单库，除因受益人不在无锡、委托人另有要求外，特殊需要信托原则上只从白名单中选择服务机构。"

其三，社会福利、社会救助兜底。

"对特殊需要财产用尽、受益人再无其他财产的，民政部门将受益人纳入社会救助范畴，以此形成'自助先行、互助共济、救助兜底'的全方位解决方案。"

简析：

这个案例展现了政府在特需信托事业中的部分功能。不过，文案中也暴露出一些对信托法和民法制度的误解。

第一，特需信托发挥作用，当然需要监护人功能的发挥，但是从本案例可以看出，实践中人们混淆了不同的法律角色。监护人是在信托外部起作用的，监护人的指定或选任程序是根据《中华人民共和国民法典》的规定进行的，本案例中"委托人指定监护人"的表述是不规范的。委托人作为信托中的角色，并没有指定监护人的职权。

上述说法所指的可能是以下三种情形：第一种是完全民事行为能力人为自己未来丧失行为能力时（如渐冻症）设立特需信托，他此时并非基于信托委托人的身份，而是根据《中华人民共和国民法典》第三十三条的规定"确定"监护人；第二种是父母根据遗嘱"指定"监护人（《中华人民共和国民法典》第二十九条），此时父母是作为监护人存在，而非委托人；第三种是多个监护人通过协议的方式"确定"监护人（《中华人民共和国民法典》第三十条）。以上三种情形都不涉及委托人指定或者确定监护人的问题。

第二，设立特需信托让"信托管钱、监护人管事"的说法广为流传，但其是不准确的。信托管钱，指的是信托受托人管钱，若信托文件有授权，也可以由保护人等分担管钱（投资决策、分配）的职能，这样说没有问题，但是说"监护人管事"并不完全准确。有的特需信托坚持受托人管钱并分配财产给受益人，此时仍然需要监护人用钱管事；但有的特需信托的一个目标功能正是避免监护人的利益冲突，部分原本需要监护人行使的事务决策权通过约定交由信托公司或者委托人指定的保护人（保护人可以主要由监护人充任，也可以不由监护人充任）行使，部分监护职权变成了信托内部角色，如保护人的职权。

简言之，信托既管钱，也管事。不过，信托管事受信托法机制制约，并且通过受托人和保护人分权的方式实现。

第三，文案称："无锡市救助管理站是市民政局直属事业单位，其相较于各地成立的从事监护服务的民非组织在监护可持续性、公信力方面具有明显优势。"政府部门成立事业单位做社会监护人或许比社会组织更值得信赖，但是它是否可推广、效率是否更高，仍有待实证研究。

（二）设立特需信托是否要在民政部门备案

第一，特需信托是一种比较特殊的家事信托。其特殊性在于：

一是受益人的行为能力受限，无法自我保护、无法监督受托人。

二是在特需信托存续的很长一段时间，委托人可能已经去世，无法监督受托人，无法监督特需服务机构对特需人士的服务和照顾。所以，行政部门代表国家做适当的父权性介入是有一定必要性的。

其实，在整个家事法领域，有权部门适当介入，对于弱势者如妇女、儿童、老人和残障人士进行保护，是存在法律依据的。但是介入的机关、阶段、方式和强度等需要研究。

第二，对比一下，慈善信托之所以要接受比较严格的监管（目前是备案审查加上事中事后的监管手段），是基于以下原因。

一是在慈善信托中，委托人在设立慈善信托之后，虽然有监督的法定权利（《中华人民共和国信托法》第二十条至第二十三条等），但因私利不相关，委托人的监督意愿并不像特需信托那样强。而且，在慈善信托是长期乃至永续存在的时候，委托人在信托存续的大部分期间无法监督。在特需信托中，多数情况下会存在与有监督意愿利害相关的委托人。

二是慈善信托的财产虽然也和特需信托一样，出自私人之手，但是这种私人财产一旦设立信托，就会转变成社会财产。原则上即使委托人同意，受托人也不可以任意使用。政府部门代表公共利益对慈善信托的运作进行监管的必要性非常强。但特需信托属于私益信托，委托人对信托财产的管理、运用和分配，可以保留极大的权利，这种权利原则上是充分的。即使委托人有局限，也可以设置监察人、保护人这种私人机制对受托人进行监督。

三是慈善信托几乎没有与私利相关的受益人对信托财产进行监督。但特需信托并不缺乏与私利相关的受益人对其进行监督——受益人虽然丧失能力，但监护人可以代为行使相关权利。

四是慈善信托设立之后应享受税收等优惠待遇。目前，特需信托无法享受到这种优惠政策，既然没有税收等优惠政策，当事人不存在制度套利，政府部门介入的正当性也就不足。

五是对受托人为信托公司的特需信托，信托公司已经接受金融监管机构的严格监管，并不需要叠床架屋增加监管机构。

既然没有证据证明现有的监管措施存在明显的漏洞，那么信托业已经出现的问题就不是监管不足造成的，而是因为现有的监管措施落实不到位。

本质上，特需信托是私人出钱解决私人的社会问题。虽然我们期待政府在特需信托实施的未来提供更多的优惠政策，但现状仍然是私人在利用私法机制解决私人问题，特需信托并没有额外占用公权。即便认同特需信托具有明显的社会性，需要行政部门一定程度的介入，但是仍然无法改变它是私益信托的属性（特需慈善信托另外讨论），也不应当受类似慈善信托那样强度的监管。

第三，特需信托所需解决的问题虽然具有一定的社会性，但社会性的问题并不代表有权部门特别是行政部门介入得越多越好、越强越好。

行政部门的介入也是必要的，但在没有探讨好介入的手段和方法之前，仓促地建议特需信托必须到民政部门备案审查并不恰当。假设由民政部门对特需信托进行强化监管，民政部门该如何监管呢？

一是若设立特需信托需要像慈善信托一样在民政部门备案，民政部门应当设置什么样的备案条件，应当进行什么程度的审查，会不会延宕特需信托的设立，给委托人的需求设置障碍？

二是在事中监管的阶段，民政部门很显然无法对受托人如何管理信托财产进行监管。慈善信托中受托人对民政部门有报告义务等严格的规定；特需信托作为私益信托，并不需要公众的监督，也不需要向公众公开，受托人所管理的事务多数仅涉及信托财产的管理，信托财产的分配和使用的决定权往往由信托外部的监护人或者信托内部的保护人行使，民政部门即使需要监管监护人或者保护人，也无法产生监管受托人的必要性。而且，特需信托有金融监管部门的监管就已经足够了，再让受托人向民政部门履行报告义务等则增加了受托人的负担。民政部门对信托财产如何管理再进行监管难免显得叠床架屋。

三是如前所述，特需信托所产生的受托人道德风险问题，大部分可以通过信托法上的内部治理机制来防范解决。处在管理人位置的受托人受委托人、受益人的监察人以及保护人的监督，原则上并不需要民政部门进行特别的监管。

特需信托和委托人、受益人私利相关，所以委托人有动力也有能力设置完备的监督和制衡体系对受托人及其他相关主体进行监督。不得不说，信托法所提供的受托人义务的规则还没有经过实践的检验。若受托人的义务规则能行之有效，则行政部门的外部监管完全是不必要的。

四是民政部门原本在残障人士保护事务、社会组织监管等方面有法定的监督权，在特需信托的外部行使好这些职权即可。综上所述，在民政部门备案是不必要的。

在信托端关键的是监管好受托人。这原本是金融监管部门的工作。多一个监管部门不仅不会强化对信托公司受托人的监管，反而会导致效率低下，监管部门相互掣肘，甚至会助推寻租。

总之，委托人在身后对受托人、其他监护人以及社会服务组织的不信任问题，不能也无法依靠增加行政部门监管的方式得以有效解决。

民政部门在特需信托中介入的唯一可能性是建立信息沟通机制，由金融监管部门（中国信托登记有限责任公司）将特需信托的信息通报民政部门，民政部门对特需信托中所涉及的残障人士的状况、监护人信息、特需服务机构信息等保持关注，在需要的时候依职权介入。

第四，确立私法优先和行政措施谦抑原则。

特需信托制度的构建要关注其是不是具有社会法属性的制度。但是，这也涉及我们如何理解社会法。不能把社会法理解为监管法、行政法，社会法恰恰要优先发挥社会组织和民事主体的自律作用，让民法和信托法中关于义务与责任的规则发挥作用，在自律和民事责任失灵之处才有公权力介入的必要。

综上所述，政府需要在特需信托中扮演重要角色。

但是必须改变一种观念，即政府管得越多，说明对特需信托越重视；政府管得越细，特需信托才越安全；政府介入的程度越深，对特需信托受益人帮助的力度越大。

特需信托具有一定的社会属性，但本质上属于私益信托，关键是完善信托法律制度和相关配套制度，让当事人在法律的框架内建立内部治理机制，能靠自律的，能靠民事权利、义务和责任机制发挥作用的，不要靠他律，不要靠政府。这也和行政权力必须受限行使的原则有关。

综合研究社会法和民商法可以得出一个初步的结论：不能把社会法理解为监管法、行政法。对现有民事制度的失望不构成增加监管的理由。

政府在特需信托制度中的重要作用表现为以下三点。

一是提供制度供给，扫除妨碍老百姓通过设立信托自助的制度障碍，特别是建立信托财产登记制度、信托税制，修订信托法和民法典的相关制度，建立明确的特需信托制度等。

二是金融监管部门依法行政，加快制定特需信托制度发展所必需的监管规则。金融监管部门应尽快制定不同于一般金融信托的具有针对性的特需信托监管规则，可以制定办法的方法实施细则，也可以通过信托业协会以自律规范的方式出台。

三是金融监管部门以外的其他监管部门在信托结构之外发挥好监管功能。金融监管部门以外的政府部门介入特需信托相关事务的监管，主要在信托关系外部。

例如，民政部门对监护人、社会组织进行监督，这是民政部门的法定职责。

在社会保障方面，财政很有必要加大对残疾人社会保障、社会救助力度，提高残疾人保障程度。

相关政府部门扶持、支持特需服务组织、社会监察人组织建设，扶持和培育残疾人保护方面的专业人才。

财税部门研究对特需信托给予税收等方面的优惠待遇。特需信托虽然不是慈善信托，但是是私人和社会力量通过自助的方式解决社会问题，若私人不能解决这些问题，会变成政府的沉重负担。所以，政府部门应积极推动对特需信托的激励支持的政策。

但是就特需信托本身而言，并不需要更大强度的监管。

（三）特需信托设立服务协调机构的建立

1. 理想状态的设想

建议政府出面构建特需信托设立的宣传、协调、服务机制——特殊需要信托服务中心（暂定名）。

信托的核心是信任。特需信托作为一个优良的制度，若大众对其没有了解，没有信任，也难有发展。特需信托制度的正常运作也需要多部门、多领域的协作。为此，建议由政府出面设立特殊需要信托服务中心。

第一，机构的构成。在县市级政府行政区域设立，由民政部门或者残联牵头，金融监管局、社会保障部门、律协等参与。在政府公共服务场所开设专区或者窗口。

第二，机构的功能。主要包括以下六个方面：①宣传和咨询。②推荐专业的服务机构。③专业合理的决策。④调解相关的纠纷。⑤统计分析并调研，反映问题并提出建议。⑥设立特需信托专业委员会。该委员会由家长协会的专家，律师、会计师等专业人士，其他特需人群治疗、护理等方面的专业人士构成。该委员会一方面为服务中心的其他功能的发挥提供支持，另一方面在特需信托欠缺保护人或监护人的时候作为兜底的保护人或监护人。

2. 现实的目标

如果推动建立这样的机构比较困难，最低目标是支持由政府部门牵头建立的以律师、会计师、家长协会和社会组织等为主要构成者的专家库或社会组织库，成为备用的保护人、监察人和监护人。

六、特需人士界定和税收问题的关系

特需人士的界定与特需信托的税收待遇的两个层次的问题有关。

（一）设立阶段

特需信托和普通的家事信托一样，希望取得公平的税收待遇而非优惠待遇。

如前所述，第一步是确立合理的信托税制。这并非特需信托在向政府要求什么样的优惠政策，而只是要求按其经济实质被正确地对待。设立家事信托在功能上与遗嘱继承和遗赠非常类似，相当于结构化（通过受托人的手）地将信托财产赠与受益人。原本在继承或遗赠的场合，原则上继承人或受赠人是不需要承担过高的税负的。若通过信托实现类似的安排，反倒需要按照交易过户征税甚至重复征税，如此信托制度的功能就无法发挥。

（二）信托财产分配阶段

特需信托的受益人应能取得税收优惠待遇。

特需信托主要是依赖私人家庭的财产解决社会问题，私人用自己的财产解决特需人士的生存和发展问题，这在客观上减少了政府在特需人士方面的支出，虽然不能直接说特需信托构成慈善信托（特需信托多数是自益信托），但其实质效果具有一定的社会性。根据《中华人民共和国个人所得税法》第五条的规定，受益人从特需信托中取得财产，作为受益人之所得，应当减征个人所得税。

（三）确立特需信托的监管规则和税收优惠政策的相关关系

如果不需要像慈善信托一样被赋予税收等优惠政策或者其他政策支持，特需信托也就仅是受益人具有特殊性的民事信托，监管实务中和家庭服务信托等并无太大的区别，并不需要对受益人作出严格的界定，智力残疾、精神残疾等特需人士作为受益人都无问题，因高龄行为能力受限的人士也可以成为受益人。应当保持开放态度，让市场主体去尝试。

若考虑给特需信托以类似慈善信托的税收等优惠政策，就需要确立一个比较明确的标准。我们建议按残联的特定"残疾人"的标准认定。

目前，从推动信托登记等信托制度完善的角度，在策略上需要强调特需信托的特殊性。

七、特需信托适用人群画像

（一）中等收入人群

这是本报告的关注重点，应采取标准化的策略，至少在资金管理和分配机制方面标准化，部分容许个性化。

设置类似美国养老金计划第401k条款的基本条件，符合条件的人可以加入。

（二）高净值人群

虽非关注重点，但此处的研究结论和解决方案对高净值人士中的特殊需要问题的解决也有很重要的意义。

当然，高净值人群可量身定制特需信托项目。

（三）贫困人群

由社保＋助残慈善信托＋慈善基金会解决。

八、特需信托在法律适用上的特殊性

特需信托当然要适用信托法，毋庸置疑。设立特需信托还需要采取合同、遗嘱等法律行为，所以需要适用民法典的相关规定。这里主要讨论特需信托主要适用什么样的监管规则。

根据"三分类办法",特需信托属于资产服务信托大类中的财富管理服务信托小类,其定义是"信托公司接受单一自然人委托,或者接受单一自然人及其亲属共同委托,以满足和服务特定受益人的生活需求为主要信托目的,管理处分信托财产"。该种信托类型明显和资产管理业务不同,"不涉及向投资者募集资金的行为,不适用规范资产管理业务的《关于规范金融机构资产管理业务的指导意见》(银发〔2018〕106号)"。

据此,特需信托并不需要符合作为资管信托业务基本监管规则的《信托公司集合资金信托计划管理办法》。

具体解释说明如下。

第一,特需信托的委托人不是一般意义上的金融投资者,不需要满足合格投资者的要求。集合资金信托计划作为一种商事信托计划,要求其参与者是具有风险识别和承担能力的合格投资者。"三分类办法"把特需信托作为一种典型的服务信托对待,即使特需信托会涉及一定的金融管理的内容,但该信托类型的主要信托目的并非投资获利,而是为特需人士提供生活所需,所以其委托人并不是一般意义上的投资者。而且,特需信托的委托人可以是特需人士本身(非监护人,而是被监护人),并不具备完全的行为能力,一律按合格投资者对其提出要求是不合适的。

当然,监管者和信托公司从业务可行性的角度,对特需信托设置一定的标准似乎是合理的,这不等于对委托人提出"合格投资者"的要求。

第二,特需信托原则上不是自益信托。《信托公司集合资金信托计划管理办法》要求,"参与信托计划的委托人为唯一受益人"(第五条),即集合资金信托必须是自益信托。在特需信托中,委托人虽然可以是特需人士自身,但更多的是特需人士的监护人(如父母),所以特需信托原则上不是自益信托。

第三,特需信托不存在可以灵活转让的信托受益权。在集合资金信托计划中,受益权体现为一种可转让的、标准化的投资权益(第五条第六项、第二十九条等)。而特需信托的目的是为特需人士的照顾、保护提供资金支持,信托受益权原则上不需要转让,也不需要进行市场化转让。

第四,特需信托不需要满足私募的要求,可以进行公开的宣传。集合资金信托计划被定位为私募投资,所以《信托公司集合资金信托计划管理办法》要求不得进行公开宣传和营销,并且对一个信托计划投资者的人数有特别的限制。但特需信托是具有民生目的的非典型金融产品，进行公开宣传应当是被鼓励的。

第五，未来特需信托需要将委托人的不动产及其他财产设立信托，这种信托并非资金信托。而《信托公司集合资金信托计划管理办法》调整的仅是资金信托。[①]

相应地，《信托公司集合资金信托计划管理办法》的很多其他的规范也不应自动适用于特需信托。

需要强调的是，即使是多个委托人，如特需人士的父母双方或其他亲友成为委托人，甚至连同特需人士以其自身全部财产设立信托，即使全部财产属于"资金"，多个委托人也属于"集合"，该信托也可以被称为"集合资金信托"，但此集合资金信托仍然不属于《信托公司集合资金信托计划管理办法》所调整的集合资金信托计划。

为了提升特需信托有限资源的管理效率，兼顾资金的安全，解决特需信托运行成本过高的问题，应当允许多个特需信托计划的资金按照一个投资方案进行管理。在效率提升之后，信托公司收取合理的管理费用也具有一定的合理性。

第三节 破冰之举：北京市不动产信托登记试行办法的出台

信托登记制度和信托税制的缺位一直是制约我国信托业发展的瓶颈问题。特别是在强调服务信托业务发展的监管背景下，将不动产和股权装入信托是信托业务的关键增长点。目前，在国家层面没有信托财产登记的具体制度设置，金融监管部门联合相关部门积极探索推进信托财产登记办法的落地，国家有关部门正在推进信托财产登记制度的建立。例如，《国务院关于〈支持北京深化国家服务业扩大开放综合示范区建设工作方案〉的批复》（国函〔2023〕130

[①] 虽然《信托公司集合资金信托计划管理办法》第五十三条规定"动产信托、不动产信托以及其他财产和财产权信托进行受益权拆分转让的，应当遵守本办法的相关规定"，但是该条规范的仍然是类似资产证券化的商事信托项目，仍然以募集资金为目的。特需信托不需要募集资金。

号）指出"在风险可控的前提下，探索建立不动产、股权等作为信托财产的信托财产登记机制"，这给出政策的指引；国家金融监督管理总局北京监管局、北京市规划和自然资源委员会发布了《关于做好不动产信托财产登记工作的通知（试行）》，拉开了建立可操作的不动产信托登记规则的大幕。

一、信托登记部门

中国信托登记有限责任公司并非信托法意义上的信托登记部门，房产登记部门和股权登记部门等财产登记部门才是信托法意义上的信托登记部门。

（一）规范依据

根据中国信托登记有限责任公司官网的介绍，"中国信托登记有限责任公司（以下简称'中信登'）是经国务院同意、由原中国银监会批准设立，现由国家金融监督管理总局直接监督管理、提供信托业基础服务的非银行金融机构，于2016年12月26日对外宣告成立"。

"中信登定位为我国信托业的信托产品及其信托受益权登记与信息统计平台、信托产品发行与交易平台、信托业监管信息服务平台等三大平台，并以市场化方式运作，坚持依法合规和稳健经营的原则，忠实履行监管部门赋予的信托登记和其他相关职能。"

虽然其中申明了中信登有"监管部门赋予的信托登记"职能，但是根据原中国银监会关于中信登开业的批复和发布实施的《中国信托登记有限责任公司监督管理办法》，中信登的业务范围包括："（一）集合信托计划发行公示；（二）信托产品及其信托受益权登记，包括预登记、初始登记、变更登记、终止登记、更正登记等；（三）信托产品发行、交易、转让、结算等服务；（四）信托受益权账户的设立和管理；（五）信托产品及其权益的估值、评价、查询、咨询等相关服务；（六）信托产品权属纠纷的查询和举证；（七）提供其他不需要办理法定权属登记的信托财产的登记服务；（八）国务院银行业监督管理机构批准的其他业务。"

这清楚地表明中信登的登记职能仅是信托产品登记、信托收益权登记和其他不需要办理法定权属登记的信托财产的登记，并不是信托法所指的信托财产登记。

（二）现实的考量

为什么不通过立法确立中信登的信托财产登记机关的地位？

以不动产为例，根据目前的行政管理体制，不动产所有权变更登记的主管部门是土地管理部门（自然资源部门）。在不动产设立信托的过程中，必须包括两个过程，一是非交易产权过户（登记），二是信托登记。从效率的角度来看，上述两个登记不应分开，分开就会影响公示的权威性和统一性，导致产权登记和信托登记相背离的情形。若将作为信托财产的过户登记交由中信登办理，则在客观上会造成信托财产过户登记和信托登记由两个"登记"部门负责的尴尬局面，所以注定是效率低下的，很难成功。

所以，不动产信托登记的部门不应由自然资源部门以外的其他部门担当，而是信托法意义上的信托登记部门。

二、登记方法

在进行财产权变更登记的同时进行信托财产登记，类似不动产抵押登记在房产登记簿上所作标识，技术上不存在困难。

实践中，信托公司作为受托人的股权信托经过中信登登记，有被法院承认其对抗受托人债权人效力的案例。

三、司法案例对信托登记公示效力的态度

在统一的关于信托登记的行政法规出台之前，业界已经作出非常有益的尝试，下面的案例或可称为"人民法院确认中信登股权信托登记效力第一案"。

案例：银河金汇与安信信托执行异议案[1]

上海金融法院在审理银河金汇与安信信托股份有限公司（以下简称"安信信托"）其他合同纠纷一案过程中，安信信托对该院在财产保全过程中，冻结登记在其名下的上海塞善实业有限公司等股权的保全措施存有异议，向该院提出书面异议。

安信信托称，被冻结的涉案股权分别系其作为受托人发起设立的"安信安赢12号·深圳雅园宾馆城市更新集合资金信托计划"等项下的信托财产，申请解除对登记在安信信托名下的涉案股权的冻结。

银河金汇称，对被冻结的涉案股权是否系涉案信托计划项下的信托财产存疑，现有证据无法证明涉案信托计划有效成立，即使涉案信托计划有效成立，

---

[1] 上海市高级人民法院(2020)沪执复28号。

如果信托计划的实际委托人或受益权人是安信信托，则涉案股权为安信信托实际所有。现行法律并未禁止对股权类信托财产采取保全措施，且根据商事外观主义原则，安信信托以其并非股权实际所有人为由提出异议，不得对抗第三人。综上所述，本案保全行为不存在错误，请求驳回异议人的申请。

针对银河金汇的主张，金融法院认为，涉案股权虽登记在安信信托名下，但安信信托已提交信托文件、付款回单等材料，证明涉案股权是涉案信托计划下的信托财产。信托财产独立于安信信托固有财产，在银河金汇未能证明存在《中华人民共和国信托法》第十七条规定的情形的情况下，对于涉案股权的冻结，应当解除保全措施。而且，信托依法设立后，涉案股权作为信托财产独立于委托人、受托人、受益人各自的固有财产，除符合《中华人民共和国信托法》第十七条规定的情形外，不应冻结，故对银河金汇的主张不予支持。据此金融法院作出〔2020〕沪74执异3号异议裁定，解除对涉案股权的冻结措施。银河金汇不服，向该院申请复议。

复议申请人银河金汇称，异议裁定认定涉案股权属于信托财产，系事实认定错误，安信信托申请解除对涉案股权的保全措施没有任何依据。涉案信托计划未进行登记，现有证据也不能排除安信信托实际持有股权，综上请求撤销金融法院〔2020〕沪74执异3号异议裁定，驳回安信信托对涉案股权解除保全措施的申请。

二审法院驳回银河金汇的复议申请。

案例评析及问题：

（1）在本案中，银河金汇主张，如果有证据证明受托人同时是该信托的受益人，此时信托财产作为其受益权的对象，可以被采取强制执行措施。这一主张形式上具有合理性，但在实践中有可能出现受托人因受让全部或者部分受益权而成为受益人甚至唯一受益人的情形。不管是在民事信托还是在商事信托中，受托人作为多个受益人之一享有受益权也是自然不过的事情。此时，受托人的债权人可以根据《中华人民共和国信托法》第四十七条的规定强制执行受托人的受益权，直接对信托受益权、间接对信托财产采取合适的强制措施；若受托人是唯一受益人，债权人还可以根据《中华人民共和国信托法》第四十三条第三款、第五十条及相关原理代位解除信托并强制执行信托财产。

当然，银河金汇似乎并没有提出有力的证据证明受托人同时是信托受益人。但法院对此作出的回应也并非有力。法院认为，有效设立的信托，信托财产就自动取得独立性，不再属于委托人、受托人和受益人各自的固有财产或偿债财产，若不符合《中华人民共和国信托法》第十七条所规定的四种例外情形，信托财产即不受强制执行。"信托财产独立性"和"信托财产不可以被强制执行"都是很容易引起误解的表达。除了《中华人民共和国信托法》第十七条规定的例外，还有一些主体在特定情形下可以强制执行信托财产，如受益人。简单地以《中华人民共和国信托法》第十七条作为论证工具，有时会陷于同义反复、循环论证。

（2）本案的核心问题是：由于并不存在股权作为信托财产的信托登记方法，以股权作为信托财产设立信托只能直接登记在受托人名下，在形式上成为受托人的财产；即使在信托对第三人交易中，受托人取得股权也无法进行信托登记。此时，股权能否（应否）产生对抗受托人、债权人的效力？

其实，只要不是以股权作为初始信托财产设立信托，信托存续期间受托人以信托财产对外交易取得股权的，此时并不需要完成信托登记才能证明股权是信托财产，而只需要根据《中华人民共和国信托法》第十四条第二款规定的信托财产的物上代位性原理（"受托人因信托财产的管理运用、处分或者其他情形而取得的财产，也归入信托财产"），将股权归入信托财产，对抗第三人的强制执行。在信托存续期间，受托人利用信托财产对外交易频繁，若所有交易或者非交易取得的财产都需要登记财产取得作为信托财产对抗第三人的效力，势必会引起很多麻烦。

而且，即使以股权作为初始信托财产，由于股权原本并不存在统一的登记要求，根据《中华人民共和国信托法》第十四条的规定，对于这些形态不同的股权（有限责任公司、非上市的股份公司和上市的股份公司），只要有确定的证据证明股权的受让人是以信托受托人的身份取得股权的（有信托文件的存在，加上中信登的登记作为佐证），该股权状态亦不会对第三人形成不合理的信赖，那么，该股权作为信托财产就应能产生对抗第三人的效力。本案中法院似乎正是这样论证的。面对债权人"涉案信托计划未进行登记"的质疑，金融法院认为，"安信信托已提交信托文件、付款回单等材料，证明涉案股权是涉案信托计划下的信托财产"，这表明法院承认即使未经《中华人民共和国信托法》第十条意义上的信托财产登记，股权也可以作为信托财产对抗第三人，这是非常值得关注的。

从合理性的角度来看，目前以信托公司作为受托人的股权信托，需要在中信登登记，按照《信托登记管理办法》第九条①的要求，信托初始登记的登记信息包括信托产品名称、信托类别、信托目的、信托期限、信托当事人、信托财产、信托利益分配等信托产品及其受益权信息和变动情况等详尽而具体的内容，最重要的是，受托人应当提交加盖公司印章的信托文件（第十一条）。这些措施足以证明股权属于信托财产。即使第三人并无在中信登查询登记状态的义务，但是经过在中信登的登记程序，信托公司以受托人的身份持有股权这一事实已经不可逆地被确定下来，应能产生对抗受托人固有债权人的效力。所谓"不可逆地被确定"，是指股权在受托人名下的状态已经确定，只能是信托财产，受托人完全没有机会去主张该财产是其固有财产。

而且，在受托人是信托公司或者别的受托机构的时候，监管机构对受托人从事股权受托业务有着严格的监管要求。例如，根据《信托公司管理办法》第二十条的规定，"信托公司不得以固有财产进行实业投资，但中国银行业监督管理委员会另有规定的除外"，信托公司以固有资金入股其他公司受到很强的监管，需进行严格的审批。故从商业惯例来看，信托公司持有的股权通常是通过信托计划持股。

有严格的监管要求和商业惯例的存在，又有中信登所提供的公示功能的存在，受托人名下的财产状态比较容易确定。

但是如果受托人并非信托公司等营业信托机构，在信托登记制度缺位的情况下，受托人持有财产的状态就很难确定。

四、破冰之举：北京市的尝试

2024年12月，国家金融监督管理总局北京监管局、北京市规划和自然资源委员会联合下发《关于做好不动产信托财产登记工作的通知（试行）》，该通知的全文不足千字，以下全文照录如下。

辖内各信托公司，市规划自然资源委各分局、亦庄开发建设局：

为落实国务院《支持北京深化国家服务业扩大开放综合示范区建设工作方案》相关要求，推进北京市辖内信托机构规范开展不动产信托业务，保障不动产信托财产登记的规范、准确、完整，切实保护信托当事人的合法权益，现根据《中华人民共和国民法典》《中华人民共和国信托法》《不动产登记暂行条

---

① 银监发〔2017〕47号。

例》等法律法规，就做好我市不动产信托财产登记工作通知如下：

一、适用范围

不动产信托，是指委托人依法将其不动产转移给信托机构，由信托机构按照委托人的意愿以受托人名义进行管理、运用和处分的信托业务。

本通知所称的不动产信托财产登记，是指委托人将国有土地上已取得合法不动产权证书的不动产相关权利转移给信托机构，依法向不动产登记机构申请将信托财产权利和其他法定事项记载于不动产登记簿的行为。

委托人交付的不动产应符合不动产转让条件，权属清晰，不存在权利限制情形。

北京辖内信托机构以北京市行政区域范围内的不动产设立不动产信托的，信托财产登记适用本通知。

二、办理流程

（一）办理信托产品预登记

不动产信托成立前，信托机构应当根据信托登记相关规定在中国信托登记有限责任公司办理信托产品预登记，取得产品编码、信托预登记完成通知书。

（二）签订信托文件

委托人与信托机构共同签订信托文件，信托文件应明确信托目的、信托财产、信托期限、信托当事人的权利义务、信托财产管理、运用和处分等具体内容。

（三）办理信托财产登记

委托人与信托机构共同向不动产登记机构提出登记申请，不动产登记机构根据契税完税（或减免税）凭证、信托文件、中国信托登记有限责任公司出具的证明文件，办理不动产转移登记，并在不动产权证书附记栏标注"不动产信托财产，信托产品名称：×××。"

三、信托财产处置相关要求

不动产信托财产处置按照信托文件约定实施。因人民法院、仲裁委员会的生效法律文书等导致权属发生转移，或依据人民政府、人民法院、人民检察院等国家有权机关出具的嘱托文件办理不动产登记的，按照有关规定执行。

本通知自印发之日起试行一年。

以下作出简要分析。

北京市这个通知的出台明确地告诉我们，建立一个可行的不动产信托登记制度本身并不复杂。通知全文不到1000字，但足以解决不动产信托财产登记的大多数问题。

1. 给出了不动产信托登记的流程

（1）在中信登办理信托产品预登记，取得产品编码、信托预登记完成通知书。

（2）签订信托文件，信托文件应明确信托目的、信托财产、信托期限、信托当事人的权利义务以及信托财产管理、运用和处分等具体内容。

（3）办理信托财产登记。

简单地说，经过中信登信托产品登记程序审查、备案的信托文件是信托财产登记的首要依据。

2. 对不动产信托做了定义

不动产信托"是指委托人依法将其不动产转移给信托机构，由信托机构按照委托人的意愿以受托人名义进行管理、运用和处分的信托业务"，其中明确了需要将不动产的产权"转移给信托机构"。

但是需要强调的是，虽然在进行信托登记的同时需要完成不动产的物权变更登记，但是这种产权过户属于典型的非交易过户。

该通知非常明确地表明，不动产信托登记是和不动产产权变更登记并行的程序，作为信托财产的不动产的产权首先"转移"给受托人；同时，该程序是为了证明信托财产虽然在受托人名下，但并不是受托人固有财产的一种公示手段。

重点是公示的方法。根据规定，不动产信托登记公示的方法是在"办理不动产转移登记"的同时，"在不动产权证书附记栏标注'不动产信托财产，信托产品名称：×××'"，即不动产物权转移登记+信托标识。

3. 另外一个需要重视的点是，本通知规定了取得"契税完税（或减免税）凭证"是信托财产登记的重要条件

根据字面解释，办理人（委托人和受托人）只需要取得契税完税凭证，以此作为备查文件，即可在完成其他手续的情况下取得不动产信托登记，不需要以缴纳增值税、所得税等为前提。

普通住宅交易的契税税率为1%~4%（北京市为1%~1.5%），相比按照全部不动产（买卖）交易征税，已大幅减轻了设立信托的税收负担，更何况还可以按照非交易过户的规则争取减免税待遇。本通知仅以取得契税完税凭证作为信托财产登记的核心依据，本身就反映了有关政府部门对信托登记的支持态度。

有观点认为，没有财税部门的"点头"（共同发文），这个文件的效果仍然有待检验。个人认为，政府部门出台红头文件是一件严肃的事情，财税部门不至于会冒天下之大不韪出台一个完全按交易过户征税的信托税制细则，如此会消解这个已经出台的政府文件的效力。

如果经过信托登记的财产不能取得比交易过户更优的税收待遇，这个通知就形同虚设。

4. 尚需完善之处

（1）适用范围：没有考虑非营业信托。

本通知只适用于信托公司的信托产品。这一登记办法（登记机构）比较依赖于中信登背书的信托产品登记，自然人等非信托机构受托人受托不动产仍然面临困难。

理想状态的信托登记办法应当适用于全部信托实践，把信托公司以外的受托人受托的信托都包含在内。

在适用的信托产品类型方面，解释上由于资产服务信托和慈善信托的初始信托财产都可以是不动产，所以该通知适用于资产服务信托和慈善公益信托似无疑问。这些信托在设立时就可能会"装入"不动产。

从合理性的角度来看，不管是什么类型的信托，在设立之后都可能会通过交易等方式取得不动产，都会产生登记公示的需求。这样，资产管理信托中嗣后取得的信托财产的登记也应适用该通知。但是，该通知明显没有涉及信托设立之后不动产进入信托的信托登记问题。

（2）信托形式：没有考虑遗嘱信托。

本通知中规定的登记义务人包括委托人和受托人，需要委托人将不动产权利转移给信托机构，需要委托人与信托机构共同签订信托文件，这些显示，该通知并没有考虑遗嘱信托的特殊情况。遗嘱信托在委托人去世后生效，信托登记的义务人会变成遗产管理人，委托人也不可能和信托机构共同签署信托文件。

当然，过去关于信托的很多监管规范（如《慈善信托管理办法》）都存在这个问题，没有关注遗嘱信托的特殊性，导致遗嘱信托的可操作性降低。

（3）登记阶段：没有包括信托存续期间新取得信托财产的登记。

本通知只针对初始设立的不动产信托的登记问题，对于信托设立之后，通过交易、受赠等方式取得不动产（信托财产的物上代位性）作为信托财产如何登记，没有规定。

（4）登记财产类型仅包括不动产。

本通知的标题已经表明，只包括不动产，没有包括股权等其他需要登记的财产。信托登记问题的核心是解决不动产和股权作为信托财产的登记问题，本通知仅尝试解决不动产的问题。

（5）例外规定：内涵不清。

本通知第三条规定："因人民法院、仲裁委员会的生效法律文书等导致权属发生转移，或依据人民政府、人民法院、人民检察院等国家有权机关出具的嘱托文件办理不动产登记的，按照有关规定执行。"其中，"依据人民政府、人民法院、人民检察院等国家有权机关出具的嘱托文件办理不动产登记的"情形为何并不清楚，需要厘清。

（6）若需要缴纳契税，契税缴纳主体是形式上的买方，即受托人（信托公司）。

在过户登记时，虽然委托人已与信托公司签订信托合同，但是当时财产未交付，所以信托未生效，这时候去缴纳契税是存在问题的。

但总体上，北京市的这个试行办法以破冰之举为中国的信托业发展提供了继续前行的动力，是一个影响深远的法律文件。

（赵廉慧，中国政法大学信托法研究中心主任，教授，博士生导师）

中国信托业发展报告
（2025）

第六章

焦点探析[①]

---
① 本章内容系根据新财道管理咨询股份有限公司董事长周小明、清华大学法学院金融与法律研究中心联席主任邢成、中粮信托有限责任公司财富管理总部邓婷原创文章整理而成。

第一节　新时期信托业的创新发展之路

一、信托业步入新发展阶段

新中国信托业自1979年恢复以来，至今已历时整整45年，其间经历了非常曲折的发展历程。从制度安排上看，可以分为两个大的历史发展阶段：第一阶段是1979—2000年，实行的是"高度银行化的混业经营体制"；第二阶段是2001年至今，实行的是"主营信托业务的分业经营体制"。

信托业自2001年以来，按照"主营信托业务的分业经营体制"，依托《中华人民共和国信托法》的规范，取得了巨大的发展成就，但也出现了不少问题。长期以来，支撑信托业发展的信托业务模式，理论上是传统的二分法即主动管理信托和被动管理信托，统计上包括三类业务——融资信托、投资信托和事务管理信托，而实践上则选择了"融资信托+通道信托"为主的业务经营模式。这种经营模式在相当长的时期内，满足了经济高速发展阶段对资金融通和金融创新的需求，在造就信托业自身发展成就的同时，埋下了巨大的风险隐患，已经不能适应经济转型发展和强化金融监管的新发展阶段的需要，信托业需要与时俱进，改变以往的经营模式，推动自身转型发展，已是业内外的一个共识。

2023年，监管部门立足于信托的本源功能和新时期的时代需求，出台了信托业务新分类标准，将信托业务分为资产服务信托、资产管理信托和公益慈善信托三大类（以下简称"三分类政策"），这在实践上为信托业的转型发展指明了方向。三分类政策虽然没有改变信托业的制度定位（主营信托业务的分业经营体制），改变的只是信托业务的功能模式，但信托业需要全面重塑自身的业务经营模式和商业模式，这标志着信托业进入了一个新的发展阶段。

二、清晰务实的战略定位

在新的发展阶段，信托公司的创新发展首先需要找准自己未来的发展定位。

三分类政策颠覆了信托公司过去以"融资信托＋通道信托"为主要业务模式的发展定位，在更广泛的发展空间上重塑了信托业务的功能，通过资产管理信托发挥资产管理功能，通过资产服务信托中的财富管理服务信托发挥财富管理功能，通过公益慈善信托和资产服务信托中的行政管理服务信托、资产证券化服务信托、风险处置服务信托等发挥社会服务功能。从金融服务的角度来看，三分类政策下的信托业务既通过资产管理信托涵盖了资产管理业，又通过资产服务信托涵盖了财富管理业。

不难发现，三分类政策赋予了信托公司更大的发展空间，但这同时意味着增加了信托公司战略选择的难度。当前，信托业对三分类政策下信托业务的未来发展前景表现出较大困惑：资产管理信托虽具有商业价值，但信托公司普遍缺少相关经验与匹配的专业能力；资产服务信托和公益慈善信托看似具有吸引力，但实际上又难以挖掘其中的商业价值。对于具体业务上的这些困惑，本质上均源于战略选择的困惑：是要成为具有核心财富管理能力的资产管理机构，还是要成为具有核心资产管理能力的财富管理机构，抑或要成为资产管理和财富管理两者并举的综合化信托服务机构？

只有回答了上述发展定位上的问题，才可能构建起具体业务上的可持续商业模式，才可能找到差异化的发展之道。可以说，清晰务实的战略定位，是引领信托公司在新时期走出转型发展迷惑、走上创新发展之路的"定海神针"。

三、重塑专业化能力体系

三分类政策下，信托公司的一个核心竞争力就是能够在更加广泛的业务层面上称职地履行受托人职责。受托人职责很多，但最重要的是《中华人民共和国信托法》规定的"谨慎管理义务"。法律上的谨慎管理义务，对于信托公司这样的营业受托人而言，最基本也是最核心的要求，就是具备经营相应信托业务所匹配的专业化能力。显然，相较于过去的"融资信托"和"通道信托"而言，三分类政策下每一类信托业务对受托人能力体系都提出了更高的要求，需要信托公司重新构建和打造。

就资产管理信托中的非标资产管理而言，需要打造行业专业化能力来驱动业务发展。过去以固定收益驱动为主的非标融资信托业务的核心能力是信用风险管理能力，现在要全面转型为净值化管理驱动的非标资产管理业务，其核心能力也需要从信用风险管理能力的打造转到行业专业化能力的打造上来。行业专业化能力只有需要涵盖从宏观到行业到企业到项目到产品设计再到投后管理的全流程，才足以构建起可以支撑非标资产管理业务的系统能力。而资产管理信托中的标准资产管理业务，则需要针对不同类别的标准化资产，构建起"投资策略专业化"驱动的能力体系。

就资产服务信托而言，需要构建相应的专业化服务能力体系。一是专业化的规划服务能力。无论是对私还是对公的资产服务信托，服务的前提均是如何围绕信托目的和信托管理搭建一个合法严谨的服务信托架构，这离不开专业规划能力的构建。二是专业化的受托事务处理能力。资产服务信托中的受托人的主要职责是按照委托人或者信托文件的规定处理受托事务，如何建立一个高效便利、准确无误的处理受托事务的专业化服务体系，是信托公司开展资产服务信托必须具备的基础服务能力。三是专业化的资产配置服务能力。要做好服务信托尤其是财富管理服务信托，必须构建与信托目的相匹配的信托资产配置服务能力，包括资产配置方案的建立与实施、评估和调整的能力，这是信托公司开展服务信托的一个核心能力。

可以说，重塑战略定位下每条业务线上的专业化能力体系，包括非标资产管理信托的行业专业化能力、标准资产管理信托的策略专业化能力和资产服务信托的服务专业化能力，是新时期信托公司实现创新发展的必由之路。

四、重构组织体系和组织文化

新时期信托公司的创新发展，还需要推动组织变革，重构组织体系和组织文化。

三分类政策背景下，信托业务的经营模式已经发生颠覆性改变，信托公司需要进行组织再造，重构与过去截然不同的组织管理体系。资产管理信托是以产品为中心的业务，要按照资产类别和对应业务要素重构业务组织体系与营销组织体系。资产服务信托是以客户为中心的业务，要按客户的服务需求与服务要素构建相应的业务组织体系与服务组织体系，特别是需要以客户为中心构建起三个组织角色和三种组织能力，在公司层面建立起服务于客户的大三角组织：资产服务信托中心（规划专家）、资产配置服务中心（配置专家）、客户发展服务中心（统筹客户关系）；在市场层面建立起服务于客户的小三角组织：规划经理、配置经理、客户关系经理。在此基础上，全面重构企业的流程、机制和科技体系。

需要指出的是，无论是战略层面的发展定位、业务层面的能力再造还是组织层面的管理重塑，都离不开组织文化的重塑，特别是需要全面打造和恪守信托文化。三分类政策背景下，要求信托公司回归信托的本源，无论信托公司采取哪种战略定位，信托文化都是支撑其健康发展的根基。每一类信托业务要发展好，都必须恪守信托文化，核心是受托人文化。受托人文化作为信托文化的核心，从法律角度来讲，可以总结为"法、德、能、勤"四个方面，信托公司作为受托人要依法合规，忠实于受益人利益，具备专业化能力，做到勤勉尽职。信托公司过去出现的许多问题，表象上各有各的原因，但归根结底都为没有完全恪守信托文化所致。只有真正建立并践行信托文化的信托公司，才有可能在未来实现可持续的创新发展。

第二节　家庭信托账户体系对财富管理的再定义

一、家庭信托的出台背景

根据2023年胡润财富的报告，我国600万资产"富裕家庭"达到518万户，千亿元"高净值家庭"增至211万户，全国财富家庭总资产达164万亿元，是全年GDP总量的1.4倍。因此，近年在财富积累、疫情冲击、资本市场波动以及宏观经济下行等多重因素的影响下，家族/家庭财富管理需求日益增加，单纯为满足超高净值明星富豪服务的家族信托，已难以满足千家万户普通家庭的财富管理需求。在此背景下，多家信托公司探索推出低门槛类"家庭信托"，起设门槛在40万元、100万元、300万元、600万元不等。例如，2019年，华润信托推出"金葵花"财富信托，投资起点100万元；2021年，建信信托推出普惠家庭信托，投资起点40万元。但无论是从制度上还是从运营上，均面临无规可依，运营不标准、不规范的困境。

2023年3月，中国银保监会正式印发《关于规范信托公司信托业务分类的通知》，新增"家庭服务信托"这一分类。家庭服务信托作为资产服务信托类型中的一类业务品种，正式亮相。相较于2022年末中国银保监会发布的《关于规范信托公司信托业务分类有关事项的通知（征求意见稿）》，《关于规范信托公司信托业务分类的通知》在新的信托业务分类排序表中，将资产服务信托业务调整到第一顺位，将财富管理服务信托列入资产服务信托项下的第一位，并将家庭服务信托提升至财富管理服务信托项下仅次于家族信托的第二业务细类。至此，作为家族信托普惠版的家庭信托正式登上我国财富管理舞台，正式为普通中产阶级提供了家庭财富管理的本制度保护基础。

根据监管规定，家庭服务信托是由符合相关条件的信托公司作为委托人，接受单一个人或者单一个人及其家庭成员共同委托，提供风险隔离、财富保护和分配等服务。同时明确家庭服务信托初始设立时实收信托不低于100万元，期限不低于5年，投资范围限于同业存款、标准化债权类资产和以上市公司股票为最终投资标的的信托计划、银行理财产品以及其他公募资产管理产品。

从概念上看，家庭服务信托可以说是对过去一段时间里国内信托机构在传统家族信托基础上的创新与延伸，均是发挥信托服务本源属性、为家庭/家族财富提供安全隔离的久远传承的金融工具。但不同于家族信托的超高净值排他属性，家庭信托通过在设立起点、设立目的、受益人范围等方面与家族信托进行区分，聚焦大众财富管理需求，为富裕家庭在财产保全、资产增值、风险隔离、财富分配与传承、税务筹划等方面提供高质量的信托账户服务，不仅是信托普惠发展的新方向，而且或将发展成为未来每个普通家庭在我国高质量发展进程中，除银行账户、线上支付账户外的第三大账户工具，成为财富管理体系中的顶层账户设计，并有望跃居为信托业的主导业务。

表6-1为家族信托与家庭信托的区别。

表6-1 家族信托与家庭信托的区别

对比类别	家族信托	家庭信托
委托人	单一个人委托； 单一个人及其亲属共同委托	单一个人委托； 单一个人及其家庭成员共同委托

续表

对比类别	家族信托	家庭信托
受托人	信托公司	符合相关条件的信托公司
受益人范围	委托人或者其亲属,以及慈善信托或者慈善组织,但委托人不得为唯一受益人	未明确
设立金额标准	不低于1000万元	不低于100万元
信托目的及服务内容	以家庭财富的保护、传承和管理为主要信托目的,提供财产规划、风险隔离、资产配置、子女教育、家族治理、公益(慈善)事业等定制化事务管理和金融服务	风险隔离、财富保护和分配等服务
存续期限	—	不低于5年
投资范围	—	限于投资标的为标准化债权类资产和上市交易股票的共享资产管理产品或者信托计划

二、家庭信托的双重属性

(一) 法理属性

与其他信托工具相比,家庭信托强调其首先是一个法律制度安排,是一个经过法律制度精心设计的资产管理母账户体系。家庭信托的法理属性凸显了其在事务管理和信托服务方面的专属优势与产品特质,具有隔离保护、条件/定向分配和财产传承三大法律功能。

首先,家庭信托的隔离保护功能是信托财产独立性的体现,彰显信托风险隔离的制度优势,以保护信托财产不受个人债务和风险的影响。《中华人民共和国信托法》明确规定:"本法所称信托,是指委托人基于对受托人的信任,将其财产权委托给受托人,由受托人按委托人的意愿以自己的名义,为受益人的利益或者特定目的,进行管理或者处分的行为。""信托财产与委托人未设立信托的其他财产相区别。设立信托后,委托人死亡或者依法解散、被依法撤销、被宣告破产时,委托人是唯一受益人的,信托终止,信托财产作为其遗产或者清算财产；委托人不是唯一受益人的，信托存续，信托财产不作为其遗产或者清算财产；但作为共同受益人的委托人死亡或者依法解散、被依法撤销、被宣告破产时，其信托受益权作为其遗产或者清算财产。""信托财产与属于受托人所有的财产（以下简称固有财产）相区别，不得归入受托人的固有财产或者成为固有财产的一部分。受托人死亡或者依法解散、被依法撤销、被宣告破产而终止，信托财产不属于其遗产或者清算财产。"上述规定确保了家庭信托账户内的信托财产得到法律有效的独立性保护。

其次，家庭信托的条件/定向分配功能，即根据设立信托时的信托目的、约定的条件或指定的受益人来分配信托财产及其收益。高净值人士对于家族/家庭财富的分配和传承有诸多需求，如合理分配家族财产、防止子女挥霍、抚养未成年子女、照料特殊家庭成员等。家庭信托可以根据委托人需要，结合受益人的年龄、职业、收入、健康状况等提前规划分配方案，从保障基本生活、促进家庭和谐、提供学业及创业支持、满足养老需求等各个方面实现定向的有序传承。这种功能使信托资产能够按照设定的规则或指定的受益人进行合理分配，确保资产的有效管理和使用。家族信托中常见的分配方式主要有以下三类：第一类为固定分配，按照委托人意愿在特定时间、以特定节奏向受益人分配固定金额/比例的信托收益；第二类为附条件分配，在满足教育基金、结婚礼金、生育礼金、医疗补助、住房补助等特定条件后向受益人进行分配；第三类为临时分配，由委托人/监察人/受益人发起临时分配申请，受托人进行分配。

最后，家庭信托的传承功能，即通过信托结构将家庭财富代代相传。家庭信托架构在家庭财富传承方面最大的优势在于家庭信托架构下家庭资产的所有权在分配之前都集中在家庭信托项下，能够避免法定继承可能带来的析产难题，同时家庭成员仍可按照信托契约规定和安排获得家庭资产的收益分配。如果注入信托账户的资产也包括家庭/家族企业的股权，则可有效降低家庭/家族企业因股权传承分散面对的家族控制权丧失风险。委托人可通过在信托文件中合理安排分配条件、时点及金额，正向引导后代对自己的学业、事业和家庭进行相关规划，实现家庭财富的有序传承。此外，委托人可在信托文件中约定尚未出生的孙辈及其后代子女自动成为信托受益人，从而实现家族/家庭财富的多代际有序传承。

（二）金融属性

在作为一种法律制度安排的同时，家族信托和其他信托产品一样具有广泛的金融服务功能。委托人可以在实现各种事务管理信托目的的同时，通过信托公司对信托财产进行全口径资产配置。首先，根据"新分类"监管规定，家庭信托可以通过投资各类净值型和标准化资产管理产品来实现资产增值。随着高净值人群财富管理的需求逐渐多样化，信托业"个性化定制"客户资产组合，全球配置客户资产对冲风险，对于高净值人群实现财产保值和增值具有重要意义。信托制度的灵活性可以将信托财产运用于固定收益类、权益类的标品投资和其他股权、债权的运用方式。这就赋予了家庭信托极其广泛和灵活的金融投融资功能。

其次，家庭信托可以与其他金融机构进行同业合作，构建财富管理"生态圈"。例如，与保险公司合作设立保险金信托，以实现更多的保险保障和财富管理需求。此外，家庭信托还可以用于提供其他服务，如通过与社保基金合作或独立开展养老信托。通过设立养老信托，委托人及其家族成员可以在退休后获得稳定的养老保障，以满足老龄化社会加速到来的各类养老需求。

综上所述，就传统的以保值增值为主要目的的所谓财富管理比较而言，家庭信托对财富管理的模式和定义带来的变化是颠覆性的。只有以家庭信托财富管理母账户为平台的财富管理才是有效的管理、实质性的管理和有法律保障的真实管理，而传统的所谓财富管理充其量只能称为有一定专业支撑的资产配置，其可能在个人意外变故、家族突发事件、系统性市场风险或者法人/自然人债务债权清偿中瞬间化为乌有。而家庭信托财富管理母账户体系构建之后，其目标不仅是单纯的保值增值，还注重家庭财富的综合管理和长期规划。在实现有效风险隔离的同时，综合考虑家庭发展的长期目标和价值观，并通过资产配置体系对母账户体系中私募基金、公募基金、证券投资、理财投资等子账户的覆盖，提供更加安全、真实、有效的财富管理，进而全面实现家庭信托母账户体系项下的安全财富、和谐财富、增值财富和久远财富。因此，新时期重新定义以后的财富管理概念应该是以信托制度作为法律保障，以家庭信托账户体系作为管理平台，通过信托合同条款制定全口径资产配置，最终实现安全财富、增值财富、和谐财富和久远财富多元化财富目标。详见图6-1。

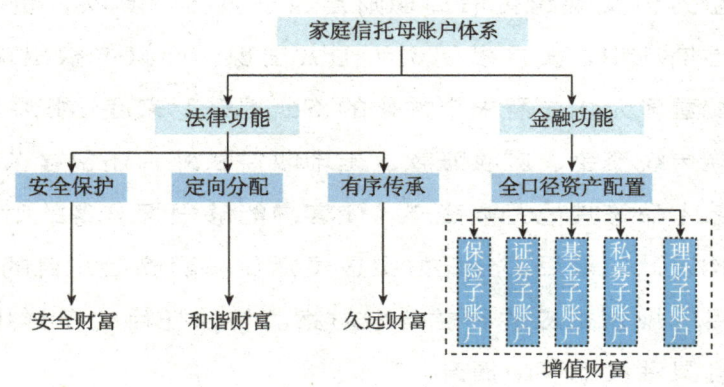

图 6-1　家庭信托母账户体系

三、加速发展家庭信托业务的若干设想

（一）优化家庭信托母账户系统

不同于家族信托单笔 1000 万元以上的少数超高净值服务群体，家庭信托作为面向中产阶级和富裕人群的普惠金融服务工具，具有虽资金规模较小，但服务群体广大、市场盘大的特点，需要较强的金融科技支撑，只有具有相关系统能力的信托公司，才能实现家庭信托母账户系统的真正构建。家庭信托母账户系统的设计和功能的全面优化升级，一方面需要加快信息化、标准化和智能化的系统功能改进，使其更加高效、灵活和易于操作，确保系统能够高效处理大量的交易和数据，同时支持多种信托业务操作，如资产配置、受益人变更和分配规则调整等；另一方面需要利用人工智能和自动化技术，提高系统的全流程、智能化水平，实现自动化的交易处理、报告生成和风险评估等功能，减少人工操作的烦琐性，提高工作效率和准确性。通过以上改进，使家庭信托母账户系统可以更好地满足家族信托的管理和服务需求，提高工作效率和客户满意度，进一步推动家庭信托业务的发展。

（二）打造法律金融综合化功能

家庭信托必须具备多元化的法律和金融功能。首先，信托目的应丰富化。随着行业的蓬勃发展，业务模式日渐成熟，比起之前单纯的保值增值与单向传承，信托目的也更为丰富，涵盖精准传承、风险隔离、特殊群体关怀、跨境配置规划和公益慈善等多种目的。当事人可以充分考虑自身需要，在专业人士的帮助下运用信托工具的灵活性进行产品结构、条款设置等方面的创新设计，在法律保护下，全方位实现跨生命周期财富管理安排。其次，资产类型应多元化。传统营业性信托中，资产多以资金形式出现，而财产权出现较少。但是，随着客户资产配置多元化与需求个性化的不断提升，家庭信托中，信托资产类型不断丰富，除传统资金、应收账款、土地收益权外，还包含公司股权、不动产、贵金属、艺术品等其他另类资产，使客户能够根据自身的财富配置状况灵活选择信托架构设计。最后，分配方案应灵活化。明确信托目的后，需要由受托人围绕信托目的规划相应的利益分配方案。与信托目的多样化相伴而生的，是分配方案设计灵活度的不断提升。

（三）构建全口径资产配置支撑

全口径资产配置支撑为家庭信托提供灵活性、全面性的资产配置基础，使其能够更好地进行资产配置和投资管理。伴随信托业的转型步伐，信托产品从传统非标转变为"标品+非标"的多元组合，涵盖非标信托产品、公募基金、私募基金、流动性产品、股权投资等产品类型。家庭财富管理从配置简单的资金信托或者固定收益产品，逐步扩展到配置未上市公司股权、大类资产，未来这条路应该会越来越宽。而基于家庭信托财富管理的母账户体系，除可借助信托工具直接配置资产外，还可在母账户下建立多个子账户（包括银行账户、基金账户、证券账户、保险账户等），与银行、券商、基金、保险等其他金融机构合作，共同开发投资创新的资产管理产品，实现家庭财富多元化配置及服务。

（四）加强市场推介和投资者教育

相较于家族信托1000万元以上客户群体对家族财富管理的深入认识，家庭信托的潜在客户群十分庞大，且对服务信托的了解较少，缺乏对信托特征及功能的理解和认识，需要对客户进行全面的培育和引导。未来，信托公司在继续加大对家庭信托业务的宣传推介力度、提高市场对家庭信托的认知度和理解度的同时，应重点在以下方面落实好投资者教育工作：一是加强宣传和普及新分类背景下财富管理信托的新定位，有的放矢，改变投资者传统的信托投资理念和观念，让投资者更深入地了解家庭信托的法理功能及资产配置模式，强化服务收益，弱化投资收益；二是严格落实新分类管理办法中家庭信托的认定标准，依法合规对高净值人群开展家庭信托投资和风险意识宣导；三是建立信托投资者教育的网络平台，包括微信公众号等渠道，提供更多的信托投资者教育资源，让投资者可以更方便地获取宣教信息；四是拓展更多元的信托投资者教育方式，包括论坛、沙龙、线上讲座等，让投资者通过多渠道、多形式获取财富管理的最新理念，提高投资水平，更新预期标的。

第三节　创新信托功能多渠道助力新质生产力发展

2024年，"新质生产力"被写入政府工作报告中，并被列为2024年政府工作首要任务。中央经济工作会议提出，"要以科技创新推动产业创新，特别是以颠覆性技术和前沿技术催生新产业、新模式、新动能，发展新质生产力"。新质生产力代表一种生产力的跃迁，有别于传统生产力，科技创新起主导作用，聚焦新兴产业和未来产业，体现为新型要素组合、新型生产关系、新型基础设施、新型业态和服务等显著特征，这为金融机构服务新质生产力培育提供了新方向和新机遇。中央金融工作会议指出，金融要为经济社会发展提供高质量服务。信托业的健康发展为新质生产力提供了更广阔的发展空间，而新质生产力的涌现也为信托业带来了新的增长点和机遇。

一、新"国九条"为权益类投资信托支持新质生产力发展提供政策支撑

2024年4月，国务院印发《关于加强监管防范风险推动资本市场高质量发展的若干意见》，该意见共9个部分。这是继2004年、2014年两个"国九条"之后，又时隔10年国务院再次出台的资本市场指导性文件，以下简称新"国九条"。

新"国九条"最大的看点之一就是要大力鼓励长期资金进入资本市场，鼓励银行理财和信托资金积极参与资本市场，建立长期投资的市场生态。特别是要构建"长钱长用"的政策体系。新"国九条"在有关资本市场相关政策规定中首次特别提到了信托资金。这说明在决策层面仍然把信托业作为金融体系中四大支柱之一，把信托资金作为资本市场中不可或缺的、非常重要的、极其稳定的一支长期投资新质生产力的机构资金。这将为今后信托业发展的前景以及信托资金在整个金融体系当中所扮演的重要角色和发挥的重要作用，提供重

要的政策依据。特别是在当前中央鼓励金融机构大力支持新质生产力行业发展以及信托业全面启动新三分类、业务转型回归信托本源定位叠加的关键时间节点，新"国九条"强调信托资金积极参与资本市场，提升权益投资规模的重要地位，并且把信托资金和银行理财资金并列，为今后信托业通过深度参与资本市场投融资支持新质生产力发展创造了极为有利的外部政策环境。

资产管理信托业务是目前信托公司新三分类背景下，转型速度最快、规模最大、增速最高、转型切入点最快捷的一类业务。首先就是权益类投资业务，具体而言，就是信托公司目前如火如荼开展的 TOF 和 FOF 资本市场权益投资类的信托业务与信托产品，这一类业务从 2023 年新分类办法落地转型以来，出现了爆发式的增长。数据显示，截至 2023 年第四季度末，信托资金投向证券市场（含股票、基金、债券）的规模合计为 6.6 万亿元，较第三季度末增加 8536 亿元，环比增长 14.85%，合计占比为 38%，环比上升 3 个百分点；与 2022 年第四季度末相比，规模增长 2.25 万亿元，同比增速高达 51.52%，占比提升近 10 个百分点。业务规模占目前信托公司增量业务的 50% 以上，这类业务使"卖者尽责、买者自负"的投资理念和风控原则深入人心，为信托公司深度参与新质生产力长期投资奠定了坚实的基础，并扮演越来越重要的角色。信托公司在开展权益类投资的过程中以代表新质生产力的上市公司为核心，全面支持新质生产力的发展。多家信托机构的信托产品在 A 股市场投向新能源企业。例如，近期披露的新能源概念上市公司便有部分信托公司的投资报告。其中，华域汽车前十大流通股东中，外贸信托旗下信托产品期末持股市值超过 2 亿元；中诚信托携手深圳市投控资本有限公司，通过私募股权基金完成了对国内领先的动力电池制造企业的股权投资。此外，权益类投资的产品创新有效助力信托公司在更广泛的领域满足新质生产力上市公司的投融资需求。建信信托通过开展股权投资助力新质生产力上市企业。产品覆盖新质生产力的诸多领域，遍布产业链上下游、贯穿企业整个生命周期。从刚刚通过验证的高端传感器设备企业金迈捷，到机械抛光设备的华海清科，再到市值已超千亿元的芯片龙头中芯国际。信托公司通过业务模式转型和投资产品创新，全方位助力新质生产力的发展。

二、多渠道并举助力新质生产力发展

信托业服务新质生产力具有独特的制度优势和专业优势，特别是在当前信托业新分类转型背景下，资产管理信托和资产服务信托都可以直接对新质生产力发挥推动作用。

首先，资产管理信托业务可以创新运用 TOF/FOF 产品模式，开展资产管理信托业务，满足新质生产力行业的上市公司在资本市场募集资金的需求，为新能源汽车、高科技企业、IT 产业等赋能。例如，国投泰康信托持续创新开展新质生产力投融资业务，近年来先后通过直接投资、基金投资等多种形式支持我国新一代信息技术、航空航天、半导体、智能制造、生物医药、新能源新材料六大新质生产力行业的发展，支持了几十个细分领域的数百家企业，不断探索通过投融资工具助力我国存储芯片、显示驱动芯片、功率器件、激光芯片、模拟芯片等国产替代率较低的新质生产力品类的发展。推动企业打破半导体芯片和集成电路相关设备被国外厂家垄断的局面，填补了国内高科技空白，实现了相关新质生产力企业的创新突破。

其次，信托公司可以进一步拓展资产管理信托和资产服务信托业务条线，通过开展固定收益类业务以及资产证券化业务，包括但不限于投资、发行、承销新质生产力产业基金、企业债、ABS、CLO、可转债、利率互换等。例如，中诚信托等公司围绕产业链龙头企业、"专精特新"中小企业和制造业领先企业，积极开展股权投资、产业基金、综合债销、资产证券化等信托金融服务；发展知识产权信托，加快以专利、科技企业产权和以科技成果投资、风险投资等形成的产权为标的的金融服务模式创新，为相关新质生产力行业发展提供有效的资金支持；关注科创企业债转股需求，探索债转股服务信托。

最后，信托公司依托自身的综合金融服务能力，发挥制度优势，深化服务功能。信托公司应通过加大对科创企业的投资力度，通过股权投资、投贷联动等方式为科技创新提供资金支持，促进产业升级。此外，信托公司还可以发挥横跨资本市场、资金市场和产业市场的制度优势，综合运用信托资金和固有资金，大力开展新质生产力企业私募股权投资（PE）业务，从而形成紧密型的产融结合，与新质生产力企业构建风险共担、利益共享的利益共同体。例如，五矿信托与蔚来融资租赁合作发行了全国首单绿色新能源汽车租赁资产支持票据，通过业务的积极转型与创新，加速了国内新能源车企低成本融资渠道的拓展，支持了新质生产力的发展。

三、发挥信托优势加速转型步伐

信托新分类管理办法和新"国九条"都为信托公司加速转型、进一步发挥信托投融资优势、促进新质生产力的发展提供了极其难得的历史发展机遇。

信托公司应在市场化原则下，把握宏观政策导向，顺势而为，全方位参与到新质生产力的发展大潮中。一方面，要不断加强专业团队建设，提高专业能力，适应新质生产力行业发展的要求。注重人才的培养和引进，尤其是在新质生产力的相关领域，如科技创新、绿色能源、高端制造等行业。通过引进相关人才建立专业的团队，更好地掌握上述行业的发展趋势和风险特点，从而更好地服务于新质生产力的发展。

另一方面，信托公司应加大支持新质生产力发展创新业务硬件体系的投入，利用大数据、人工智能、区块链等前沿技术提升服务效率。例如，中粮信托通过建立"粮信"平台，为产业链上游中小企业提供便捷、低成本的融资新渠道，该平台有效稳定了供应商体系、增强了供应链韧性，有效助力了集团内部提质增效。截至2023年末，"粮信"平台已在中粮集团的多家核心企业旗下175家企业成功上线，供应商注册数为1933家，累计交易规模为441.01亿元。新分类政策出台以后，信托公司又在硬件和软件投入上加大了建设力度，在团队建设上大量引进专业资本市场投资专业人才，逐步构建起较为完善的风控体系。同时，不断加大研发的投入规模和力度，特别是在交易系统建设方面，花重金投入硬件的建设，部分领先机构交易体系的升级迭代非常领先，其中包括国投泰康信托、外贸信托、云南信托、华润信托等。此外，需加强物理和数字基础设施的建设，包括数据中心、网络设施以及安全系统，开发出更加符合新质生产力需求的交易系统和风控系统。

同时，信托公司需结合新分类转型要求，进一步拓展支持新质生产力发展投融资产品条线，以满足新质生产力企业发展的多元化投融资需求，如固定收益类新质生产力企业债产品、权益类新质生产力行业TOF、新质生产力企业ABS、绿色信托、供应链产融信托、高科技股权投资信托等。目前，绿色信托保持高速发展态势。2022年末，绿色信托存续资产规模为2456.54亿元，存续绿色信托项目597个。虽然从业务规模来看，目前绿色信托业务以绿色信托贷款和绿色资产证券化为主，但近年来信托公司积极探索绿色类REITs、碳信托等创新业务模式，投向光伏风电、生活垃圾发电、固废处置、锂电池、储能、生物质能源、绿色建筑等众多绿色细分产业。绿色信托的发展模式越来越多样化，以此来进一步推动和助力新质生产力的快速发展。

表6-2为近年来绿色信托创新案例。

表6-2 近年来绿色信托创新案例

类别	信托名称	主要内容	受托人
绿色信贷	兴业信托·利丰A016碳权1号集合资金信托计划	以受让碳排放权收益权的形式，将福建省碳排放交易市场公开交易价格作为标的信托财产估价标准，为福建三钢闽光股份有限公司提供融资支持	兴业信托
碳资产投资信托	天岚20A007号碳交易CCER投资集合资金信托计划	中航信托与中国节能协会碳交易产业联盟、上海宝碳新能源环保科技有限公司联合设立信托计划，采用主动管理的基金化运作方式，投资标的覆盖全国范围内可交易的优质碳资产	中航信托
绿色资产证券化	国家电力投资集团有限公司2021年度新能源2号第一期绿色定向资产支持商业票据（碳中和债）	以新能源补贴应收账款为基础资产，在银行间市场发行绿色ABCP，且符合碳中和债的标准，助力国家电投集团盘活资产，实现低成本融资	百瑞信托
绿色类REITs	国家电投集团广东公司2021年度第一期绿色定向资产支持票据	以国家电投集团广东公司下属的四会项目公司为底层资产，以项目公司股权和债权为基础资产在银行间市场发行类REITs，实现盘活存量资产的目的	百瑞信托
绿色财产权信托	英大信托—大唐云南发电有限公司可再生能源补贴款财产权信托	以非标信托模式操作买断式可再生能源补贴业务，无追索转让2.65亿元应收可再生能源补贴款用于服务风光储清洁能源项目建设	英大信托
绿色服务信托	交银国信—新加坡金鹰集团厦门电厂CCER碳资产服务信托	国内首单外资机构非资金募集型CCER服务信托，受托管理CCER资产	交银国信

总体而言，绿色信托投融资稳步发展，资产质量相对稳定，绿色信托涉足领域不断扩展、业务种类不断丰富。此外，可以根据新质生产力企业的具体情况和需求，提供定制化的金融解决方案。通过创新信托投融资产品，信托公司

可以更好地服务新质生产力企业，支持其发展壮大，同时为投资者提供更多的投资机会。信托公司作为最具制度优势的资产管理机构，兼具资本市场和实业市场投融资优势，必将为促进和支持新质生产力的发展作出特别的贡献。

第四节　推动养老信托特色化发展

一、养老金融发展空间巨大

近年来，我国人口老龄化进程不断加快。根据国家统计局的数据，截至2023年末，全国60岁及以上人口达29697万，占总人口的21.1%，其中65岁及以上人口21676万，占总人口的15.4%，较2013年上升6个百分点，我国已经进入中度老龄化社会。与此同时，我国年轻人晚婚晚育、少子化比例也在上升，出生率持续下滑。2023年，我国人口出生率已下降至6.39‰，人口自然增长率为−1.48‰，连续两年均为负增长，这将增加未来社会养老的压力。

为应对人口老龄化带来的挑战，我国已经出台一系列政策对养老服务体系进行完善，并鼓励金融机构大力发展养老金融。2019年11月，中共中央、国务院印发《国家积极应对人口老龄化中长期规划》，将应对人口老龄化问题上升为国家战略。2022年2月，国务院印发的《"十四五"国家老龄事业发展和养老服务体系规划》提出，"有序发展老年人普惠金融服务""鼓励金融机构开发符合老年人特点的支付、储蓄、理财、信托、保险、公募基金等养老金融产品"。2023年10月召开的中央金融工作会议指出，要做好科技金融、绿色金融、普惠金融、养老金融、数字金融"五篇大文章"，这是养老金融首次被明确列为金融重点工作。人口结构的变化是产业发展的重要驱动因素，我国养老产业未来发展空间巨大，金融机构应积极把握这一领域的发展机遇，为社会提供高质量的养老金融产品和服务。

二、养老信托主要展业模式

在政策及市场需求的推动下，各类金融机构纷纷布局养老金融业务，不断丰富养老金融产品和服务的供给。2023年3月，三分类新规正式下发，在业务回归本源的监管导向下，养老信托也成为信托公司转型方向之一。养老信托是指信托公司以信托业务形式开展的养老金融业务，而养老金融包括养老金金融、养老服务金融和养老产业金融三个细分方向。在信托业务三分类新规实施的背景下，信托公司开展养老金融业务的主要模式包括企业/职业年金服务信托、养老理财信托、养老服务信托、养老产业信托。

（一）企业/职业年金服务信托

企业/职业年金服务信托是指信托公司依据人力资源和社会保障部有关规定，受托管理企业/职业年金基金的业务。企业/职业年金属于养老体系三支柱中的第二支柱，是企业及其职工、机关事业单位及其工作人员在参加基本养老保险的基础上，自主建立的补充养老保险制度。根据人力资源和社会保障部的数据，截至2023年底，我国企业年金规模为3.19万亿元，参与企业14.2万户，参与职工人数3144万人，加权平均收益率为1.21%；职业年金规模为2.56万亿元，年均投资收益率为4.37%。

《中国养老金发展报告2023》显示，中国的基本养老金替代率为46%左右。而按照国际劳工组织的建议，要想维持退休后基本的生活水平，养老金替代率至少需达到70%。为了提高养老金替代率，我国还需大力拓宽企业/职业年金的覆盖人群范围。

企业/职业年金基金管理涉及受托人、账户管理人、托管人与投资管理人四类机构，各类机构的资格由人力资源和社会保障部统一认定。尽管信托业务三分类新规明确将企业/职业年金信托业务作为信托公司行政管理服务信托的一类，信托公司在转型的压力下也希望能开展此类业务，但是与企业/职业年金基金相关的管理资格审批的门槛较高，绝大多数信托公司只能止步于门外。以企业年金为例，目前具备企业年金基金法人受托人、账户管理人资格的金融机构分别只有12家、18家，其中以银行和养老保险公司为主，信托业内只有中信信托和华宝信托分别获得企业年金基金法人受托人资格、账户管理人资格。信托公司在企业/职业年金基金管理领域的参与度整体较低，未来还需争取政策支持，拓展业务发展空间。

（二）养老理财信托

当前，增加财富储备、保障未来养老生活品质是家庭财富管理的重要目标。养老理财信托是指信托公司为满足客户养老储备金保值增值需求而设计的资产管理信托产品。与银行理财、公募基金等资管产品一样，都是个人补充养老储备的理财工具。

我国传统养老体系侧重于政府主导的基本养老保险，作为第二支柱的企业/职业年金覆盖人群有限，亟须大力发展包括个人养老金在内的广义第三支柱，做大整个社会的养老财富储备，以此应对人口老龄化带来的养老支出压力。

2022年11月，人力资源和社会保障部联合五部门发布《个人养老金实施办法》，我国的个人养老金制度开始正式实施。个人养老金实行个人账户制，缴费由个人承担，自主选择购买符合规定的储蓄存款、理财产品、商业养老保险、公募基金等金融产品（以下统称"个人养老金产品"），实行完全积累，按照国家有关规定享受税收优惠政策。《个人养老金实施办法》对于个人养老金的投资产品有明确规定，即应当具备运作安全、成熟稳定、标的规范、侧重长期保值等基本特征。国家社会保险公共服务平台数据显示，截至2023年底，我国总计有个人养老金产品753只，包括465只储蓄产品、162只公募基金产品、107只保险产品、19只理财产品。

信托产品不在个人养老金产品范围之内。一方面是因为信托产品是私募资管产品，需满足合格投资者的标准，且最低投资起点为30万元，个人养老金年度缴费上限只有1.2万元，无法达到信托产品的购买门槛；另一方面是因为现有的信托产品与个人养老金产品在期限、成熟性、稳定性等方面的要求还不完全契合。

不过，除了政府推动的个人养老金制度，广义的第三支柱还包括个人为养老所进行的财富储备，包括房地产、银行存款、商业保险、基金、银行理财、信托理财等。信托公司可为个人补充养老储备提供专业的资产管理服务，夯实养老的资金储备。2022年发布的《中国银保监会关于规范和促进商业养老金融业务发展的通知》明确提出，支持和鼓励银行保险机构依法合规发展商业养老储蓄、商业养老理财、商业养老保险、商业养老金等养老金融业务，为客户提供养老财务规划、资金管理、风险保障等服务。虽然信托在产品普适性上不及储蓄存款、银行理财、公募基金，但具有跨市场资产配置的优势，投资范围广，资金运用方式灵活，可为经济实力较强的客户提供独具特色的养老理财产品，促进养老储备积累。

(三) 养老服务信托

养老服务信托将信托的专业及制度优势与养老服务相结合,是一类聚焦客户养老需求场景的财富管理服务信托业务,可以为客户及其家庭提供全生命周期的养老规划服务。虽然信托业务三分类新规没有专门列出养老服务信托,但是,在家族信托、家庭信托、保险金信托等财富管理服务信托业务中,都可以融入与养老相关的信托目的。养老服务信托应该是信托公司发力养老金融的主要方向。

随着人口老龄化叠加少子化趋势的进一步发展,传统养老模式面临挑战,社会化养老、机构养老的需求占比显著提升,家庭养老需要早做规划、早做准备。养老规划是家庭财富管理的重大事件,具有刚需性、长期性和综合性三个特点,一般包括以下四个方面。一是财务规划。制订家庭养老资金储备计划,拓宽退休后的收入来源,这主要涉及储蓄存款,缴纳个人养老金,购买商业养老保险,投资银行理财、国债、信托产品、基金等,实现养老储备金稳健增值。二是健康规划。推行健康的饮食和生活方式,进行定期体检,购买适当的医疗保险和长期护理保险等,以减轻养老期间在康复护理、长期照护等方面的费用负担。三是养老方式规划。选择未来是居家养老、社区养老还是机构养老,是否要提前购置养老社区房产或预订养老机构的居住权益。四是财富传承规划。设立信托制订身前及身后财产分配计划或者设立遗嘱等,确保财产的合理分配和传承。

信托制度具有稳定性、持续性、抗风险性,可实现财富的跨期管理,这正好与养老规划的长周期特征完美吻合。信托业务三分类新规的实施为信托服务客户全生命周期的养老规划需求提供了丰富的工具选择。不过,由于个人财富管理信托和家族信托的门槛分别高达600万元和1000万元,可投资产能够达到这一金额的家庭数量占比很少,服务可及性较低。为了提高养老金融产品的人民性,未来养老服务信托更适合以家庭服务信托、保险金信托这类门槛更低的财富管理服务信托为载体来开展。其中,家庭服务信托同样具有风险隔离、资产保护、资产配置、财富传承等方面的功能优势,也可受托管理非货币信托财产,其设立的门槛为100万元,能够让信托账户下沉至更多中产家庭,更符合养老金融产品对普惠性的要求。

(四) 养老产业信托

养老产业信托是指为养老相关产业提供投融资支持的信托业务。养老产业发展的核心驱动因素是人口老龄化加剧带来的对养老产品及服务的需求不断增长。但由于养老产业投资所需资金体量大、回报周期长，社会资本进入的积极性不高。2024年1月，国务院办公厅印发《关于发展银发经济增进老年人福祉的意见》，明确鼓励各类金融机构加大对养老服务设施、银发经济产业项目的建设的支持力度。信托公司之前开展的养老产业信托业务主要为养老房地产业务，即为养老社区项目的建设和运营提供资金支持，并以养老社区的会员费收入、服务费收入、销售收入作为还款来源或者将养老社区居住权益转换为信托受益权。不过，由于养老产业项目投资额大、回收周期长、回报率不高，与信托资金的高成本及中短投资期限匹配度较低，养老产业信托的发展总体较为缓慢，落地项目较少，规模难以有效做大。相对来看，投资期限长的保险资金开展养老产业金融业务更具优势，并能和保险主业形成有效协同，信托公司可尝试与保险公司合作开展养老金融业务。

三、养老信托发展建议

养老事关国家发展和民生福祉。在人口老龄化加剧背景下，全社会多元化、差异化、个性化的养老服务需求正变得越来越旺盛。现有金融服务在广度和深度方面均无法有效满足社会养老需求，需要加快推进养老金融的供给侧结构性改革，构建与人口老龄化进程相适应的养老金融服务体系。信托在提供养老金融服务方面具有天然的制度优势，在信托业务三分类新规引导行业回归本源的背景下，发展养老信托将有更多抓手。目前，信托公司在养老金融领域的参与度总体较低，未来发展养老信托既需要监管政策的支持，也需要信托公司积极提升自身的专业服务能力。

一方面，建议给予信托公司参与养老金融业务的政策支持。例如，在企业/职业年金受托管理方面，随着信托公司在服务信托业务方面能力的提升，期待相关监管部门允许更多符合条件的信托公司获取参与年金基金管理的业务资格。从国外经验来看，企业/职业年金受托管理是信托机构的一项本源业务。以日本为例，截至2023年9月末，日本信托业受托管理的年金信托规模达32万亿日元，占全部信托资产规模的2%；而我国这一占比仅为0.35%。另外，可以鼓励信托公司发展养老服务信托业务，为信托公司拓宽养老服务信托的财产类型、丰富养老服务信托的功能提供基础制度支持。

另一方面，信托公司要有效整合自身的专业资产管理能力、服务能力及功能优势，丰富养老金融产品的供给。

一是增强专业的投资能力，开发可满足养老储备理财需求的资产管理信托产品。扩大社会养老财富储备离不开专业投资机构的助力。用于养老的资金一般为"长钱"，这要求养老型理财产品应具有长期性、安全稳健的特点。目前，我国个人养老金第三支柱尚处于起步阶段，需要较长时间的积累，更多的还是需要个人做好补充的养老储备及投资。信托公司的很多客户对于差异化的养老理财产品具有客观需求，但现有信托产品在风险收益特征、期限等方面较为同质化，为此需要围绕客户养老财务规划开发带有养老属性的资产管理信托产品。信托公司可以学习借鉴银行养老理财、公募养老目标基金等产品的设计理念和管理经验，依托自身的专业投资和资产配置能力，推出适合客户进行长期配置、具有低波动特征的信托产品，满足客户养老储备长周期投资增值的需要。

二是实现养老服务信托的特色化发展。信托公司要依托于自身的专业及资源优势，在深入理解客户养老需求的基础上，灵活设计养老服务信托方案。养老服务信托不仅要发挥信托在保障养老资金安全、实现养老储备保值增值、灵活分配、受托支付、财富传承等多个方面的功能优势，还可积极整合保险等其他养老金融产品及外部优质养老服务机构的资源，为客户引入康养、医疗护理、养老社区入住等多维度的养老增值服务，把金融与非金融服务进行有效结合，打通养老服务供需双方对接的堵点，全方位满足个人及家庭全生命周期的养老金融需求。